D1249869

KORUCUTEPE

Studies in Ancient Civilization

Allard Pierson Foundation — Amsterdam

NORTH-HOLLAND PUBLISHING COMPANY – AMSTERDAM · OXFORD
AMERICAN ELSEVIER PUBLISHING COMPANY, INC. – NEW YORK

Korucutepe

Final Report on the Excavations of the Universities
of Chicago, California (Los Angeles) and Amsterdam
in the Keban Reservoir, Eastern Anatolia
1968–1970

Volume 1

edited by

Maurits N. van Loon, Ph. D.

Research Associate,
University of Chicago Oriental Institute
Professor of West Asian Archaeology,
University of Amsterdam

1975

NORTH-HOLLAND PUBLISHING COMPANY – AMSTERDAM · OXFORD
AMERICAN ELSEVIER PUBLISHING COMPANY, INC. – NEW YORK

Library of Congress Catalog Card Number 74-83722
North-Holland ISBN: 0 7204 8072 2
American Elsevier ISBN: 0 444 10677 4

Publishers:
NORTH-HOLLAND PUBLISHING COMPANY – AMSTERDAM
NORTH-HOLLAND PUBLISHING COMPANY, LTD. – OXFORD

Sole distributors for the U.S.A. and Canada:
AMERICAN ELSEVIER PUBLISHING COMPANY,
52 VANDERBILT AVENUE, NEW YORK, N.Y. 10017

PRINTED IN THE GERMAN DEMOCRATIC REPUBLIC

Contents

PART I

Tierknochenfunde vom Korucutepe bei Elâzığ in Ostanatolien
(Fundmaterial der Grabungen 1968 und 1969)

von

J. BOESSNECK und A. VON DEN DRIESCH

Institut für Palaeoanatomie, Domestikationsforschung
und Geschichte der Tiermedizin, Universität München,
Deutsche Bundesrepublik

Inhaltsverzeichnis

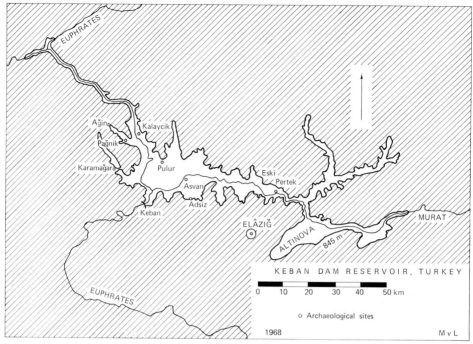

Karte 1. Keban Stausee.
Map 1. Keban reservoir.

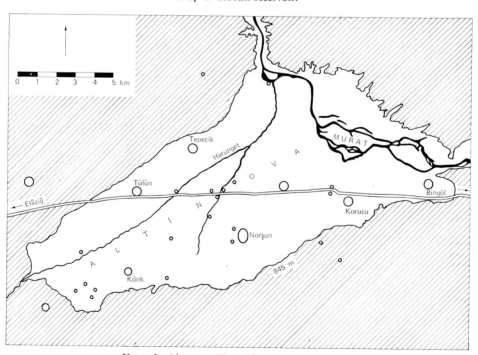

Karte 2. Altınova (Vergrößerung aus Karte 1).
Map 2. Altınova (enlarged detail from map 1).

Vorwort

In der Umgebung der Stadt Elâzığ in Ostanatolien werden derzeit als eine Folge des Keban-Projekts eine Reihe von vor- und frühgeschichtlichen Siedlungsstätten ausgegraben. Diese Orte waren mit Unterbrechungen Jahrtausende hindurch besiedelt. Die Generationenfolgen ließen die Siedlungsplätze im Laufe der Zeit in die Höhe wachsen. Die oft weithin erkennbaren alten Wohnhügel werden ‚tepe‘, in anderen Teilen Anatoliens ‚hüyük‘ genannt.

Im Keban-Projekt wird unterhalb des Zusammenflusses von Fırat und Murat ein Großkraftwerk errichtet. Der durch den Staudamm, der 1973 fertiggestellt ist, entstehende Stausee setzt unter anderem die fruchtbare Altınova östlich von Elâzığ unter Wasser. Ehe die in dieser Ebene gelegenen alten Wohnhügel ganz oder teilweise in dem See versinken, werden einige von ihnen archäologisch erschlossen (s. *Anatolica* 3, 1969/70, S. 31 ff und *Anatolian Studies* 20, 1970, S. 9 ff), und zwar u.a. der größte, das ist der Norşuntepe, der kleine Tepecik Hüyüğü und der Korucutepe.

Der Korucutepe liegt bei dem Dorf Aşağı İçme unmittelbar oberhalb des südlichen Muratufers, dort wo die Altınova mit ihrem Harungetflüßchen in das Murattal mündet (s. Karten 1, 2). Die Ausgrabungen begannen 1968 durch ein Team von den Universitäten Chicago, California und Amsterdam unter der Leitung von M. van Loon, nachdem durch R. Whallon und S. Kantman in einer Testgrabung 1967 Kulturreste aus dem Chalkolithikum (4. Jahrtausend v. Chr.) entdeckt worden waren. 1969 wurden die Ausgrabungen fortgesetzt, 1970 abgeschlossen. Das archäologische Fundgut reicht von der chalkolithischen über die Frühe Bronzezeit II und die Hethiterzeit bis in die Frühe Eisenzeit. In den oberflächlichen Lagen erschlossen die Grabungen eine Siedlung der Seldschukenzeit.

Als wir im Sommer 1970 in Elâzığ die bisher angefallenen Tierknochenfunde vom Norşuntepe untersuchten, übertrug uns der Leiter der Ausgrabungen auf dem Korucutepe die Bearbeitung der Knochenfunde, die in den Grabungsjahren 1968 und 1969 an diesem Fundort angefallen sind. Für die Auswertung der Funde der letzten Kampagne (1970) war von vornherein Ch. A. Reed, Chicago, vorgesehen.

Die Materialaufnahme führten wir im August—September 1970 neben der Untersuchung der Funde vom Norşuntepe in Elâzığ durch. Das Manuskript verfaßten wir nach unserer Rückkehr in München. Es wurde im Sommer 1971 abgeschlossen.

Professor M. van Loon danken wir für die Überlassung des Untersuchungsmaterials, seine Hilfe und Gastfreundschaft sowie die Anfertigung der Summary. In liebenswürdigster Weise stand uns auch das Ehepaar Prof. Dr. H. und F. Güterbock, Chicago, mit Rat und Tat zur Seite. Das schnelle Vorankommen bei der Arbeit war uns nur möglich, weil Frau H. Boessneck alle „Nebenarbeiten" von uns abhielt und uns in jeder Weise assistierte. Der Deutschen Forschungsgemeinschaft und Herrn Dr. H. Hauptmann, Istanbul, haben wir die Reise nach und den Aufenthalt in Elâzığ zu verdanken. Auch der Universität Chicago danken wir für ihr Entgegenkommen.

Während der Fertigstellung des Manuskripts in München half uns Frau E. Seitzer bei der Durchführung der Zählungen und Rechnungen, Frau E. Beckmann und Frau Seitzer besorgten die Reinschrift des Manuskripts, der wissenschaftliche Zeichner unseres Instituts, Herr R. Zluwa, Photoarbeiten, Zeichnungen und die Reinschrift der Diagramme. Frau J. M. Grant, Chicago, hat für uns in Elâzığ ausgewählte Knochenfunde vom Korucutepe photographiert. Auch Ihnen allen unser Dank!

Den Herren Dr. Th. Haltenorth, München, Prof. Dr. H. Kahmann, München, und Dr. G. Storch, Frankfurt/Main, danken wir für die Begutachtung einiger Fundstücke und ihre liebenswürdige Unterstützung mit Literatur. Nicht zuletzt haben wir auch Herrn Prof. Dr. B. Hrouda, München, für Rat und Hilfe bei der Literatursuche zu danken.

Einleitung

Die Untersuchung von Tierknochenfunden archäologischer Ausgrabungen soll drei
Gesichtspunkten gerecht werden, dem zoologischen, dem haustierkundlichen und
dem kulturgeschichtlichen. Alle drei Problemkreise greifen ineinander, ja sind un-
trennbar miteinander verbunden und ermöglichen in ihrer Gesamtdarstellung einen
Einblick in den Lebensraum und die Lebensweise derer, die die Reste hinterlassen
haben.

Unter dem zoologischen Gesichtswinkel ist die Fauna so vollständig wie möglich
zu erfassen, die Größe der Tiere und gegebenenfalls der Geschlechtsdimorphismus
zu dokumentieren, um ihre Entwicklungslinien in Zeit und Raum kennen zu lernen.
Oft wird der Nutzen der detaillierten Dokumentation erst im Verband von einer Reihe
von Untersuchungen offenbar. Für den Kulturgeschichtler bringen diese Untersuchungen Aufschlüsse über Klima und Landschaftsbild.

Auch von speziellem haustierkundlichen Interesse ist es, die Größe und die Variation der Tiere, die Geschlechtsverteilung sowie die Veränderungen im Laufe der Jahr-
hunderte zu erfahren. Ein eigenes Problem bildet der Nachweis von Kastraten. Die
anatomischen haustierkundlichen Untersuchungen an den Knochenfunden ermöglichen sekundär Schlüsse über die Art der Tierhaltung und wieder auf den Charakter
der Landschaft.

All diese Untersuchungen erfordern aber in der Veröffentlichung einen erheblichen
Raum für die Dokumentation, der gern eingespart wird. Den Archäologen interessie-
ren das Mengenverhältnis zwischen den Tierarten, vor allem der Anteil von Wild- und
Haustieren, deren Schlachtalter, Haltungszweck und Haltungsbräuche und für die
Anfangszeit der Haustierhaltung, welche Tiere bereits domestiziert waren und welche
noch nicht. Aber gerade diese grundsätzliche Frage beantworten zu können, bereitet
die ausführliche Dokumentation unter dem zoologischen und dem haustierkundlichen
Betrachtungswinkel vor. Diese umfassende Dokumentation im Kreise der Osteoarchäologen und bei den Archäologen, die die Publikation übernehmen, allgemein
durchzusetzen, ist eines der wichtigsten Anliegen der Osteoarchäologie.

Die Vorgeschichtsforschung im Vorderen Orient richtet seit einiger Zeit ihr besonderes Augenmerk auf die Erforschung von Siedlungen aus der Zeit des Übergangs zur Haustierhaltung. Für den Westteil des fruchtbaren Halbmonds, für Palästina, legte Ducos (1968) bereits eine umfangreiche zusammenfassende Dokumentation vor, für Khuzistan im Süden der Ostflanke des fruchtbaren Halbmonds taten dies Hole, Flannery und Neely (1969). Wir hoffen, daß auch aus den zahlreichen Studien über Funde aus dem Zagrosgebiet (Literaturhinweise z. B. in Reed 1969) in diesem Sinne dokumentarisch umfassende Arbeiten erwachsen bzw. gedruckt zugänglich werden.

Um die weitere Entwicklung der Tierwelt und der Tierhaltung in den Jahrtausenden nach der Domestikation zu erfahren und die Ausdeutung der tierkundlich aufschlußreichen Wandbilder, Siegel und Tierplastiken zu verifizieren, sind in weit größerem Umfang als bisher Knochenfunde aus vor- und frühgeschichtlichen Stationen des Vorderen Orients zu untersuchen.

Anatolien stellt die Verbindung zwischen dem fruchtbaren Halbmond sowie den Hochkulturen Mesopotamiens und Europa her. Schon die differenzierte Klima- und Landschaftsstruktur Kleinasiens macht osteoarchäologische Untersuchungen in diesem Gebiet besonders reizvoll. Bisher ist aber noch wenig geschehen. Knochenfunde aus dem späteren 4. Jahrtausend v. Chr. lieferte der Fıkırtepe am Bosporus (Röhrs und Herre 1961). Tierknochenfunde aus dem die Dardanellendurchfahrt kontrollierenden Troja aus dem Zeitraum von etwa 3000 v. Chr. bis zur Römerherrschaft untersuchte Gejvall (1938, 1939, 1946). Aus Sardis stammende Funde (Deniz u. a. 1964) reichen von der Späten Bronzezeit bis in die Islamische Zeit. Für Vergleiche mit den Tierknochen vom Korucutepe von größtem Interesse sind Funde aus dem Gebiet des Halysbogens, dem Hethitischen Kernland. Zunächst bestimmte Patterson (1937) Knochen verschiedener Zeitstufen, darunter die Hethiterzeit, von Alişar Hüyük. Über Funde aus Alaca Höyük gibt es einen — leider wertlosen — Bericht von Dilgimen (1944), außerdem eine Faunenliste (Koşay 1951, auch von Hančar 1956: S. 459 abgedruckt). Küchenabfall aus der Hauptstadt der Hethiter wertete Vogel (1952) aus; die Tierknochen aus den Hethitergräbern von Osmankayası beschrieben Herre und Röhrs (1958). Ein kleiner Fundkomplex kommt aus der frühbronzezeitlichen Siedlung Yarıkkaya (Boessneck und Wiedemann, im Druck).

Größe und Typ von mehreren der Wildformen und von den Wirtschaftstieren vom Korucutepe lassen sich am klarsten unter Bezug auf die vorgeschichtlichen Tiere Mitteleuropas erkennen, weil deren Größe und Wuchs sowie ihre Entwicklungstrends sich bereits klar abzeichnen und sie dadurch geeignet sind, die Vorstellung über die Tiere vom Korucutepe aufzuhellen. Da der Biotop der alten Tierwelt der Altınova den südost- bis mitteleuropäischen Flußlandschaften noch besser entsprochen haben dürfte als heute, ist der Vergleich auch nicht so weit hergeholt.

Aufschlußreiche Zusammenstellungen über die heutige Verbreitung der größeren Säuger und der Vögel in Kleinasien verdanken wir Kumerloeve (1961, 1967).

I. Zur Chronik des Korucutepe

Die folgende kurze Chronik des Korucutepe stützt sich auf Angaben van Loons (1969: S. 210f, 1969/70: S. 32, 1970: S. 9ff; van Loon und Buccellati 1969: S. 79ff).

Die Besiedlung begann nach der bisherigen Kenntnis im 4. Jahrtausend v.Chr. „At the northern foot of Korucutepe several layers with mudbrick house remains, buff to gray burnished pottery, narrow obsidian arrowheads, charred emmer wheat and six-rowed barley are visible in a vertical cut. The vessels have straight rims and often carry applied, finger-impressed rope ornament" (van Loon 1969: S. 210). Diese chalkolithische Kultur endete um 3000 v.Chr. in einer großen Feuersbrunst.

Von dieser Brandschicht an bestehen die nächsten 10 m des Hügels aus Hinterlassenschaften aus dem 3. Jahrtausend v.Chr. „This Early Bronze Age culture, possibly developed out of the Chalcolithic, is characterized by black burnished pottery and wide, winged obsidian arrowheads" (van Loon ebd.). „Many thousands of charred grains of bread wheat and two-rowed barley were recovered from in and around the storage jars and cooking pots" (van Loon 1970: S. 10), die zerstört wurden als — wohl infolge eines Erdbebens — eine Decke aus Eichenbalken und Binsen einstürzte. „The use of full-grown oaks hints at richer natural resources available in the 3rd millennium B.C. The rushes indicate that marshy conditions may have prevailed at the time" (van Loon ebd.). Die Bewohner des „large prehistoric village establishment" „depended heavily on agriculture", stellte der Botaniker W. van Zeist (Groningen), der die pflanzlichen Reste identifizierte, fest.

Ein Teil des Tepe war auch in der Mittleren Bronzezeit I besiedelt (um 2000—1800 oder 1950—1750 v.Chr.). Schwarz auf weiß bemalte Töpferware mit Zickzackmustern stellt eine Verbindung zu der altassyrischen Handelskolonie Kültepe her und ermöglicht die Datierung.

Während der althethitischen Zeit oder Mittleren Bronzezeit II (um 1800—1600 oder 1750—1500 v.Chr.) erlangte der Korucutepe als befestigte Stadt Bedeutung. Eine mächtige Mauer aus Lehmziegeln und Holz, von Türmen flankiert, umfaßte ein Areal von 5000 Quadratmeter. Die Töpferware zeigt einen eigenen Stil, der außerhalb Ostanatoliens nicht bekannt ist. Die Stadt wurde Mitte des 2. Jahrtausends v. Chr. zerstört. „This destruction may be connected with any number of known or unknown historical events. One of these is the weakening of Hittite power and the strengthening of Hurrian enemies, organized in the kingdom of Mitanni" (van Loon *ebd.*).

Bald danach, im 15. Jahrhundert v. Chr., festigte sich die hethitische Macht wieder. Die Region um den Korucutepe verlor ihre Unabhängigkeit und kam in einem Vasallenkönigtum unter die Herrschaft des Hethitischen Imperiums (Späte Bronzezeit etwa 1500—1200 v. Chr.). „The possessions which the new inhabitants of Korucutepe broke, discarded and lost down their drains or between the stones of their pavements do not differ greatly from those found, for instance, at Tarsus, another Hittite Empire stronghold ... The organic remains from the Hittite trash pits merely showed a continuation of the same agriculture-based economy as before" (van Loon 1970: S. 11).

Nach dem Verfall des Neuhethitischen Reichs war der Hügel in der Frühen Eisenzeit (1200 oder 1150—800 v. Chr.) weiter bewohnt. „The origin of the people who supplanted the Hittites at Korucutepe may ... have to be sought to the east" (van Loon *ebd.*).

Mit dem Ende der Frühen Eisenzeit brach die Besiedlung des Korucutepe für rund 2000 Jahre ab. Die um 800 v. Chr. in die Altınova einfallenden Urartäer siedelten sich auf dem nahe gelegenen Norşuntepe, nicht aber auf dem Korucutepe an. Diesen Hügel bewohnten erst wieder die gleichfalls aus dem Osten kommenden Seldschuken (um 1200—1400 n. Chr.). „The top layer is from the Seljuk period. Among the discoveries were houses on stone foundations, and coins and glazed ware from that period" (van Loon 1969/70: S. 32).

II. Definition der Fundherkunft im Grabungsbereich und zeitliche Einordnung der Tierknochenfunde vom Korucutepe

Die im Text und in den Maßtabellen angegebenen Fundbezeichnungen sind folgendermaßen zu verstehen: Das Grabungsgelände ist in Planquadrate eingeteilt, die in der einen Richtung fortlaufend mit einem Großbuchstaben, senkrecht dazu fortlaufend mit einer arabischen Ziffer bezeichnet werden. Die einzelnen Grabungsquadrate (squares) erhalten als Bezeichnung somit einen Großbuchstaben und eine Ziffer (z. B. O 14). Viele der Grabungsquadrate sind dann wiederum in Areale (areas) eingeteilt, die durch eine in eckigen Klammern stehende arabische Ziffer ausgewiesen werden (z. B. [4]). Die innerhalb dieses Areals abgetragenen Schichten (levels) werden mit in Klammern stehenden arabischen Ziffern gekennzeichnet (z. B. (3)). Wo es sich als notwendig erwies, wurden die Schichten in Untereinheiten unterteilt (a, b, c, usw.). Sich abzeichnende Gruben (pits) wurden als solche aufgenommen.

Die Datierung des Fundgutes beruht mit einer Ausnahme auf den Keramikfunden. 4 Proben aus den Grabungsquadraten N 11 und N 12, die auf Grund der Keramik aus der Frühen Bronzezeit II stammen, wurden zudem auf ihren Kohlenstoffgehalt hin untersucht. Die C^{14}-Datierung ergab die chronologische Einordnung ±2650 v. Chr.

Aus dem spätchalkolithischen Zeitraum (3500—3000 v. Chr.) kommt ein einziger Tierknochenfund (J 12 [7] (3)), der Unterkiefer eines jüngeren Hausschweines (s. S. 97).

Im übrigen sind die Tierknochen aus folgenden Schichten bzw. Einheiten, die zur Vereinfachung im Text und in den Maßtabellen folgendermaßen gekennzeichnet werden:

D = Frühe Bronzezeit II (±2600—2300 v. Chr.)
D/I-J = Frühe Bronzezeit II gemischt mit Fundgut aus dem Neuhethitischen Reich (2600—2300 und 1500—1200 v. Chr.)
D/L = Frühe Bronzezeit II gemischt mit Fundgut aus der Seldschukenzeit (2600—2300 v. Chr. und 1200—1400 n. Chr.)

G/H = Mittlere Bronzezeit I gemischt mit Fundgut althethitischer Zeit (2000—1600 v. Chr.)

H   = Althethitisch oder Mittlere Bronzezeit II (1800—1600 v. Chr.)

I-J = Neuhethitisches Reich oder Späte Bronzezeit I—II (1500—1200 v. Chr.)

I-J/K = Neuhethitisches Reich gemischt mit Fundgut der Frühen Eisenzeit (1500— 800 v. Chr.)

I-J/L = Neuhethitisches Reich gemischt mit Fundgut der Seldschukenzeit (1500— 1200 v. Chr. und 1200—1400 n. Chr.)

K   = Frühe Eisenzeit (1200—800 v. Chr.)

K/L = Frühe Eisenzeit gemischt mit Fundgut der Seldschukenzeit (1200—800 v. Chr. und 1200—1400 n. Chr.)

L   = Seldschukenzeit oder Mittelalter (1200—1400 n. Chr.)

?   = (1) Alle Funde aus Grabungsquadraten und Gruben (pits), deren Fundgut nicht zu datieren ist: P 24, U 24, V 12, V 23, V 24, W 13, W 23, X 15, X 16, X 22, X 23, X/Y 15, 16, Y 21 und Z 21.

(2) Alle Funde aus der Schicht 1 (level 1). Diese Funde sind zum Teil aus derselben Zeit wie die Funde aus den sich nach unten unmittelbar anschließenden Schichten. So enthält die Fundstelle U 12 **(1)** sicherlich Material aus dem Neuhethitischen Reich, weil die Funde der darunter liegenden Schichten 2 und tiefer auf Grund der Keramik in diese Zeit datiert sind. Hin und wieder wurden aber in der Schicht 1 Einmischungen aus späterer und moderner Zeit festgestellt, so daß der Ausgräber, um Fehlinterpretationen zu vermeiden, grundsätzlich alles Material aus der Schicht 1 zeitlich nicht einstufte.

Diese differenzierte Zusammensetzung des Tierknochenfundguts mit 7 gemischten Einheiten wirkt sich für die Dokumentation nachteilig aus und schränkt die Aussagekraft des Materials ein. Allein 2606 von 18 774 Fundstücken, also 14 % des Gesamtmaterials, stellt die Spalte ,,?``. Alle Tierknochen aus gemischten Einheiten zusammengezählt, ergeben einen Anteil von 28,3 % (Tab. 1). Die Mischeinheiten G-H und

Tabelle 1
Korucutepe. Die Verteilung der bestimmten und der unbestimmbaren Knochenfunde
auf die Zeiteinheiten

Zeit-einheit	D	D/I-J	D/L	G/H	H	I-J	I-J/K	I-J/L	K	K/L	L	?	Gesamt
Bestimmte Fundstücke													
N	866	298	439	190	1370	8961	784	548	69	229	1077	2491	17322
%	5,0	1,7	2,5	1,1	7,9	51,7	4,5	3,2	0,4	1,3	6,2	14,4	100
Unbestimmbare Knochensplitter													
N	120	35	39	27	83	892	61	40	4	21	15	115	1452
Gesamtheit													
N	986	333	478	217	1453	9853	845	588	73	250	1092	2606	18774
%	5,3	1,8	2,5	1,2	7,7	52,5	4,5	3,1	0,4	1,3	5,8	13,9	100

I-J/K dürfen aber aus diesem Anteil wieder herausgerechnet werden, weil sie eng umschriebene Zeiträume umfassen. Bei den verbleibenden 22,6% kann die Frage aufgeworfen werden, weshalb dieses Material oder zumindest die Gruppe „?" nicht weggeworfen wurde. Ihr ist zu entgegnen, daß die zeitlich unsicheren Einheiten manche wertvolle Bereicherung aus der Wildfauna bringen, die Basis der Maßserien verbreitern und in einem bisher noch gar nicht osteoarchäologisch untersuchten Gebiet als Informationsquelle nicht einfach ausgeschieden werden durften. Schließlich ist auch die Masse dieser Funde aus dem Zeitraum von der Bronze- bis zur Frühen Eisenzeit wie das übrige Fundgut.

Von den Funden aus reinen Schichten verteilen sich 5,3% auf die Frühe Bronzezeit II, 7,7% auf die althethitische Zeit, 52,5% auf die Zeit des Hethitischen Imperiums, 0,4% auf die Frühe Eisenzeit und 5,8% auf die Seldschukenzeit (Tab. 1). Den überragenden Anteil der 1968 und 1969 geborgenen Tierknochenfunde lieferte demnach die Neuhethitische Zeit.

Nebenbei bemerkt muß auch bei diesen reinen Einheiten mit unerkannten Einmischungen aus anderen Zeiten gerechnet werden, denn Knochen von grabenden Tieren wie Spalax, Meriones, Landschildkröten und Wechselkröten, aber auch des Fuchses (Tab. 3) sind in ihrer zeitlichen Einstufung von vornherein suspekt.

Abb. 1. Nach dem Waschen zum Trocknen ausgelegte Fundeinheiten von Tierknochen vom Kurucutepe (s. S. 26)
Fig. 1. Animal bone lots from Korucutepe, laid out to dry after having been washed (see p. 208)

III. Zur Methodik der Auswertung der Tierknochenfunde

1. Bestimmung der Knochenfunde

Handelt es sich bei den Knochenfunden um Siedlungsabfall, kommen im Untersuchungsgut — eine sorgfältige Grabungstätigkeit als selbstverständlich vorausgesetzt — neben wenigen ganz erhaltenen Knochen und beim Aufschlagen von Röhrenknochen nicht weiter zerstörten Endteilen zahlreiche unscheinbare Fragmente und Splitter zur Bestimmung. Die Auffassungen darüber, ob die Bestimmung der Knochenfunde aus alten Siedlungen möglichst alle Teile des Skeletts und möglichst auch alle Bruchstücke erfassen oder sich auf die am besten unterscheidbaren Skeletteile beschränken soll, gehen nun auseinander. Vielfach wird von vorn herein auf die Bestimmung der meisten Knochen des Rumpfskeletts verzichtet, im Extremfall werden sogar nur einige besonders charakteristische Knochen des Skeletts ausgewertet; der Rest wird beiseitegelegt oder weggeworfen.

Nach unserer Auffassung ist es unumgänglich notwendig, jedes Fundstück, das immer möglich ist, zu bestimmen, auch Wirbel- und Rippenstücke, um eine möglichst breite Grundlage zu haben. Selbstverständlich setzen wir Übung und Erfahrung in der Bestimmungsarbeit voraus, denn nur dann sind die Ergebnisse vergleichbar, wenn die Voraussetzungen weitgehend übereinstimmen.

Zur Dokumentation gehört es, Fundübersichten anzufertigen und zu veröffentlichen, damit der Materialumfang ersichtlich und der Aussagewert dargelegt ist. Die Zahl der nicht bestimmten Knochen sollte mit angegeben werden.

Für die Aufnahme der Funde vom Korucutepe standen nur wenige Wochen zur Verfügung. Wir gingen bei der Untersuchung folgendermaßen vor: Die Tierknochen, die uns nach Fundstellen und Schichtzugehörigkeit getrennt verpackt übergeben wurden, wurden zunächst gewaschen. Dann legten wir die Knochen einer übergeordneten Fundgruppe aus, nahmen sie Einheit für Einheit in Listen nach ihrer Art-, Alters- und evtl. ihrer Geschlechtszugehörigkeit auf, erfaßten die Maße, notierten Anomalien und pathologisch-anatomische Veränderungen sowie Zusammengehörig-

keiten, und erst nachdem die Mindestindividuenzahlen ermittelt waren, verpackten
wir sie wieder in der gleichen Unterteilung, die wir vorgefunden hatten, um Platz für
die nächste Serie zu bekommen. Einige nicht an Ort und Stelle ohne Vergleichsmaterial bestimmbare Wildsäuger-, Vogel- und Kleintierknochen sortierten wir mit
Fundstellennummer versehen aus, um sie später zu bestimmen. Die Aufnahme größerer Einheiten ließ sich mit Hilfe vorbereiteter Listen beschleunigen, in der die Art-
und die Knochenzugehörigkeit nur abgestrichen zu werden braucht.

Bei den Fischknochen war es uns aus Mangel an Vergleichsmaterial nicht möglich,
sie zu bestimmen.

Ein Teil der Tierknochenfunde der Grabungskampagne von 1968 auf dem Korucutepe war bereits im Sommer 1969 von Frau B. Lawrence (Cambridge, Mass.)
durchgesehen worden. Frau Lawrence vermerkte auf Zetteln die Gattungszugehörig-
keit — z.B. *Bos, Equus, Capra/Ovis, Canis* usw. — der besser erhaltenen Knochen.
Wir behandelten dieses Material genau wie das übrige.

2. Vermessung der Knochen

Zur Dokumentation der auszuwertenden Tierknochenfunde gehört ihre Vermessung.
Nur wenn die vergleichbaren Knochenmaße festgehalten sind, wird es möglich, Entwicklungslinien nachzuvollziehen und die Geschichte der Haustiere weitestmöglich
kennen zu lernen. Die Auswahl der Meßstrecken hat sich bei den deutschsprachigen
Osteoarchäologen für den europäischen Raum im Laufe der letzten beiden Jahr-
zehnte eingespielt. Wir übernehmen diese Erfahrungen für die Vermessung der
Funde vom Korucutepe.

Die Messungen erfolgten im allgemeinen auf 0,5 mm, bei kurzen Meßstrecken auf
0,1 mm genau. Die Richtungsbezeichnungen an den Knochen und ihre Anwendung
bei der Meßstreckenangabe hat Uerpmann (1970/71) noch einmal definiert. In Klammern gestellte Maßangaben bedeuten, daß die Strecken nicht genau abgenommen
werden konnten, weil der Knochen beschädigt ist. Die angegebenen Maße bezeichnen
auch in diesen Fällen das Endmaß. Knochen, die durch Feuereinwirkung stark kalziniert und daher mehr oder weniger geschrumpft sind, wurden, von Ausnahmen abgesehen, von der Vermessung ausgeschlossen.

Aus Ersparnisgründen wird nur bei den Tierarten, die wenige meßbare Knochen
lieferten, in den Maßtabellen die Fundstelle neben der Schichtzugehörigkeit genau
angegeben. Liegen größere Serien vor, werden nur die Grenz- und Mittelwerte, nach
Schichten getrennt, aufgeführt. In den meisten Fällen haben wir wegen der geringen
Mengen auf die Berechnung weiterer statistischer Charakteristika verzichtet. Nur für
die ersten und zweiten Phalangen des Rindes wurden die Standardabweichung (s),
der Variationskoeffizient ($s\%$) und der Fehler des Mittelwertes ($s\bar{x}$) berechnet.

3. Altersbestimmung

Als Unterlagen für die Altersbestimmung am Gebiß dienten vor allem Ellenberger und Baum (1900, 1943), Kroon (1916, 1929), Duerst (1926), Habermehl (1961) und Silver (1963). Wann sich die Epiphysenfugen bei den Haustieren schließen, stellten Lesbre (in: Zietzschmann 1924: S. 404, sowie Zietzschmann und Krölling 1955: S. 363) und nach ihm Habermehl (1961) sowie Silver (1963: S. 252f) zusammen. Die Angaben weichen zum Teil voneinander ab. Der Zeitpunkt des Zahndurchbruchs und des Epiphysenfugenschlusses hängt von der Spät- oder Frühreife ab, ist haltungs- und fütterungsbedingt. Auch ohne dies variiert er individuell. Für die vorgeschichtlichen Haustiere nehmen wir wegen der Primitivhaltung Spätreife an. Die Altersbestimmung gibt also nur Anhaltspunkte. Da aber zu den osteoarchäologischen Untersuchungen zumindest in Europa im allgemeinen die gleichen Arbeiten zur Altersbestimmung herangezogen werden, sind die Ergebnisse untereinander vergleichbar.

Der Abkauungsgrad der Zähne wird in den Tabellen mit $+$ = gering-, $++$ = mittel- und $+++$ = hochgradig gekennzeichnet. Die Angabe betrifft die ganze Zahnreihe oder den M_3. Die Bestimmung des Abreibungsgrades erfolgt rein visuell. Obwohl diese Einstufung subjektiv ist, erhält man auf diese Weise doch wenigstens einen Anhaltspunkt. Die Zähne wurden wie folgt gezählt und bezeichnet:

$$\frac{I^1, \quad I^2, \quad I^3, \quad C, \quad P^1, \quad P^2, \quad P^3, \quad P^4, \quad M^1, \quad M^2, \quad M^3}{I_1, \quad I_2, \quad I_3, \quad C, \quad P_1, \quad P_2, \quad P_3, \quad P_4, \quad M_1, \quad M_2, \quad M_3}$$

4. Geschlechtsbestimmung

Zur Geschlechtsbestimmung an den Hornzapfen der Wiederkäuer und den Canini der Equiden und der Schweine brauchte an sich kein Wort verloren zu werden, wenn nicht die Kastration die Bestimmung erschwerte. Dasselbe gilt für die Geschlechtsbestimmung am Becken der Equiden und der Wiederkäuer (vgl. Lemppenau 1964). Neben die bekannten Geschlechtszeichen für weibliche (♀) und nicht kastrierte männliche (♂) Tiere müssen Symbole für kastrierte männliche Tiere (♂) und für Tiere männlichen Geschlechts treten, bei denen ungewiß ist, ob sie kastriert sind oder nicht (♂). Diese Zeichen werden vor allem bei den Skeletteilen nötig, deren Geschlechtsbestimmung von vornherein problematisch ist, so bei den Metapodien der Rinder.

Ob sich die Kastration der Eber auf die Ausbildung der Canini auswirkt, ist uns unbekannt. Jedenfalls beruht die Geschlechtsbestimmung der Schweine in den Arbeiten über vor- und frühgeschichtliche Tierknochenfunde auf der Form der Canini, und der hohe Anteil an männlichen Tieren legt nahe, daß kastrierte Tiere darunter sind.

Der Geschlechtsdimorphismus in der Größe beim Rothirsch ermutigt uns, bei einer Reihe von Knochen in den Maßtabellen einen Hinweis auf die vermutliche Geschlechtszugehörigkeit zu geben. Wir basieren diese Angaben, die nur eine Hilfe sein sollen, auf zahlreichen Reihenuntersuchungen an alten und rezenten Hirschen aus Europa, berücksichtigen dabei aber die besondere Größe der anatolischen Hirsche.

5. Berechnung der Mindestindividuenzahl

Wie es bei der Auswertung von Tierknochenfunden archäologischer Ausgrabungen üblich ist, haben wir auch auf Grund der Funde vom Korucutepe die Mindestindividuenzahlen ermittelt, die sie repräsentieren. Die Problematik dieser Berechnung und ihrer Ergebnisse ist schon öfters erörtert worden (z.B. Kuhn 1938; Kubasiewicz 1956; Paaver 1958; Boessneck 1963: S. 9f; Ambros 1969: S. 84; Uerpmann 1970/71: S. 5). Trotz aller Mängel ist die Berechnung der MIZ aber unumgänglich.

Zur Errechnung der MIZ für die Tierarten vom Korucutepe wurden die am häufigsten vertretenen Skeletteile nach der Zugehörigkeit zur rechten und linken Seite verteilt. Dann konnte immer nur eine Seite gezählt werden, die in den verschiedenen Schichten und Einheiten nicht immer die häufigere sein muß, denn bei den Funden, die in der Datierung fraglich sind, ist damit zu rechnen, daß sie zum Teil zu der einen, zum Teil zu der anderen Periode gehören. Die Knochen der Zwischengruppen ergeben oft keine zusätzlichen Individuen. Wenn nur jeweils die rechte oder die linke Seite einer Knochenart gezählt wird, läuft man nicht Gefahr, Skeletteile von einem Tier, die verstreut sind, doppelt zu zählen. Zusätzlich wurde darauf geachtet, ob sich bei Berücksichtigung der Altersstufen, d.h. bei den Kiefern nach dem Zahnalter und bei den Extremitätenknochen nach dem Stand des Epiphysenschlusses die Zahl erhöht. Außerdem wurde der Geschlechtsdimorphismus, soweit er an den Knochen zum Ausdruck kommt, berücksichtigt. Es erübrigt sich zu sagen, daß die MIZ bei den einzelnen Tierarten auf verschiedenen Skeletteilen beruhen. Welche Knochenart die Grundlage der Berechnung der MIZ bildet, wird in den Spezialkapiteln über die Tierarten erwähnt. Abgesehen davon, daß die sich ergebenden Zahlen sehr niedrig liegen, fallen die Ergebnisse in den einzelnen Schichten ganz unterschiedlich aus.

Die Annäherung der Mindestindividuenzahl an die tatsächlich vertretene Individuenzahl nimmt mit steigender Fundzahl ab. Die Wirtschaftstiere im engeren Sinne — Rind, kleine Wiederkäuer und Schwein — sind besonders unterrepräsentiert, im höchsten Grade das Rind, dessen Knochen sich infolge seiner Größe erfahrungsgemäß gleichmäßiger über das Skelett verteilen und dadurch eine niedrige MIZ ergeben. Beim Schwein und bei den kleinen Wiederkäuern herrschen gewöhnlich Unterkiefer stärker vor.

Geraten unter die Abfälle einer Siedlung, die meist aus Speiseresten gebildet werden, Reste verscharrter oder bestatteter Tierkörper oder weggeworfener Kadaver, verzerren sie das Fundbild. Auch auf dem Korucutepe sind eine Reihe von Teilskeletten gefunden worden. Sie werden einzeln besprochen, sind aber schließlich doch in die Fundstatistiken mit aufgenommen worden.

Nur die undatierbaren Funde aus der Stelle Y 21 pit G haben wir nirgends berücksichtigt und erwähnen sie nur hier. In dieser Grube fanden sich nur Teilskelette: ein
weitgehend erhaltenes Skelett eines wenige Tage alten Rindes (die Milchprämolaren
befinden sich im Durchbruch), das Teilskelett eines etwa halbjährigen Rindes (M_1
im Durchbruch), Fußknochen von 7 erwachsenen, kleineren Rindern (davon mindestens 4 ♀♀, 2 ♂♂), schließlich ein Humerus und ein Femur eines Rinderfoetus. Von
einem Ziegen- oder Schaflamm liegt das Teilskelett eines nur wenige Tage alten Tieres
und von einer Ziege das Teilskelett eines etwa gleichaltrigen Tieres vor. Der Ausgräber
hält für möglich, daß die Skelette aus dieser Grube aus der Neuzeit sind.

6. Verzeichnis der Abkürzungen

Vor allem um den unumgänglichen Druck der zahlreichen Tabellen zu verbilligen,
verwenden wir für die Meßstrecken an den Extremitätenknochen, für die Grundrich-
tungsangaben auch an den Knochen des Rumpfes sowie für einige immer wiederkeh-
rende Bezeichnungen Abkürzungen. Die weiteren Angaben zu den Maßen an den
Wirbeln und die Strecken am Schädel wurden nicht abgekürzt, weil Abkürzungen in
diesen Fällen wegen der Vielfalt der Meßstrecken keinen Vorteil bringen. Das nachstehend zusammengestellte Abkürzungssystem stützt sich für die Vogelknochen auf
Bacher (1967), Woelfle (1967) und Erbersdobler (1968), bei den Säugerknochen auf
Uerpmann (1970/71) und von den Driesch (1972).

a	= anterior
ad	= adult
B	= Breite
BB	= Breite basal (Coracoid)
BC	= Breite des Caput (Talus)
BD	= größte Breite distal
BG	= Breite der Gelenkfläche (Scapula, Phalanx 3)
BGD	= Breite der distalen Gelenkfläche
BGP	= Breite der proximalen Gelenkfläche
BP	= größte Breite proximal
BPC	= größte Breite über die Processus coronarii (Ulna)
BTH	= Breite der Trochlea humeri
d	= dexter
D	= Dicke
DD	= Diagonale distal
DL	= dorsale Länge (Phalanx 3)
DLS	= diagonale Länge der Sohle (Phalanx 3)
DP	= Diagonale proximal

F   = Fundstelle
G   = Geschlecht
GB   = größte Breite
GH   = größte Höhe (Talus, Equiden)
GL   = größte Länge
GLC   = größte Länge vom Caput aus (Humerus, Femur)
GLl   = größte Länge der lateralen Hälfte (Talus)
GLm   = größte Länge der medialen Hälfte (Talus)
GLP   = größte Länge des Processus articularis (Scapula)
GLpe = größte Länge der peripheren Hälfte (Phalanx 1)
H   = Höhe
I   = Index
inf   = inferior
KB   = kleinste Breite
KD   = kleinste Breite der Diaphyse
KHD   = kleinste Höhe des Darmbeinkörpers
KL   = kleinste Länge
KLH   = kleinste Länge am Hals der Scapula
KS   = kleinste Breite des Schaftes
KTO   = kleinste Tiefe des Olecranon
L   = Länge
LA   = Länge des Acetabulum (einschließlich des Labium)
LG   = Länge der Gelenkfläche (Scapula, Phalanx 3)
LmR   = Länge des medialen Rollkamms (Talus, Equiden)
LT   = Länge des Tibiotarsus vom Tuberculum centrale aus
MIZ   = Mindestindividuenzahl
ML   = mediale Länge
N   = Anzahl
p   = posterior
Pd   = Milchprämolar
pe   = peripher
s   = sinister
sup   = superior
TC   = Tiefe des Caput (Femur)
TD   = Tiefe distal
Tl   = Tiefe der lateralen Hälfte (Talus)
Tm   = Tiefe der medialen Hälfte (Talus)
TP   = Tiefe proximal
TPA   = Tiefe über den Processus anconaeus (Ulna)
WRH   = Widerristhöhe
$\bar{x}$ = Mittelwert
Z   = Zeitstufe

IV. Besprechung der Tierarten

A. Gesamtübersicht

Die weitaus überwiegende Menge der Tierknochenfunde vom Korucutepe stammt von Haustieren (Tab. 2, 3). Sie machen laut Tabelle 2 96 % des Gesamtmaterials aus,

Tabelle 2
Anteil der Haustiere und der Jagdtiere
(mit Ausnahme der Kleinsäuger, Wechselkröte und Fische)

	D	D/I-J	D/L	G/H	H	I-J	I-J/K	I-J/L	K	K/L	L	?	Gesamt
Haustiere													
N	738	263	399	181	1307	8700	767	519	67	227	1046	2407	16621
%	85,2	88,5	90,9	95,3	95,4	97,1	98,0	94,9	97,1	99,1	97,2	96,8	96,0
Jagdtiere													
N	128	34	40	9	63	256	16	28	2	2	30	79	687
%	14,8	11,5	9,1	4,7	4,6	2,9	2,0	5,1	2,9	0,9	2,8	3,2	4,0
Summe	866	297	439	190	1370	8956	783	547	69	229	1075	2486	17308

und zwar in der Anfangszeit 85 %, in Schicht L dann über 97 %. Allerdings scheint diese Angabe unbedeutend überhöht zu sein, weil es bei den nächsten Wildverwandten und Wildvorfahren der Wirtschaftstiere an Bruchstücken meist nicht möglich ist, die Knochen der weiblichen und der Jungtiere als Reste von Wildtieren zu erkennen. Aber selbst, wenn man den Anteil der Wildrinder, Wildschafe, Wildziegen und Wildschweine verdreifacht, bliebe der Haustieranteil noch im Rahmen von 95 %.

Über die reichhaltige Artenliste aus den Wildtierknochen orientiert die Tabelle 3. Dabei konnten die 47 Fischknochen aus Mangel an Vergleichsmaterial nur summarisch aufgeführt werden. Unter ihnen herrschen Weißfische (Cypriniden) vor. Einige große Knochen erweisen den Fang stattlicher Welse (Siluriformes).

Tabelle 3

Korucutepe. Verteilung der Knochenfunde aus den einzelnen Schichten auf die Tierarten*

	D	D/I-J	D/L	G/H	H	I/J	I-J/K	I-J/L	K	K/L	L	?	Gesamt
Pferd, Equus caballus	—	1	—	—	5	21	2	—	1	3	30	24	87
Esel, Equus asinus	—	—	—	—	2	67	2	—	7	1	10	4	93
Esel oder Muli	—	—	—	—	3	10	2	—	—	1	2	7	25
Rind, Bos taurus	190	72	103	54	520	2484	248	198	38	74	533	1086	5600
Schaf, Ovis aries	38	11	18	13	127	501	27	31	4	14	68	117	969
Schaf oder Ziege	425	140	193	96	400	4027	424	242	13	127	280	756	7123
Ziege, Capra hircus	18	14	12	6	92	324	19	19	1	4	111	95	715
Kamel, Camelus spec.	—	—	—	—	—	—	—	—	—	—	1	—	1
Hausschwein, Sus (scrofa) domesticus	54	21	11	9	139	1171	33	19	1	1	6	191	1656
Hund, Canis familiaris	13	3	61	3	18	81	9	4	2	—	2	124	320
Huhn, Gallus gallus domesticus	—	1	1	—	1	14	1	6	—	2	3	3	32
Haustiere, insgesamt	738	263	399	181	1307	8700	767	519	67	227	1046	2407	16621
Rothirsch, Cervus elaphus	101	10	32	4	34	94	4	17	—	—	9	37	342
Ur, Bos primigenius (?)	1	—	—	—	8	3	—	—	—	—	—	—	12
Wildschaf, Ovis ammon	3	1	—	—	2	8	—	—	1	—	—	2	17
Wildschaf oder Wildziege	1	—	—	—	—	—	—	—	1	—	5	1	8
Wildziege, Capra aegagrus	1	—	1	—	1	10	1	4	1	—	—	9	28
Wildschwein, Sus scrofa	2	1	2	—	2	25	4	2	—	—	5	6	49
Wolf, Canis lupus	—	—	—	—	1	4	—	—	—	—	—	1	6
Fuchs, Vulpes vulpes	1	—	—	—	1	5	2	—	—	—	4	1	14
Bär, Ursus arctos	4	—	—	—	—	8	2	—	—	—	—	1	15
Mauswiesel, Mustela nivalis	—	—	—	—	—	2	—	—	—	—	—	—	2
Wildkatze, Felis silvestris	—	—	—	—	—	1	—	—	—	—	—	2	3
Luchs, Lynx lynx	—	—	—	—	1	—	—	—	—	—	—	—	1
Hase, Lepus europaeus	3	5	—	1	—	16	3	—	—	1	—	3	32
Eichhörnchen, Sciurus anomalus	—	—	—	—	—	1	—	—	—	—	—	—	1
Biber, Castor fiber	—	—	—	—	—	1	—	—	—	—	—	—	1
Hausratte, Rattus rattus	—	—	—	—	—	1	—	—	—	—	—	—	1
Sandratte, Meriones spec.	—	—	—	—	—	1	—	—	—	—	—	—	1
Blindmaus, Spalax leucodon	—	—	—	—	—	—	1	—	—	—	—	—	1
Igel, Erinaceus europaeus	—	—	—	—	—	—	—	1	—	—	—	—	1
Kormoran, Phalacrocorax carbo	—	—	—	—	—	—	—	—	—	—	—	1	1
Bläßgans, Anser albifrons	—	—	—	—	—	2	—	—	—	—	—	—	2
Stockente, Anas platyrhynchos	—	—	1	—	—	4	—	—	—	—	1	—	6

(Die Spaltenüberschriften sind auf dieser Seite nicht abgedruckt; Lesung der Werte nach bestem Vermögen. Die letzte Spalte ist die Gesamtsumme.)

Tierart													Gesamt
Krickente, *Anas crecca*	—	—	—	—	—	1	—	—	—	—	—	—	1
Schellente, *Bucephala clangula*	—	—	—	—	—	1	—	—	—	—	—	—	1
Unbestimmte kleine Ente	—	—	—	—	—	1	—	—	—	—	—	—	1
Schmutzgeier, *Neophron percnopterus*	—	—	—	—	—	2	—	—	—	—	—	—	2
Schwarzer Milan, *Milvus migrans*	—	—	—	—	—	1	—	—	—	—	—	—	1
Steinhuhn, *Alectoris graeca*	1	—	—	—	1	16	—	—	—	—	6	3	27
Rebhuhn, *Perdix perdix*	—	—	—	—	—	1	—	—	—	—	—	—	1
Wachtel, *Coturnix coturnix*	—	—	—	—	—	1	—	—	—	—	—	—	1
Kranich, *Grus grus*	2	8	—	—	1	6	—	—	—	1	—	1	19
Großtrappe, *Otis tarda*	1	1	—	—	1	—	—	—	—	—	—	—	3
Zwergtrappe, *Tetrax tetrax*	—	—	—	—	—	1	—	—	—	—	—	—	1
Ringeltaube, *Columba palumbus*	—	—	—	—	—	2	—	—	—	—	—	—	2
Uhu, *Bubo bubo*	—	—	—	—	—	1	—	—	—	—	—	—	1
Haussperling, *Passer domesticus*	—	—	—	—	1	—	—	—	—	—	—	—	1
Elster, *Pica pica*	—	—	—	—	—	1	—	—	—	—	—	—	1
Dohle, *Corvus monedula*	—	3	—	—	—	—	—	—	—	—	—	—	3
Saatkrähe, *Corvus frugilegus*	—	3	—	—	—	—	—	—	—	—	1	—	4
Saat- oder Nebelkrähe	1	—	—	—	—	1	—	—	—	—	—	—	2
Nebelkrähe, *Corvus (corone) cornix*	—	—	—	—	—	1	—	—	—	—	—	—	1
Unbestimmte Vogelknochen	1	—	—	1	—	1	—	—	—	—	—	1	4
Wasserschildkröte, *Clemmys caspica*	1	—	1	—	—	3	—	—	—	—	—	—	5
Landschildkröte, *Testudo graeca*	5	2	2	2	9	32	1	2	—	—	4	7	66
Wechselkröte, *Bufo viridis*	—	1	—	—	3	—	—	—	—	—	—	5	9
Wildtiere insgesamt (ohne Fische)	128	35	40	9	63	261	17	29	2	2	31	84	701
Haus- und Wildtiere	866	298	439	190	1370	8961	784	548	69	229	1077	2491	17322
Unbestimmbare Knochensplitter	120	35	39	27	83	892	61	40	4	21	15	115	1452
Summe der Tierknochenfunde (ohne Fische)	986	333	478	217	1453	9853	845	588	73	250	1092	2606	18774
Unbestimmte Fische	2	1	3	—	1	37	1	1	—	—	1	—	47
Uniomuscheln	6	6	2	3	14	102	2	5	—	—	3	21	164
Flußkrabbe, *Potamon potamios*	—	—	—	1	—	2	—	—	—	—	—	—	3
Gesamt													18988

* Außerdem liegt der Oberschädel eines Hausschweines aus J 12 (4000—3000 v. Chr.) vor.

Im allgemeinen handelt es sich bei den Resten um Schlacht- und Speiseabfälle. Aber auch mehr oder weniger vollständige Skelette verendeter und verscharrter Haustiere wurden ausgegraben, sowie Knochen beiläufig getöteter Kleintiere gefunden, so von einem Igel und einem Sperling, häufiger aber von grabenden und unterirdisch lebenden Arten, wie der Blindmaus, Sandratte, Wechselkröte und von Schildkröten.

Der schlechte Erhaltungszustand der Knochen drückt sich einmal in dem relativ großen Anteil unbestimmbarer Fundstücke aus (sie machen mit 1452 Stück 8 % der Gesamtfundmenge aus), zum anderen kann man ihn aus der relativ geringen Menge an für Messungen geeigneten Knochen erkennen. Man stelle zu diesem Zweck die Tabellen, welche die Verteilung der Knochen über das Skelett angeben, den Maßtabellen gegenüber. Die Knochen aus den beiden ältesten Besiedlungsabschnitten (D und G/H) sind am bruchstückhaftesten. Der Anteil unbestimmbarer Splitter liegt in diesen beiden Einheiten mit 12,2 % (D) und 12,4 % (G/H) am höchsten. Den Erhaltungszustand des Knochenfundguts von 1969 veranschaulicht die Abbildung 1. Sie zeigt Knochenfunde nach dem Waschen.

Ein kleiner Teil der Knochen ist angekohlt, verkohlt oder gänzlich ausgeglüht.

B. Haustiere

1. Pferd, *Equus caballus*, Esel, *Equus asinus*, und Muli

Allgemeines

Das Hauspferd läßt sich im Vorderen Orient, wenn zweifelhafte Belege außer acht gelassen werden, bisher erst von der Zeit um 2000 v.Chr. an nachweisen (z.B. Hančar 1956; Herre und Röhrs 1958; Zeuner 1967: S. 267ff). In den Funden vom Korucutepe treten Equidenknochen erst in althethitischen Fundeinheiten auf, d.h. nicht vor 1800 v.Chr. Der einzige Pferdenachweis aus D/I-J (Tab.4) spricht nicht gegen diese Feststellung, denn es ist anzunehmen, daß er sich auf die Schicht I/J bezieht. Pferd, Esel und Maultier(?) haben somit anscheinend erst mit der althethitischen Bevölkerung den Korucutepe erreicht, denn die Funde der Frühen Bronzezeit sind zahlreich genug, als das Equidenknochen nur zufällig fehlen sollten.

Von Anfang an treten dann ab Schicht H Pferd und Esel gemeinsam auf (Tab.3). Knochen mit Zwischengrößen legen die Vermutung nahe, daß das Maultier und/oder der Maulesel auch von dieser Zeit an gezüchtet wurden. Wie besonders leistungsfähig und genügsam Mulis sind, war schon im Altertum bekannt, und zwar nicht zuletzt den Hethitern, wie sich aus den Wandbildern über die Schlacht bei Kadesh ersehen läßt.

Tabelle 4

Pferd, *Equus caballus*. Verteilung der Knochen aus den einzelnen Schichten auf das Skelett[1]

	D/I-J	H	I-J	I-J/K	K	K/L	L	?	Gesamt
Oberschädel		1		1			1	2	5
Dentes superiores							1	3	4
Mandibula			3				2		5
Dentes inferiores	1		3				3	3	10
Atlas, Epistropheus			1	2					3
Vert. lumbales						1		2	3
Costae		1	1					3	5
Scapula			1				2		3
Humerus		1	1			1		1	4
Radius			1				1		2
Ulna								1	1
Carpalia		1					8		9
Metacarpus			1				1 M?	2	4
Pelvis							1	2	3
Femur							1		1
Tibia							2	4	6
Talus		1							1
Calcaneus						1			1
Tarsale 3							1		1
Metatarsus			2				2	1	5
Phalanx 1		1 M?	⎰1⎱1 M?				1		4
Phalanx 2		1					3		4
Phalanx 3		3							3
Insgesamt	1	5	21	2	1	3	30	24	87
MIZ		2	3	1			4	1	11[1]

[1] Bei drei dieser Individuen besteht Verdacht auf Mulizugehörigkeit (M).

Schon die Unterscheidung der Knochen von Pferd und Esel ist nicht immer einfach. Sie bereitet aber im allgemeinen wegen des Größenunterschiedes keine Schwierigkeiten, so auch im vorliegenden Material nicht. Einige Skeletteile der beiden Arten lassen sich auch an feinen Gestaltmerkmalen unterscheiden (Arloing 1881; Chauveau 1890; Herre und Röhrs 1958; sowie eigene Untersuchungen). Schwierig, ja oft unmöglich, ist es aber, Muliknochen sicher als solche anzusprechen. Sie gleichen einmal mehr dem einen, einmal mehr dem anderen Elternteil (s. auch Chauveau 1890). Nach unseren Beobachtungen gleichen die Knochen der Maultiere aus mittel- und südeuropäischen Züchtungen mehr Pferde- als Eselknochen. Wie sich die Skelette von Mauseln verhalten, entzieht sich unserer Kenntnis, da die europäischen Sammlungen zu wenig Vergleichsmaterial enthalten. Das Vorkommen von Muliknochen scheint sich aber im Vorliegen von Zwischengrößen anzudeuten, wenn sich die Pferde und die Esel in zwei umschriebenen Gruppen abzeichnen.

Unter den Equidenknochen vom Korucutepe stehen manche in der Größe zwischen Esel und Pferd und sehen den Eselknochen ähnlich. Aber auch 3 Knochen aus dem Größenbereich des Pferdes, nämlich zwei Phalangen 1 aus den Schichten H und I-J (Tab. 6t) und ein Metacarpus aus Schicht L (Tab. 6k) ähneln Eselknochen. Die Fesselbeine sind schlank und im Bereich der Diaphyse eingezogen. Der Mittelhandknochen weist auf der Volarseite kurz oberhalb der distalen Gelenkrolle eine gut markierte Eindellung auf, die bei Eselmetacarpen gewöhnlich, bei Pferdemetacarpen selten zu beobachten ist. Mit Ausnahme dieser 3 Knochen werden alle muliverdächtigen Skeletteile in den Tabellen 3 und 5 in einer eigenen Spalte „Esel oder Muli" aufgeführt. Soweit sie meßbar waren, sind sie in der Tabelle 6 gekennzeichnet.

Bei der Bestimmung der Equidenknochen mußte schließlich ständig darauf ge-

Tabelle 5

Esel (E), *Equus asinus*, und Muli (M). Verteilung der Knochen aus den einzelnen Schichten auf das Skelett

	H		I-J				I-J/K		K	K/L		L		?		Gesamt	
	E	E o. M	E juv.	E	E ad.	E o. M	E	E o. M	E	E	E o. M	E	E o. M	E	E o. M	E	E o. M
Oberschädel	—	—	1	2	—	1	—	—	—	—	1	—	—	—	—	3	2
Dentes superiores	—	—	—	1	—	5	—	1	—	—	—	—	1	—	—	1	7
Mandibula	—	—	1	—	—	—	—	—	1	—	—	1	—	—	1	3	1
Dentes inferiores	—	—	—	1	—	—	1	—	—	—	—	4	—	—	2	6	2
Epistropheus	—	—	—	—	—	—	1	—	—	—	—	—	—	—	—	1	—
Costae	—	—	—	4	—	—	—	—	—	—	—	—	—	—	—	4	—
Scapula	—	2	—	3	—	1	—	—	—	—	—	—	—	—	—	3	3
Humerus	—	—	—	1	—	1	—	—	2	—	—	—	—	—	—	3	1
Radius	—	—	—	—	—	—	—	—	—	—	—	1	—	1	—	2	—
Metacarpus	1	—	—	2	—	—	—	—	1	—	—	1	—	3	1	8	1
Pelvis	—	—	1	1	1	—	—	—	2	—	—	—	—	—	—	5	—
Femur	1	—	—	2	1	—	—	1	—	—	—	—	—	—	1	4	2
Patella	—	—	—	—	1	—	—	—	—	—	—	—	—	—	—	1	—
Tibia	—	—	1	2	1	—	—	—	—	—	—	—	—	—	1M	4	1M
Talus	—	1	2	1	1	—	—	—	—	—	—	—	—	—	—	4	1
Calcaneus	—	—	2	—	1	—	—	—	—	—	—	—	—	—	—	3	—
Andere Tarsalia	—	—	8	2	2	—	—	—	—	—	—	—	—	—	—	12	—
Metatarsus	—	—	2	4	1	1	—	—	1	—	—	1	1	—	1	9	3
Phalanx 1	—	—	2	—	1	1	—	—	—	1	—	1	—	—	—	5	1
Phalanx 2	—	—	2	1	1	—	—	—	—	—	—	1	—	—	—	5	—
Phalanx 3	—	—	2	—	2	—	—	—	—	—	—	—	—	—	—	4	—
Sesambeine	—	—	—	3	—	—	—	—	—	—	—	—	—	—	—	3	—
Insgesamt	2	3	24	30	13	10	2	2	7	1	1	10	2	4	7	93	25
				67													
MIZ	1	1	—	3	—	1	—	—	2	—	—	3	1	—	—	9	3

achtet werden, ob nicht Knochen von Halbeseln, *Equus hemionus onager* oder *Equus hemionus hemippus*, unter den Funden sind. Auf Grund bildlicher und plastischer Darstellungen vertreten eine Reihe von Autoren die Meinung, in Mesopotamien sei im 3. Jahrtausend v. Chr. der Onager als Haustier gehalten worden (z. B. Werth 1930: S. 270f; Antonius 1942: S. 128; Hančar 1956: S. 402ff, 451ff; Nagel 1959: S. 107ff, Brentjes 1965: S. 44ff; Zeuner 1967: S. 311ff). An Knochenfunden konnte der Beweis für diese Ansicht bisher nicht erbracht werden. Zwar handelt es sich bei den Anauequiden bekanntlich um Onager (Hilzheimer 1926a: S. 115; Lundholm 1947: S. 152ff), diese waren aber anscheinend nicht domestiziert, und die als Beweis für die Haltung des Onagers angesehenen Equidenknochen vom Tell Asmar in Mesopotamien (Hilzheimer 1934, 1941) dürften — zumindest zum Teil — doch wohl falsch bestimmt sein (Ducos 1970), wovon man sich überzeugen kann, wenn man den einzigen ganz erhaltenen Metacarpus mit Halbesel-, Esel- und Maultierknochen vergleicht. Da aber aus dem 3. Jahrtausend Equidenknochen vom Korucutepe sowieso fehlen, berührt uns diese Frage nicht, weil ja nach der Einfuhr von Pferd und Esel die Haltung des Onagers wieder aufgegeben worden sein soll. Für uns trat nur die Frage auf, ob etwa Halbesel als Wildtiere auf der Altınova vorkamen. Wieder spricht das Fehlen von Equiden in den älteren Schichten von vornherein dagegen, das Faunenbild als ganzes ebenso (S. 179ff). Die Ebene war einen größeren Teil des Jahres feucht, nahe der Flußläufe bewaldet. Die vorderasiatischen Halbesel aber sind Trockensteppenformen. Später, als die Versteppung fortschritt, bestand keine Verbindung zu den weiten Steppen des Iran und der Halbwüste Syriens (s. S. 181 f). Zudem dürfte das Klima für den syrischen Onager zu rauh gewesen sein. Auch andere Warm- und Trockensteppenformen, wie z. B. die Kropfgazelle, fehlen in der Faunenliste vom Korucutepe. Von all diesen Überlegungen abgesehen, gibt es auch osteologisch keine Hinweise auf das Vorkommen von Halbeselknochen im Fundgut. Die Zähne und die charakteristischen langen schlankwüchsigen Metapodien und Phalangen hätten die Bestimmung ermöglicht, wenn es bei den fragmentären großen Röhrenknochen nicht möglich gewesen wäre.

Die alles in allem 205 Equidenknochen machen nur 1,2% der Haustierknochen und aller bestimmten Wild- und Haustierknochen aus. Pferd und Esel halten sich in etwa die Waage; Mulis (?) sind nur wenige nachgewiesen.

Pferd

Von den insgesamt 87 Pferdeknochen, das sind 0,5% der Haustierknochen und des Gesamtfundes, kommen die meisten aus der Schicht L, und zwar 2,8% des Gesamtmaterials, 2,9% der Haustierknochen.

Die 87 Pferdeknochen belegen mindestens 11 Tiere (Tab. 4). 3 davon könnten jedoch, wie gesagt, Maultiere sein.

Die meisten der Pferdeknochen stammen von ausgewachsenen Tieren. Von den mindestens 11 Pferden waren nur 2 juvenil. Für die verschiedenen Schichten und Einheiten ergeben sich die folgenden Mindestindividuenzahlen (MIZ) und nachstehende Altersverteilung:

H: Knochen eines erwachsenen Pferdes. Die „muliverdächtige" Phalanx 1 posterior paßt in der Größe nicht zu den übrigen Knochen. MIZ: 2 adulte Tiere.

I-J: Knochen eines adulten Pferdes, darunter ein Unterkieferbruchstück mit mittelgradig abgekauten Backzähnen. Eine Phalanx 1 anterior, wiederum möglicherweise von einem Muli, belegt ein weiteres adultes Tier geringerer Größe. Von einem jungen Pferd liegen ein distal nicht verwachsener Radius und ein Unterkieferbruchstück mit Milchprämolaren vor. Der Backzahnteil ist so bruchstückhaft, daß keine genauere Aussage über das Alter des Tieres möglich ist. MIZ: 2 adulte Tiere und 1 juveniles Tier.

I-J/K: Atlas und Epistropheus eines weiteren adulten Pferdes.

L: Knochen von mindestens 2 adulten Pferden, wovon nach den Beckenfunden eines eine Stute und eines ein Hengst oder ein Wallach war. Zwei Unterkieferstücke, deren Backzähne typische Pferdemerkmale aufweisen, könnten zu diesen Tieren gehören.

Einer der Unterkiefer weist geringgradig, der andere mittelgradig abgeriebene Backzähne auf. Von einem 3. adulten Individuum, bei dem der Verdacht besteht, daß es ein Muli ist, kommt ein Metacarpus (s. S. 28). Das 4. Tier in dieser Schicht war ein Fohlen, dessen M_1 frisch durchgebrochen war. MIZ: 2 adulte Tiere mittleren, 1 adultes Tier jüngeren Alters und 1 Fohlen.

„?": Die meisten Knochen der Einheit „?" könnten zu den erwähnten Tieren der datierten Einheiten gehören. Ein hochgradig abgeriebener Oberkiefermolar findet aber keine Entsprechung bei den übrigen Knochen und belegt daher zusätzlich noch ein Pferd. MIZ: 1 älteres Pferd.

Nur an 36 der Pferdeknochen ließen sich Maße abnehmen. Die Schädel sind alle zertrümmert. Selbst die Unterkiefer, die die Schädelgröße widerspiegeln, sind äußerst bruchstückhaft. Nur in einem Fall ließ sich die Länge der Molarreihe und in einem Fall die Länge der Prämolarreihe abnehmen (Tab. 6c). Die Zähne und die postkranialen Knochen sind von mittelgroßen Pferden. Rückschlüsse auf die Wuchsform gestatten die Knochen nur bedingt, da kein einziger ganz erhaltener großer Röhrenknochen vorliegt und die wenigen Phalangen darüber kaum eine Auskunft geben. Vergleicht man die Maße der Knochen mit denen vor- und frühgeschichtlicher Pferde bekannter Widerristhöhe aus Europa, etwa mit den bestbekannten Keltenpferden aus Manching in Oberbayern, so fallen die Maße der Pferde vom Korucutepe in den oberen Grenzbereich der Variation der Masse der Manchinger Knochen und in den Bereich der sich anschließenden Ausnahmeindividuen. Beim Humerus wird sogar der Maximalwert noch überschritten (Boessneck u. a. 1971: Tab. 64). Die gewöhnlichen Manchinger Pferde wiesen Widerristhöhen von etwa 115 bis 135 cm, durchschnittlich 125 cm auf. Die größeren Pferde waren bis weit über 140 cm hoch. Auf Grund unseres

Tabelle 6
Pferd, *Equus caballus*, Esel, *Equus asinus*, und Muli. Einzelmaße der Knochen
(P = Pferd, E = Esel, M = Muli)

(a) *Hirnschädel/Pferd*

F	U 13 **(1)**
Z	?
GB über die *Condyli occipitales*	82,5
B des *Foramen magnum* zwischen den Endpunkten der Condylen	35

(b) *Oberkieferzähne*

F	M 20 SW **(2b)**	X/Y **[15] (1)**	N 11 **[1] (3)**
Z	L	?	I-J
Art	P	P	E
Zahn	M^3	P^2	M^3
L	27	35,5	18,5
B	22,7	24	23
Abkauung	++	++	++

(c) *Unterkiefer*

F	U 12 **[14]**–**[15] (5)**	M 20 **(2a)**	M 20 SW **(2b)**	O 21 SE **(4)**	N 21 **[A] (6)**	M 20 SE **(2b)**
Z	I-J	L	L	I-J	K	L
Art	P	P	P	E	E	E
L der Backzahnreihe (Alveolen)	–	–	–	–	146	–
L der Backzahnreihe (nahe Usurfläche)	–	–	–	–	142	–
L der Molarreihe (Alveolen)	–	–	–	–	73	–
L der Molarreihe (nahe Usurfläche)	91	–	–	–	70	–
L der Prämolarreihe (Alveolen)	–	–	–	–	72	66
L der Prämolarreihe (nahe Usurfläche)	–	85	–	–	72	–
L/B von P_2	–	32/15,7	–	–	25,5/14,5	20,5!/12,5
L/B von P_3	30,5/20	26,5/18,5	–	–	24/17	22,5!/15,5
L/B von P_4	29/21	25,5/18,5	–	–	24/17,5	22/15,8
L/B von M_1	28/20,5	23,5/17,7	–	–	22/15	20/14,7
L/B von M_2	27,5/(18)	25/–	–	–	22,5/–	21/14,3
L/B von M_3	34,5/14,5	–	31,5/14,5	27/12,5	27,5/13	–
H vor M_1 (lateral)	–	–	–	–	63	–
H hinter M_3 (lateral)	–	–	–	–	–	–
Abkauung	++	++	+	++	++	+++

(d) *Atlas/Pferd*

F	U 12 NE-SE **(4)**	H 18 **[1] (5b)**
Z	I-J	I-J/K
GB (Flügelbreite)	153	–
GL	99	–
GB der kranialen Gelenkfläche	87	83,5
GB der kaudalen Gelenkfläche	85	–
GL von der kranialen zur kaudalen Gelenkfläche	92,5	86,5 zu Epistropheus

Tabelle 6 (Fortsetzung)

(e) *Epistropheus*

F	H 18 **[1] (6)**	H 18 **[1] (5)**
Z	I-J/K	I-J/K
Art	P	E
GL des Corpus einschließlich des Dens	(135)	(105)
GB der kranialen Gelenkfläche	89,5	58
KB des Wirbels	—	30
	zu Atlas	

(f) *Scapula*

F	M 20 SE **(2a)**	U 12 **(2)**	N 11 **[3] (3)**
Z	L	I-J	I-J
Art	P	E	E
KLH	—	—	44
GLP	—	76	(64)
LG	58	49	43,5
BG	(48)	40	36,5

(g) *Humerus*

F	O 24 **[B] (2)**	Y 15 **[1] (1)**	N 11 **[5] (3)** pit AM	U 13 **[3] (1) (2)**	N 21 **[A] (6)**
Z	H	?	I-J	I-J	K
Art	P	P	M?	E	E
KD	—	—	—	—	23,5
BD	83	83,5	(71)	58	51,5
BTH	76,5	73,5	66	55	50,5

(h) *Radius*

F	U 12 **[8] (3)**	U 12 SW **(1)**
Z	I-J	?
Art	P	E
BP	—	(64)
BGP	—	57
BD	76	—
BGD	65	—

(i) *Os carpale 3/Pferd*

F	O 22 **[7] (14)**	M 20 **[3] (2b)**	M 20 **(2b)**	N 12 **[1]** pit O
Z	H	L	L	L
GB	42,5	42	42	41

(k) *Metacarpus*

F	M 20 **(2b)**	O 23 NE **(3)**	O 21 NW **(2)**	O 20 pit G **(5h)**	N 21 **[A] (6)**	M 20 SW **(2b)**	U 13 **(1)**
Z	L	H	I-J	I-J	K	L	?
Art	P oder M	E	E	E	E	E	E
GL	—	184,5	181	176,5	—	177	—
BP	—	38 3	38	36,5	—	36	—
TP	—	27	28	24	—	—	—
KD	33	24,7	26	24,5	25	24	—
KU	—	73	—	70	—	—	—
BD	49	35,7	34,5	33,3	36	33,5	35

Tabelle 6 (Fortsetzung)

(l) *Becken*

F	M 20 **(2b)**	X 15 **[A] (1) (2)**	O 21 NE **(2)** pit B[1]	N 21 **[A] (6)**
Z	L	?	I-J	K
Art	P	P	E	E
LA	62,5	(58)	43,5	46,5
G	♂	♀	—	♀

(m) *Femur*

F	M 20 NW **(2a)**	O 21 NE **(2)** pit B[1]	N 11 **[1] (3)**
Z	L	I-J	I-J
Art	P	E	E
GLC	—	275	—
TC	—	—	39,5
BD	95	—	—

(n) *Patella/Esel*

F	O 21 NE **(2)** pit B[1]
Z	I-J
GL	47,5
GB	46,7

(o) *Tibia*

F	M 20 SW **(2b)**	X 16 **[A] (2)**	O 21 NE **(2)** pit B[1]	O 21 NE **(5)**	O 21 NE **(2)** pit B[2]	Z 21 **(1)**
Z	L	?	I-J	I-J	I-J	?
Art	P	P	E	E	E	M
GL	—	—	—	—	—	304
KD	39	—	—	—	—	31
BD	(70)	77	54	(52)	(49,5)	60
TD	(43)	49,5	—	32	—	39,5
						distal offen

(p) *Calcaneus/Esel*

F	O 21 SE **(1)**[2]
Z	I-J
GL	79,5
GB	36
	Tuber calcanei lose

(q) *Talus*

F	O 11 NE **(4b)**	N 24 **[2] (3)**	O 21 NE **(2)** pit B[1]	U 12 **(2B)**	O 21 NE **(2)** pit B/SE **(1)**[2]	
Z	H	H	I-J	I-J	I-J	
Art	P	E oder M	E	E	E	
GH	58	49	45	(45)	41	41
GB	60	47	44,5	—	41,5	42
LmR	60	47	44	43,5	40,5	40,5
BGD	53	39	37	—	33,5	33,5
					links	rechts

(r) *Tarsalknochen*

F	M 20 SW **(2b)**	O 21 NE **(2)** pit B/SE **(1)**					
Z	L	I-J					
Art	P	E					
t3/tc	t3	tc[1]	t3[1]	tc[2]	tc[2]	t3[2]	t3[2]
GB	47	36	34	35	34	33	33
		rechts	links	rechts	links		

Tabelle 6 (Fortsetzung)

(s) *Metatarsus*

F	H18(1)	N11[1](3)	O21NE(2)pitB¹	O21NE(2)pitB/SE(1)²		N21[A](6)	M20SW(2b)
Z	?	I-J	I-J	I-J		K	L
Art	P	E	E	E		E	E oder M
GL	–	–	214	203,5	203,5	–	–
BP	48,5	–	36,5	35,5	35,5	–	–
KD	28	–	22	20,5	21	–	–
BD	47,5	35	33,5	31	31	33	38,5
				links	rechts		

(t) *Phalanx 1*

F	O11NW(4b)	O22(4)	O21SE(3)	M20SE(2a)	O21NE(2)pitB¹
Z	H	I-J	I-J	L	I-J
Art	P oder M	P	P oder M	P	E
GL	79,5	(85)	–	87,5	63
BP	48	–	(45)	54	36,3
TP	34,5	–	(31)	35	26
KD	29,5	37,5	29	35,5	21,2
BD	39	51	–	46,5	30
$J = \dfrac{TP \times 100}{GL}$	43,4	–	–	40,0	41,3
a/p/d/s	p. s.	p. s.	a. d.	a. s.	p. s.
				zu Phalanx 2	

F	O21NE(2)pitB/SE(1)²		H18[2](4c)
Z	I-J		K/L
Art	E		E
GL	62	–	–
BP	33,2	–	–
TP	25	–	–
KD	20	20,5	21,5
BD	29	29	(32,5)
$J = \dfrac{TP \times 100}{GL}$	40,3	–	–
a/p/d/s	p. s.	p. d.	a. d.

(u) *Phalanx 2*

F	O21NE(3)	M20SE(2a)	M20[3](2b)	M20(2b)	O21NE(2)p i tB¹
Z	I-J	L	L	L	I-J
Art	P	P	P	P	E
GL	46,5	47	47	45	34,5
BP	52,5	52	51	53	34,2
KD	44	44,5	41	45,5	27,2
BD	51,5	51	–	51	30
$J = \dfrac{BD \times 100}{GL}$	110,8	108,5	–	113,5	87,0
a/p/d/s	a. s.	a. s.	p. d.	a. s.	p. s.
		zu Phalanx 1			

Tabelle 6 (Fortsetzung)

F	O 20 **(2c)** pit G	O 21 NE **(2)** pit B/SE **(1)**[2]		M 20 SW **(2b)**
Z	I-J	I-J		L
Art	E	E		E
GL	34	32	32	37
BP	35	32	32	36,5
KD	30,5	26,5	26,5	32,5
BD	33	29,5	29,5	35
$J = \dfrac{BD \times 100}{GL}$	97,1	92,2	92,2	94,6
a/p/d/s	a. d.	p. d.	p. s.	a. d.

(v) *Phalanx 3*

F	O 21 NW **[1] (2d)**	U 12 **(2b)**	O 21 NE **(2)** pit B[1]		O 21 NE **(2)** pit B/SE **(1)**[2]	
Z	I-J	I-J	I-J		I-J	
Art	P	P	E		E	
GL	—	—	35	35	—	32
GB	—	—	44 5	40,5	37	37,3
LG	—	25	19,5	18,5	16,5	16,5
BG	48	44,5	32	28	26,5	26,5
a/p/d/s	—	a.	a. s.	p. s.	p. d.	p. s.

[1] Zusammengehörig.
[2] Zusammengehörig.

Vergleichs können wir annehmen, daß die Pferde vom Korucutepe im Widerrist etwa 135 bis 145 cm hoch waren. Sie waren demnach so groß wie die Masse der römerzeitlichen Pferde in Mitteleuropa. Die Hethiterpferde von Osmankayası passen in der Größe dazu (Herre und Röhrs 1958: S. 63f). Ihre Widerristhöhe wird von Herre und Röhrs zu hoch geschätzt (vgl. Boessneck 1970). Die für die ostanatolischen Pferde angegebene Größe bestätigt auch ein Vergleich mit einem altägyptischen Pferdeskelett. Dieses Pferd hatte lebend eine Widerristhöhe von 140 bis 145 cm (*ebd.*). Die Breiten- und Längenmaße der Pferdeknochen unseres Fundorts liegen geringgradig unter und über denen dieses Tieres, manche sind mit ihnen fast identisch.

Esel und Maultier (?)

Dem Esel wurden 93 Knochen zugeordnet, das sind 0,5% des Gesamtmaterials und 0,6% des Haustiermaterials. Dazu kommen 25 Knochen, die entweder von Eseln oder von Mulis sind, wohl aber nicht von Pferden (Tab. 5). Die Mehrzahl dieser fraglichen Knochen und Zähne mußte nur deshalb unbestimmt bleiben, weil es sich um unscheinbare Fragmente handelt, die die Größe und die Charakteristika nicht genauer beurteilen ließen. Aus der Schicht I-J liegen besonders viele Eselknochen vor, weil hier zusammengehörige Teile von 2 Skeletten gefunden wurden (s. unten).

Die 93 Eselknochen repräsentieren mindestens 9 Tiere. Außerdem ergaben sich 3 Individuen aus den „Esel- oder Muli" knochen (Tab. 5). Im einzelnen sind Reste folgender Altersgruppen und folgender Mindestindividuenzahlen gefunden worden:

H: Zwei Knochen eines adulten Esels, zwei Scapulasplitter und ein größerer Talus eines Esels oder Mulis (Tab. 6 q).

I-J: 67 Knochen von mindestens 3 Eseln, unter denen sich zusammengehörige Teile der Hinterextremitäten von zwei Tieren befanden.

Die 13 Knochen der beiden Hinterextremitäten des einen Tieres weisen einen adulten Esel nach. Alle Epiphysen sind verwachsen (rechte Spalte in der Tab. 5). Die Maße der Knochen dieses Skeletts werden in der Tabelle 6 mit einer hochgestellten 1 gekennzeichnet. Die 24 Knochen der beiden anderen Hintergliedmaßen (linke Spalte der Tab. 5) belegen einen noch jungen Esel. Die distale Epiphysenfuge der Tibia ist offen, die Tubera der Fersenbeine sind noch lose.

Die distalen Epiphysen der beiden Metatarsen waren aber angewachsen. Beide Teilskelette lagen über die Fundstellen O 21 NE (2) pit B und O 21 SE (1) verstreut. In derselben Grube wie die beiden Teilskelette fanden sich auch der Ober- und der Unterkiefer eines jungen Esels, bei dem die dritten Molaren noch nicht durchgebrochen waren. Wir nehmen an, daß die Kiefer von demselben Tier wie die Hinterextremitäten des Jungtiers stammen. Wenn dem so ist, läßt dieser Jungesel nach den Extremitätenknochen auf ein Alter zwischen $1^1/_2$ und 2 Jahren schließen und nach dem Gebiß auf 2 Jahre (Habermehl 1961: S. 29, 48). Trotz der Jugendlichkeit der Knochen wurden sie vermessen, denn wenn die Metatarsen und Phalangen sowie der Talus allein vorgelegen hätten, wäre dies ohne Kenntnis des Alters auch geschehen. In der Tabelle 6 sind sie mit einer hochgestellten 2 versehen.

Weitere 30 Eselreste aus dieser Schicht repräsentieren noch mindestens einen adulten Esel. Außerdem gibt es noch Knochen von mindestens einem größeren Equiden, der nicht sicher als Esel oder Muli anzusprechen ist.

K: 7 Knochen stammen von mindestens 2 adulten Eseln, weil 2 Becken von 2 verschiedenen Tieren vorliegen. Das eine war eine Stute. Ein Oberkieferstück ist seiner Größe nach nicht genauer als Esel oder Muli einzuordnen.

L: Knochen von 3 Eseln, einem juvenilen, der durch einen distal offenen Metatarsus vertreten ist, und 2 adulten, von denen unter anderem Kieferteile mit geringgradig und mit hochgradig abgeriebenen Backzähnen vorliegen. Ein Metatarsus, der größer ist als die Mittelfußknochen der übrigen Esel, könnte von einem Muli, dem 4. Individuum dieser Schicht, sein.

Verglichen mit rezenten Eselskeletten sind die definitiven Eselknochen vom Korucutepe mittelgroßen schlankwüchsigen Tieren vergleichbar. Ihre Maße fallen in den Variationsbereich der Esel aus den Hethitergräbern von Osmankayası (Herre und Röhrs 1958: Tab. 6—17). Auch die wenigen von Vogel (1952: S. 134) im Fundgut aus Boğazköy nachgewiesenen Eselknochen passen in der Größe dazu, ebenso die Eselknochen aus Troja (Gejvall 1946).

Der Verdacht auf Maultierknochen unter den Funden verdichtet sich bei einer undatierten in der ganzen Länge erhaltenen *Tibia* aus Z 21 (1) so gut wie zur Gewißheit.

Mit einer größten Länge von 304 mm wäre sie für einen Esel im Rahmen der Hethiter-
funde ganz außergewöhnlich groß (vgl. Herre und Röhrs 1958: Tab. 10). Die größte
Breite distal (Tab. 6o) liegt im Bereich zwischen den Maßen der Esel und der Pferde
vom Korucutepe. Die Facies aspera auf der Plantarseite des Unterschenkelbeines
ist durch besonders scharfe Kanten begrenzt. Die Plantarseite ist im Proximalbereich
leicht konkav eingezogen und hat damit keinerlei Ähnlichkeit mit dem Pferdeschien-
bein. Die Diagnose „Muli" fiel uns leichter, weil wir unmittelbar vor der Bearbeitung
der Knochen vom Korucutepe die Tierknochen des nahegelegenen Norşuntepe bestimmten. Unter ihnen befand sich die ganze Hinterextremität eines Maultieres,
die auf Grund ihrer Proportionen an der Bestimmung keinen Zweifel aufkommen
ließ. Die Tibia vom Korucutepe gleicht der Tibia vom Norşuntepe.

2. Rind, *Bos taurus*

Allgemeines

Über die Abstammung des Hausrindes vom Ur, *Bos primigenius*, bestehen heute keine
Zweifel mehr. Die ältesten Funde des Hausrindes im Vorderen Orient behandeln
Reed (1961: S. 33f, 1969: S. 372ff), v. Müller und Nagel (1968: S. 18), Nobis (1968:
S. 418ff), Hole, Flannery und Neely (1969: S. 303) u.a. Ein Domestikationszentrum
auf der kleinasiatischen Halbinsel bildet möglicherweise die Konya-Ebene und ihre
Umgebung, wie die aufsehenerregenden Ausgrabungen Mellaarts am Çatal Hüyük
vermuten lassen (z.B. Mellaart 1967; Brentjes 1967).

Zahlreiche Untersuchungen verfolgten, wie die Rinder in Nord-, Mittel-, Südost-
und Osteuropa sowie in England im Hausstand im Laufe der Zeit kleiner wurden
(z.B. Nobis 1954; Requate 1956; Boessneck 1958a, 1958b; Møhl 1957; Zalkin 1960;
Jewell 1962, 1963; Degerbøl 1963; Clason 1967; Higham 1968; Jarman 1969; Boessneck u.a. 1971). Für den Vorderen Orient, wo eine ähnliche Größenentwicklung zu
erwarten ist, stehen derartige Untersuchungen erst am Anfang (s. auch S. 60f).

Die insgesamt 5600 Reste vom Rind machen 32,3% aller bestimmten Knochenfunde
aus. Der Anteil des Rindes an den Haustierknochen beträgt in den einzelnen Schichten und Einheiten: D: 25,7%, D/J-I: 27,4%, D/L: 25,8%, G/H: 29,8%, H: 39,8%,
I-J: 28,6%, I-J/K: 32,3%, I-J/L: 38,2%, K: 56,7%, K/L: 32,6%, L: 51,0%, „?":
45,1%.

Er liegt in den althethitischen Funden höher als in der vorausgegangenen Frühen
Bronzezeit und anscheinend auch höher als in der neuhethitischen Zeit. Der besonders hohe Anteil an Rinderknochen in den Funden der Frühen Eisenzeit kann
bei der geringen Fundmenge Zufall sein. Dafür sprechen auch die Mischfunde aus
K/L, wenn man annimmt, daß der hohe Anteil von über 50% für die Seldschukenzeit
charakteristisch ist.

Soweit der Erhaltungszustand der Rinderknochen eine diesbezügliche Beurteilung
zuließ, fehlt der Wasserbüffel (*Bubalus bubalus*) unter den Funden vom Korucutepe.

Tabelle 7
Rind, *Bos taurus*. Verteilung der Knochen aus den einzelnen Schichten auf die Regionen des Skeletts

	D	D/I-J	D/L	G/H	H	I-J	I-J/K	I-J/L	K	K/L	L	?	Gesamt
Hornzapfen	2	—	2	—	12	14	3	1	1	—	3	3	41
Oberschädel	8	3	6	3	25	170	10	8	3	5	28	53	322
Mandibula (+ Hyoid)	14	1	4	2	26	163	19	7	3	7	31	72	349
Lose Zähne	22	1	4	3	31	235	22	9	3	9	65	71	475
Wirbel, Kreuzbein	17	12	13	2	48	193	16	28	6	5	37	115	492
Rippen (+ Sternum)	39	14	23	10	55	435	48	57	—	19	47	136	883
Vorderextremität bis Carpus	31	21	18	12	133	480	46	31	9	13	93	259	1146
Hinterextremität bis Tarsus	30	16	15	13	105	469	51	42	9	9	116	213	1088
Metapodien	16	3	7	5	35	159	17	8	3	6	53	75	387
Phalangen (+ Sesambeine)	11	1	11	4	50	166	16	7	1	1	60	89	417
Insgesamt	190	72	103	54	520	2484	248	198	38	74	533	1086	5600
MIZ	7	—	3	—	14	47	9	3	2	4	19	25	133

Mindestindividuenzahlen, Alters- und Geschlechtsverteilung

Die höchste Mindestindividuenzahl ergeben die Unterkiefer. Sie repräsentieren mindestens 133 Tiere. Wie sich die Kieferreste über die Altersstufen verteilen, geht aus der Tabelle 8 hervor. Das in der rechten Spalte dieser Tabelle angegebene ungefähre

Tabelle 8
Rind, *Bos taurus*. Altersverteilung der Unterkiefer nach den Mindestindividuenzahlen

	D	D/L	H	I-J	I-J/K	I-J/L	K	K/L	L	?	Gesamt	Alter in Jahren (etwa)
M_1 noch nicht durchgebrochen	—	—	—	—	—	—	—	—	—	1	1	unter $^1/_2$
M_1 im Durchbruch	—	1	—	6	1	—	—	—	1	1	10	$^1/_2$
M_1 in Reibung, M_2 noch nicht durchgebrochen	—	—	2	3	1	—	—	—	5	1	12	$^1/_2$–$1^1/_2$
M_2 im Durchbruch	—	1	1	2	—	—	—	—	2	—	6	$1^1/_2$
M_2 in Reibung, M_3 noch nicht durchgebrochen	2	—	1	3	—	1	1	—	1	1	10	$1^1/_2$–$2^1/_4$
M_3 im Durchbruch	1	—	1	4	1	—	—	—	2	6	15	$2^1/_4$–$2^1/_2$
M_3 geringgradig abgekaut	1	1	3	11	3	1	1	2	3	6	32	über $2^1/_2$
M_3 mittelgradig abgekaut	2	—	4	11	2	1	—	1	3	6	30	
M_3 hochgradig abgekaut	1	—	2	7	1	—	—	1	2	3	17	
Summe	7	3	14	47	9	3	2	4	19	25	133	

Alter der Tiere beruht auf den Angaben in der Literatur über den Zeitpunkt des Zahndurchbruchs (s. S. 19). Zahndurchbruch und Zahnabreibung variieren aber zeitlich
individuell stark. Mehr als einen Anhaltspunkt über die Altersverteilung der zur
Schlachtung kommenden Rinder gibt die Übersicht deshalb nicht. Die Fundbasis für
die einzelnen Zeitabschnitte ist oft so spärlich, daß über die Altersgruppierung der
Rinder in den Herden oder über bestimmte Schlachttermine nichts ausgesagt werden
kann. Nur die fundreiche Schicht I-J und das Gesamtmaterial lassen Schlüsse zu:

	Schicht I-J MIZ = 47 = 100%	Gesamtfunde MIZ = 133 = 100%	Gesamtfunde — I-J MIZ = 86 = 100%
Jungtiere bis zu $2^1/_2$ Jahren	38,3	40,6	41,8
Tiere mit geringgradig abgekauten M_3	23,4	24,1	24,4
Tiere mit mittel- bis hochgradig abgekauten M_3	38,3	35,3	33,7

Wir folgern daraus, daß die Alterszusammensetzung in den Herden die ganze Zeit
über ähnlich war. Etwa $^2/_5$ des Bestandes wurde bis zu einem Alter von rund $2^1/_2$ Jahren geschlachtet, annähernd $^1/_4$ im subadulten und jungadulten Zustand. Den Rest
des Bestandes hielt man bis in ein mittleres oder höheres Alter. Überträgt man dieses
Ergebnis über die Altersverteilung der Rinder vom Korucutepe auf die Verhältnisse,
die Ducos (1968: S. 16f) für die Kühe einer Primitivrasse aus N'Dama du Fouta-Djallon, Guinea, angibt, so umfassen die von uns aufgestellten Altersgruppen Tiere folgenden Alters: Kühe bis zu 3 Jahren machen in N'Dama du Fouta-Djallon 38,1%
aus. Unsere erste Gruppe hat in Schicht I-J etwa den gleichen Anteil, und es ist wohl
möglich, daß sie Tiere von bis zu 3 Jahren enthält. 3- bis 6jährige Kühe sind nach den
Untersuchungen Ducos' in der Herde von N'Dama du Fouta-Djallon mit 23,9%
beteiligt. Unsere 2. Gruppe (Tiere mit geringgradig abgekauten M_3) umfaßt 23,4%
und könnte der Altersgruppe von 3- bis 6jährigen Tieren entsprechen. Tiere mit hoch-
und mittelgradig abgekauten M_3 wären auf die Verhältnisse in N'Dama du Fouta-
Djallon übertragen 6 bis 22 Jahre alt (Korucutepe 38,3%, N'Dama du Fouta-Djallon 38%).

Die Extremitätenknochen, die insgesamt weniger Individuen errechnen lassen als
die Unterkiefer, bereichern diesen Befund nicht. Es sei nur noch erwähnt, daß die
an Hand der Extremitätenknochen errechneten Mindestindividuenzahlen in den einzelnen Spalten Verschiebungen bringen. Ein Beispiel: In Schicht L sind Tali von
mindestens 25 Tieren gefunden worden, nach den Unterkiefern ergibt sich aber nur
eine MIZ von 19 Tieren, von denen dem Alter nach nur 11 Tiere meßbare Tali liefern
könnten. Dagegen gibt es jedoch nach den Tali deutlich weniger Individuen in den
Einheiten D/L, I-J/L, K/L und „?", die gleichfalls Rinderknochen aus der Seldschukenzeit enthalten können, als Tiere auf Grund der Unterkiefer festgestellt werden

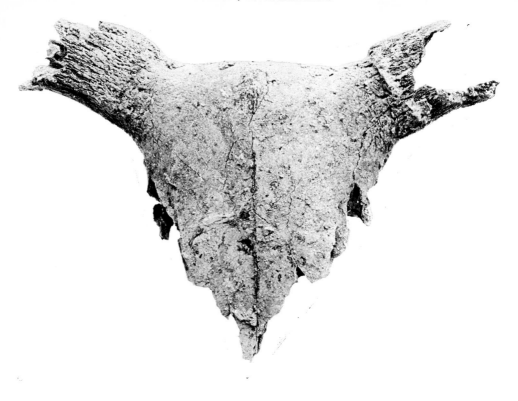

Abb. 2. Rind, *Bos taurus.* Hirnschädel eines Ochsen (Schicht I-J, O 21 **[2] (7b)**). Umfang des rechten
Hornzapfens an der Basis 215 mm (s. S. 43 f. und Tab. 11 a)

Fig. 2. Cattle, *Bos taurus.* Cranium of an ox (stratum I-J, O 21 **[2] (7b)**). Circumference of the
right horn core at its base 215 mm (see p. 43 and table 11 a)

Abb. 3. Rind, *Bos taurus*. Hirnschädel einer Kuh (Schicht I-J, U 12 SE **(3)**). Umfang des rechten
Hornzapfens an der Basis 157 mm (s. S. 43 f. und Tab. 11 a)
Fig. 3. Cattle, *Bos taurus*. Cranium of a cow (stratum I-J, U 12 SE **(3)**). Circumference of the right
horn core at its base 157 mm (see p. 43 f and table 11 a)

konnten. Da Unterkiefer aus den eben genannten Einheiten zu denselben Tieren wie die Tali aus Schicht L gehören könnten, hebt sich das Übergewicht der Tali wieder auf. Bei der Berechnung der Mindestindividuenzahl blieb somit kein Skelettteil unberücksichtigt.

Wegen des bruchstückhaften Erhaltungszustandes der Rinderknochen (s. S. 26, 49) und der differenzierten zeitlichen Zusammensetzung des Materials macht es Schwierigkeiten, das Geschlechtsverhältnis in den Herden für die verschiedenen Zeitabschnitte anzugeben. Auch hier können wieder nur Angaben für die fundreichen Schichten und das Gesamtmaterial gemacht werden. Die Geschlechtsbestimmung nahmen wir an den Hornzapfen, den Becken und den Metapodien vor. Wie gering aber die Ausbeute an geschlechtlich differenzierbaren Skeletteilen ist, zeigt die folgende Zusammenstellung: In Schicht H scheinen von den zu beurteilenden Hornzapfenresten 3 von männlichen Rindern (♂♂) und nur einer von einer Kuh zu sein, in Schicht I-J 6 von männlichen (♂♂) und 3 von weiblichen Tieren. Im Gesamtmaterial beträgt das Verhältnis von ♂♂ zu ♀♀ 13 zu 7.

Wenn es hiernach den Anschein hat, als ob die männlichen Tiere überwogen, gilt das bereits bei den Beckenfunden nicht mehr:

H: ♂♂:♀♀ =   3:3
I-J: ♂♂:♀♀ = 13:10
Gesamtmaterial: ♂♂:♀♀ = 24:29.

Die Beckenreste ergeben also ein Geschlechtsverhältnis von insgesamt rund 4:5. Becken von Ochsen waren keine anzusprechen.

Bei den Metacarpen kommt schließlich ein Verhältnis der Geschlechter von alles in allem 3:4 heraus. Wenn die Mehrzahl der Zwischengrößen männlichen Rindern zuzuordnen ist, könnte das Verhältnis auch 1:1 erreichen.

H: ♂♂:♀♀ =   2:1
I-J: ♂♂:♀♀ = 9:10
K: ♂♂:♀♀ =   4:6
Gesamtmaterial: ♂♂:♀♀ = 18:24

Der Anteil der Ochsen unter den männlichen Rindern muß dahingestellt bleiben. Zwar sind die Metapodien von Ochsen im Falle der Kastration in jungem Alter gewöhnlich länger und stehen in der Wuchsform zwischen denen von Stieren und Kühen (vgl. z. B. Zalkin 1960; Fock 1966; Mennerich 1968: S. 11 ff, Diagramm I f), aber ihre Gestalt und Größe hängen nicht nur vom Zeitpunkt der Kastration ab, sondern sind auch von Population zu Population verschieden. Die Bestimmung ist im Einzelfall immer problematisch.

Die Schädelfunde

Den Schädeltyp der Rinder vom Korucutepe lassen ein ganzer Schädel und 2 größere Schädelpartien erkennen.

Der Schädel eines Ochsen kommt aus der Fundstelle O 21 **[2]** **(7b)** der Schicht I-J. Er war im Boden, als er gefunden wurde, noch ganz erhalten, aber brüchig. Man versuchte ihn durch das Eingießen von Leim zu erhalten, was mit der Hinterhauptpartie und dem Gebißteil auch weitgehend gelang. Der Übergangsbereich zwischen Hirn- und Gesichtsschädel ist aber verbindungslos auseinander gebrochen. Darüber hinaus fehlen die Ossa incisiva. Damit kann die Länge des Schädels nicht mehr abgeschätzt werden. Die Stirnpartie ist eben, die Zwischenhornlinie verläuft gerade. Die Hornzapfen entspringen am Schädel kaudolateral gerichtet, ehe sie oral umbiegen. Sie sind nach einigen Zentimetern abgebrochen. Ihre Wand ist dünn. Bei einem Umfang an der Hornzapfenbasis von etwa 215 mm gehörte der Schädel zu einem mittellanghörnigen Typ, was auch aus seinen übrigen Maßen hervorgeht (s. unten und Tab. 11a). Die Fossae temporales sind tief eingezogen und eng. Das Hinterhaupt wirkt niedrig. Das Gaumendach ist infolge des Druckes in der Erde komprimiert, so daß Breitenmaße am Gesichtsschädel nicht abgenommen werden konnten. Das Aussehen des Hirnschädels ist aus der Abb. 2 ersichtlich. Nachstehend die am Hirnschädel abzunehmenden Maße (die Maße der Hornzapfen und des Oberkiefers sind der Tab. 11a, b zu entnehmen):

Kleinste Breite zwischen den Hornzapfen	165
Hinterhauptenge, basal der Hornzapfen	147
Hinterhauptbreite zwischen den Mastoiden	(215)
Größte Breite der Condyli occipitales	(107)
Stirnenge, oral der Hornzapfen	194
Höhe: Opisthion — höchster Punkt des Frontale zwischen den Hornzapfen	125

Aus der Fundstelle U 12 **(3)** der Schicht I-J (KrC 68 S 211) liegt die Kalotte eines Ochsen oder eines Stieres von dem gleichen Typ wie der eben beschriebene Schädel vor. Auch bei diesem Schädel ist die Stirnpartie eben, aber in der Region zwischen den Orbitae um die Mediane herum leicht eingedellt. Die Protuberantia occipitalis und die Intercornualzone sind nuchal ausgezogen. Wie beim ersten Schädel sind die Fossae temporales und das Occiput niedrig. Die Hornzapfen sind an der Basis abgeschlagen worden. Maße konnten nicht abgenommen werden.

Eine weitere Kalotte aus der Fundstelle U 12 SE **(3)** (Kr C 68 S 210) aus Schicht I-J (s. auch Abb. 3) entspricht dem Typ der beiden beschriebenen Schädel, ist aber von einer Kuh. Die Zwischenhornlinie verläuft geschlechtsentsprechend wellig. Das Stirnbein ist zwischen den Orbitae eingedellt und aboral davon leicht gewölbt. Die kleinste Breite zwischen den Hornzapfen mißt 150 mm, die Stirnenge oral der Hornzapfen 175 mm. Die Hornzapfen sind dünnwandig und etwa nach der Hälfte der

Abb. 4. Rind, *Bos taurus*. Hornzapfen. Oben (a): ♀ (Schicht D/L, N 12 **[1] (2)**); unten (b): ♂ (Schicht
H, U 12 SE-NE **(6)**). Umfang an der Basis 117 und (220) mm (s. S. 45 und Tab. 11a)
Fig. 4. Cattle, *Bos taurus*. Horn cores. Top (a): ♀ (stratum D/L, N 12 **[1] (2)**); bottom (b): ♂ (stratum
H, U 12 SE-NE **(6)**). Circumference at the base 117 and (220) mm (see p. 45 and table 11a).

Länge abgebrochen. Die ursprüngliche Länge betrug etwa 10 cm. Der Basisumfang des rechten Hornzapfens mißt 157 mm (weitere Maße s. Tab. 11 a).

Die übrigen Oberschädelfunde bestehen nur aus vom Hirnschädel abgetrennten Hornzapfen, von denen meist nur der Basisteil erhalten ist (Tab. 11 a), bruchstückhaften Maxillarteilen, einzelnen Zähnen und kleinsten Bruchstücken aus dem Hirnschädel- und Gesichtsschädelbereich, die eine Größenbeurteilung der Rinderschädel nicht zulassen.

Die Hornzapfen des Fundguts passen im Typ und in der Größe zu den beschriebenen Schädelpartien, d. h. es gibt keinen Hornzapfen von einem ausgesprochenen Langhornrind oder einem ausgesprochenen Kurzhornrind. Die kleinsten Hornzapfen von Kühen messen 117 mm (D/L) und 115 mm („?“) im Umfang an der Basis. Diese und auch die nächstgrößeren Maße liegen zwar ganz im Variationsbereich von Kurzhornrindern (vgl. z. B. Boessneck u. a. 1971: Tab. 66). Berücksichtigt man aber die Länge (z. B. Abb. 4 a), dann bilden sie die unteren Extremwerte einer mittellanghörnigen Rinderrasse. Die Abbildung 4 b stellt außerdem einen mittellanghörnigen Ochsenhornzapfen aus der Schicht H dar, der ein wenig größer ist als die Hornzapfen des Schädels aus O 21. Ein relativ langer, aber sehr schlanker Hornzapfen — Basisumfang 145 mm, Länge an der großen Kurvatur (230) mm — aus der Einheit „?“ stammt eher von einer „lang“ hörnigen Kuh als von einem Ochsen.

Das spärliche auswertbare Material ist ungeeignet, Größenunterschiede in der Behornung in den einzelnen Zeitabschnitten erkennen zu lassen.

Auch von dem widerstandsfähigsten Teil des Schädels, dem Unterkiefer, ist keine einzige Hälfte ganz erhalten. Nur wenige Stücke ließen die Länge der Backzahnreihe abnehmen (Tab. 11 c). Die meisten Maße lieferten die M_3. Sie sollen zur Größenbeurteilung der Rinder vom Korucutepe mit herangezogen werden, obwohl wir uns darüber im klaren sind, daß zwischen Zahngröße und Schädelgröße kein konstanter Größenzusammenhang besteht. Eine Zusammenstellung der Extrem- und Mittelwerte der Länge des M_3 bringt die Tabelle 9/1. Zunächst fallen 3 dritte Molaren wegen

Tabelle 9
Rind, *Bos taurus.*
Zusammenfassung der häufigeren Knochenmaße.
(In Klammern stehen die „urverdächtigen“ Knochenmaße)

Schicht	N	Variation	$\bar{x}$
(1) M_3 *Länge*			
D	2	35; 34,5	—
G/H	(1)	(43)	—
H	6	41−33,5	37,4
I-J	17 (18)	(43) 40−34	(37,4) 37
I-J/K	2	39; 34,5	—
L	8	37,5−32,5	35,2
?	10	38,5−35	36,8
Gesamt	45 (47)	(43; 43) 41−32,5	(36,9) 36,6

Tabelle 9 (Fortsetzung)

Schicht	N	Variation	$\bar{x}$
(2) *Scapula, kleinste Länge am Hals*			
D/I-J	1	42	—
H	4	60,5—53	56,9
I-J	15	61—37	48,8
I-J/K	2	46,5; 43,5	—
L	3	49—40,5	44,2
?	2 (3)	(66) 57; 46	(56,3) 51,5
Gesamt	27 (28)	(66) 61—37	(49,8) 49,1
(3) *Scapula, größte Länge des Processus articularis*			
D/I-J	1	59	—
H	1	66	—
I-J	11	77—67,5	71,4
I-J/K	1	66	—
L	5	71—54,5	62,6
?	5 (6)	(83,5) 74—58	(66,2) 62,7
Gesamt	24 (25)	(83,5) 77—54,5	(67,4) 66,8
(4) *Humerus, größte Breite distal*			
H	3	78,5—65	69,5
I-J	5	88—69	80,1
L	3	83,5—67,5	76,3
?	1	89	—
Gesamt	12	89—65	77,3
(5) *Humerus, Breite der Trochlea humeri*			
H	6	84—62	72,0
I-J	8	82,5—65	74,2
L	3	78,5—64	72,2
?	2	85; 76,5	—
Gesamt	19	85—62	73,9
(6) *Radius, größte Breite proximal*			
H	2	(75); 74	—
I-J	9	93—74	(83,4)
L	4	87—67	79,4
?	6	91—68	78,7
Gesamt	21	93—67	80,5
(7) *Radius, Breite der proximalen Gelenkfläche*			
H	2	73; (68)	—
I-J	19	80,5—(66)	73,5
L	5	77,5—62,5	70,4
?	6	81,5—62,5	70,2
Gesamt	32	81,5—62,5	72,2
(8) *Radius, größte Breite distal*			
H	1	64,5	—
I-J	8	79,5—64	71,3
L	9	78,5—58	65,4
?	9	83,5—55	67,9
Gesamt	27	83,5—55	67,9

Tabelle 9 (Fortsetzung)

Schicht	N	Variation	$\bar{x}$
(9) Metacarpus, größte Länge			
H	3	(215)—182,5	193,8
I-J	7	210—(183,5)	197,4
L	3	192,5—171,5	183,8
?	1	(208,5)	—
Gesamt	14	(215)—171,5	194,5
(10) Metacarpus, größte Breite proximal			
D	1	51	—
D/I-J	1	56	—
D/L	1	49,5	—
H	5	(68,0)—49,5	59,6
I-J	13	68—47	58
I-J/K	1	(60)	—
K/L	1	47	—
L	7	64,5—48	55,9
?	5	68—48,5	58,5
Gesamt	35	68—47	57,1
(11) Metacarpus, größte Breite distal			
H	3	(68)—50	59,7
I-J	11	70,5—50	61,9
L	9	61,5—47,5	55,2
?	1	47	—
Gesamt	24	70,5—47	58,5
(12) Tibia, größte Breite distal			
D	1	51	—
D/I-J	3	60—55	56 7
D/L	1	56	—
H	5	63,5—56,5	61,0
I-J	17	70—50,5	60,4
I-J/K	3	63—59,5	61,3
I-J/L	2	61; (60)	—
L	17	65,5—49,5	56,4
?	3	(62)—52	58,2
Gesamt	52	70—49,5	58,6
(13) Talus, größte Länge lateral			
D	1	62	—
D/I-J	1	(65)	—
G/H	1	63	—
H	5	70,5—60,3	64,5
I-J	23	73—54,8	63,2
I-J/K	2	59; 56,5	—
K	1	66	—
L	24	71—51,5	62,3
?	9	(74)—63,2	67,2
Gesamt	67	(74)—51,5	63,4

Tabelle 9 (Fortsetzung)

Schicht	N	Variation	$\bar{x}$
(14) *Talus, größte Länge medial*			
G/H	1	59	—
H	5	65,5—56,5	59,8
I-J	27	67—48,7	58,5
I-J/K	2	54,5; 51,5	—
K	1	60,5	—
L	24	66—48,5	57,2
?	7	68—59,5	62,3
Gesamt	67	68—48,5	58,4
(15) *Os centrotarsale, größte Breite*			
D/I-J	1	60,5	—
H	7	59,5—47	56,1
I-J	16	59—(49)	54,1
I-J/K	1	60	—
L	6	60—44	52,2
?	4	58—49	54,9
Gesamt	35	60,5—44	54,6
(16) *Metatarsus, größte Breite proximal*			
D	1	51	—
D/L	1	49,5	—
H	1	43	—
I-J	15	53,5—38,5	47,1
I-J/K	2	48,5; 46	—
K/L	1	(39)	—
L	10	(55)—40,5	48,4
?	1	50	—
Gesamt	32	(55)—38,5	47,4
(17) *Metatarsus, größte Breite distal*			
D	1	59,5	—
D/L	1	48	—
H	1	60	—
I-J	10	65—47	55,5
I-J/K	1	46	—
L	11	61—43,5	53,2
?	5	61—47,5	55,6
Gesamt	30	65—43,5	54,4

ihrer Größe auf. Zwei von ihnen messen 43 mm (G/H und I-J), einer 41 mm (H). Mit diesen Maßen fallen sie in den Bereich des Auerochsen (vgl. z. B. Boessneck 1957: S. 60f; Stampfli 1963: S. 175). Im Neolithikum gab es in Mitteleuropa Hausrinder, deren M_3 derartige Längen erreichten (z. B. Boessneck u. a. 1971: Tab. 73), und auch in der Bronzezeit und der darauffolgenden Zeit sind M_3-Längen von 42,5, 42 und 41 mm immer wieder anzutreffen. Da es außer der Größe keine morphologischen Unterscheidungsmerkmale zwischen den M_3 des Ures und der Hausrinder gibt, muß die Zuordnung der Zähne dieser Größenkategorie offen bleiben. Derselben Schwierigkeit stehen wir auch bei manchen Knochen des postkranialen Skeletts gegenüber (s. unten). Liegen nur Endteile von Extremitätenknochen vor, die keine Beurteilung der Länge zulassen, so ist die Zugehörigkeit zum Wild- oder Haustier in einem bestimmten Größenbereich nicht zu ermitteln.

Die M_3 aus der Schicht D lassen die Größenvariation und die Durchschnittsgröße nicht erkennen. Aussagekräftiger, da zahlreicher, sind die M_3 der Schichten H, I-J und L. Nach den demnach wenigen Stücken bestehen in den beiden hethitischen Schichten keine Größenunterschiede. Dagegen sind die M_3 der Schicht L im Durchschnitt kleiner. Unter ihnen befindet sich auch der kleinste der Zähne (32,5 mm Länge).

Extremitätenknochen

In welchem Ausmaß die Knochen des postkranialen Skeletts zerschlagen sind, zeigt die geringe Ausbeute an meßbaren Knochen. Uerpmann (1970/71: S. 5) führt den Begriff „Vermeßbarkeitsgrad" ein, das ist $\dfrac{\text{die Zahl der meßbaren Knochen} \times 100}{\text{die Zahl der bestimmten Knochen}}$

Wir geben ihn nachstehend für die Extremitätenknochen der Rinder vom Korucutepe an:

Scapula	13,17	Humerus	5,75	Radius	21,18
Metacarpus	30,58	Becken	7,10	Femur	0,34
Tibia	14,36	Metatarsus	24,88	Talus	80,64
Calcaneus	13,04	Phalanx 1	69,75	Phalanx 2	92,18

Den höchsten Vermeßbarkeitsgrad besitzen die kompakten Tali und die widerstandsfähigen Phalangen. Von den großen Röhrenknochen sind nur 3 Radien, 14 Metacarpen und 8 Metatarsen in ihren ganzen Längen erhalten geblieben. Im übrigen ist man bei der Größenbeurteilung mit Ausnahme der erwähnten festen Tali und Phalangen sowie einer Reihe von Calcanei auf die Breitenmaße angewiesen.

In der Tabelle 9 sind die Extrem- und Mittelwerte der am häufigsten vorkommenden Breiten- und Längenmaße der Extremitätenknochen nach Schichten getrennt zusammengestellt. Die Maße einiger weniger Knochen, bei denen nicht zu entscheiden ist, ob sie von Uren oder von großen Hausrindern kommen, wurden in dieser Tabelle in Klammern gestellt und einmal in die Mittelwertberechnung mit einbezogen, einmal herausgelassen.

Aus der Schicht D liegen nur ganz wenige Maße vor, von vielen Knochen überhaupt keine. Noch weniger Maße kommen aus Schicht K. Die meisten Werte lieferte entsprechend der Gesamtfundmenge die Schicht I-J. Die Schicht H bleibt weit dahinter zurück. Obwohl die Schicht L etwa gleichviel Rinderknochen lieferte wie die Schicht H, konnten hier im ganzen mehr Knochen gemessen werden. Der Anteil der Knochen aus undatierten und nicht sicher datierten Einheiten liegt hoch.

Unter diesen ungünstigen Voraussetzungen lassen sich keinerlei Aussagen über etwaige Größenunterschiede zwischen den Rindern der Abschnitte D-K machen. Die Mittelwerte der Maße aus der Schicht H liegen einmal über, einmal unter denen aus der fundreichsten Schicht I-J. Die Variation ist infolge der größten Fundzahl bei den Knochen aus dem Neuhethitischen Reich alles in allem am weitesten gespannt. Die Unterschiede zwischen den Maximal- und den Minimalwerten sind oft beträchtlich. Dies deutet einerseits auf einen ausgeprägten Geschlechtsdimorphismus der Rinder hin, andererseits zeigt diese große Variation, daß die Bewohner des Tepe keine züchterische Auswahl in ihren Rinderherden trafen.

Ein Größenunterschied scheint jedoch zwischen den Rindern der Stufen D-K einerseits und L andererseits bestanden zu haben. Wie es schon an den M_3 festgestellt wurde, sind auch die Extremitätenknochen der Rinder aus der Schicht L durchschnittlich kleiner als die aus den von der Fundmenge her vergleichbaren Schichten H und I-J. Der Unterschied tritt bei manchen Skeletteilen deutlicher, bei manchen weniger deutlich hervor (Tab. 9, 10). Die Seldschuken brachten demnach als sie den seit 2000 Jahren unbewohnten Korucutepe neu besiedelten kleinere Rinder mit als sie die Hethiter hatten.

Tabelle 10
Rind, *Bos taurus*. Zusammenfassung der Maße an Phalangen 1 und 2

Schicht	N	Variation	$\bar{x}$	s	$s\%$	$s\bar{x}$
(1) *Phalanx 1 vorn, größte Länge der peripheren Hälfte*						
D/L	1	47,5	—	—	—	—
H	13	62—49,5	55,7	3,47	6,23	0 96
I-J	21	60,5—48	55,0	3,70	6,73	0,81
I-J/K	1	48,5	—	—	—	—
K	1	55	—	—	—	—
L	16	61—48,5	55,1	3,50	6,35	0,88
?	15	62,5—53	56,6	—	—	—
Gesamt	68	62,5—47,5	55,3	3,58	6,47	0,43
(2) *Phalanx 1 vorn, größte Breite proximal*						
D/L	1	23,5	—	—	—	—
H	11	35—27	31,2	2,68	8,59	0,81
I-J	22	35—25,5	29,4	3,18	10,82	0,86
K	1	30	—	—	—	—
L	14	36—23,5	30 8	4,37	14,19	1,17
?	14	34—24,5	30,7	—	—	—
Gesamt	63	36—23,5	30,2	3,43	11,36	0,43
(3) *Phalanx 1 vorn, kleinste Breite der Diaphyse*						
D/L	1	20	—	—	—	—
H	12	28,5—23	25,6	2,14	8,36	0,62
I-J	22	30—21,5	25,1	2,78	11,08	0,59
I-J/K	1	28	—	—	—	—
K	1	25	—	—	—	—
L	16	30,5—20,5	25,6	3,11	12,15	0,78
?	14	30,5—23,5	26,4	—	—	—
Gesamt	67	30,5—20	25,6	2,69	10,51	0,33

Tabelle 10 (Fortsetzung)

Schicht	N	Variation	$\bar{x}$	s	$s\%$	$s\bar{x}$
(4) *Phalanx 1 vorn, größte Breite distal*						
D/L	1	22,5	—	—	—	—
H	13	35—25	30,0	3,16	10,53	0,88
I-J	22	34—24,5	28,8	3,13	10,87	0,67
I-J/K	1	32	—	—	—	—
K	1	32,5	—	—	—	—
L	14	35—22,5	30,1	4,01	13,32	1,07
?	15	33,5—24,5	30,1	—	—	—
Gesamt	67	35—22,5	29,6	3,27	11,05	0,40
(5) *Phalanx 1 hinten, größte Länge der peripheren Hälfte*						
D	1	54	—	—	—	—
D/I-J	1	54	—	—	—	—
D/L	3	59—53,5	55,8	—	—	—
G/H	1	60	—	—	—	—
H	(11) 9	(70,5; 68,5) 61—50	(59) 56,6	6,06	10,27	1,83
I-J	22	64,5—53,3	58,5	2,95	5,04	0,63
I-J/K	1	59	—	—	—	—
L	14	64—48	55,6	4,79	8,62	1,28
?	10	65—54	58,4	—	—	—
Gesamt	(64) 62	(70,5; 68,5) 65—48	(57,7) 57,3	4,24	7,35	0,58
(6) *Phalanx 1 hinten, größte Breite proximal*						
D	1	25	—	—	—	—
D/I-J	1	25,5	—	—	—	—
D/L	3	30—25,3	27,1	—	—	—
G/H	1	30	—	—	—	—
H	(9) 8	(33) 30—23	(27,7) 27	3,02	10,90	1,11
I-J	21	32,5—25	28,1	2,0	7,12	0,44
L	14	33—23	28,2	3,11	11,03	0,83
?	9	32,2—24	27,9	—	—	—
Gesamt	(59) 58	(33) 33—23	(27,9) 27,8	2,63	9,43	0,34
(7) *Phalanx 1 hinten, kleinste Breite der Diaphyse*						
D	1	20	—	—	—	—
D/I-J	1	23	—	—	—	—
D/L	3	24,5—20	22,3	—	—	—
G/H	1	22,5	—	—	—	—
H	(12) 10	(30,5; 27,5) 26—19	(23,5) 22,4	3,23	13,74	0,93
I-J	23	26,5—19,5	23,5	1,81	7,70	0,83
L	14	27,5—18	23,3	2,70	11,59	0,72
?	9	27—18	22,8	—	—	—
Gesamt	(64) 62	(30 5; 27,5) 27,5—18	(23,2) 23	2,43	10,47	0,31
(8) *Phalanx 1 hinten, größte Breite distal*						
D	1	24	—	—	—	—
D/I-J	1	26	—	—	—	—
D/L	2	29,5; 22,5	—	—	—	—
G/H	1	27,5	—	—	—	—
H	(12) 10	(33; 33) 30—22	(27,3) 26,2	3,41	12,49	0,98
I-J	20	33—24,3	26,9	2,46	9,14	0,55
I-J/K	1	30	—	—	—	—
L	14	33,5—22,5	27,9	3,58	12,83	0,95
?	9	30,5—22,5	26,6	—	—	—
Gesamt	(61) 59	(33; 33) 33,5—22	(27,2) 27,0	2,95	10,85	0,38

Tabelle 10 (Fortsetzung)

Schicht	N	Variation	$\bar{x}$	s	$s\%$	$s\bar{x}$
(9) *Phalanx 2 vorn, größte Länge*						
D	1	37,5	—	—	—	—
H	6	41,5—31	36,3	3,39	9,34	1,38
I-J	28	45,5—31	37,7	3,54	9,39	0,67
I-J/K	1	39	—	—	—	—
L	6	39—35,2	36,6	1,31	3,58	0,53
?	12	45—36	40,1	—	—	—
Gesamt	54	45,5—31	38,0	3,06	8,05	0,42
(10) *Phalanx 2 vorn, größte Breite proximal*						
D	1	29	—	—	—	—
H	6	32,5—25,5	29,3	2,30	7,85	0,94
I-J	26	40—23,5	30,7	3,82	12,44	0,75
I-J/K	1	33	—	—	—	—
L	6	32—27	30,1	1,96	6,51	0,80
?	11	35,5—28,5	31,9	—	—	—
Gesamt	51	40—23,5	30,7	3,11	10,13	0,43
(11) *Phalanx 2 vorn, kleinste Breite der Diaphyse*						
D	1	22,5	—	—	—	—
H	6	25,5—21	22,9	1,47	6,42	0,59
I-J	24	32,5—18,5	25,0	3,41	13,64	0,70
I-J/K	1	26,5	—	—	—	—
L	5	26,5—20,7	24,2	2,39	9,88	1,07
?	11	30,5—23	26,0	—	—	—
Gesamt	48	32,5—18,5	24,8	2,88	11,61	0,42
(12) *Phalanx 2 vorn, größte Breite distal*						
D	1	26	—	—	—	—
H	6	29—23	26,1	1,99	7,62	0,81
I-J	22	35,5—20,5	27,2	3,84	14,12	0,82
I-J/K	1	28	—	—	—	—
L	5	29—24	26,7	1,92	7,19	0,86
?	9	34,5—23,5	28,2	—	—	—
Gesamt	44	35,5—20,5	27,2	3,24	11,91	0,48
(13) *Phalanx 2 hinten, größte Länge*						
D	1	34,5	—	—	—	—
H	4	43—36,5	38,4	3,09	8,05	1,55
I-J	24	44,5—33	38,3	3,08	8,04	0,63
I-J/K	1	36	—	—	—	—
L	10	41,5—34	37,2	2,81	7,55	0,89
?	12	43,5—31,5	37,7	—	—	—
Gesamt	52	44,5—31,5	37,9	3,09	8,15	0,43
(14) *Phalanx 2 hinten, größte Breite proximal*						
D	1	25	—	—	—	—
H	4	33—25	28,5	3,33	11,68	1,66
I-J	23	37,5—24	28,8	3,48	12,08	0,73
I-J/K	1	26	—	—	—	—
L	11	33,5—24	28,7	3,08	10,63	0,92
?	13	39—22	28	—	—	—
Gesamt	53	39—22	28,5	3,52	12,35	0,48

Tabelle 10 (Fortsetzung)

Schicht	N	Variation	$\bar{x}$	s	$s\%$	$s\bar{x}$
(15) *Phalanx 2 hinten, kleinste Breite der Diaphyse*						
D	1	19	—	—	—	—
H	4	24—20	22,1	1,65	7,47	0,83
I-J	24	26,5—18,5	22,1	2,32	10,50	0,47
I-J/K	1	20	—	—	—	—
L	11	25,5—18,5	22,6	2,44	10,80	0,74
?	11	26—18,5	22,5	—	—	—
Gesamt	52	26,5—18,5	22,2	2,25	10,14	0,31
(16) *Phalanx 2 hinten, größte Breite distal*						
D	1	20,5	—	—	—	—
H	4	26—20	23,8	2,63	11,05	1,31
I-J	23	27—19,8	23,4	2,04	8,72	0,43
I-J/K	1	21	—	—	—	—
L	9	25,5—20	23,8	2,24	9,41	0,74
?	11	26,5—19,5	23,2	—	—	—
Gesamt	49	27—19,5	23,3	2,16	9,27	0,31

Größenvergleich der Rinderknochen mit denen anderer Stationen aus vor- und frühgeschichtlicher Zeit

1. Europa

Über die Größenvariation der Länge der 3. Unterkiefermolaren des Rindes in Nord- und Mitteleuropa sowie in Rumänien gibt es eine Zusammenstellung für die ganze vor- und frühgeschichtliche Zeit (Boessneck u.a. 1971: Tab.73). Ihr ist zu entnehmen, daß die Länge von 163 M_3 bronzezeitlicher Rinder bei einem Mittelwert von 35,5 mm von 42—29 mm reicht. Die M_3 der bronzezeitlichen Rinder vom Korucutepe waren einschließlich der „urverdächtigen" Zähne wie ohne diese im Durchschnitt über einen Millimeter größer (Tab.9/1). Einschließlich der wildrindverdächtigen Zähne ergibt sich für die Funde der Einheiten D, G/H, H und I-J eine Variation von 43—33,5, um einen Mittelwert von 37,4 mm (N = 27).

484 M_3 aus nord- und mitteleuropäischen sowie rumänischen Fundorten aus dem Mittelalter weisen eine Variation der Länge von 43—28 mm und einen Mittelwert von 33,7 mm auf. Die M_3 der Rinder der Seldschukenzeit vom Korucutepe variieren von 37,5—32,5 mm, $\bar{x}$ = 35,2 mm (N = 8). Auch hier liegt der Mittelwert unseres Fundortes höher als der aus den europäischen Vergleichsstationen.

Zum Größenvergleich der in der ganzen Länge erhaltenen Mittelhand- und Mittelfußknochen, der Calcanei und der Tali vom Korucutepe mit denen aus europäischen Stationen eignen sich zusammenfassende Diagramme aus folgenden Arbeiten: Boessneck u.a. 1971: Diagramme XXXV, XXXVII, XLIX und Dürr 1961: Diagramme XII und XV.

J. Boessneck, A. von den Driesch

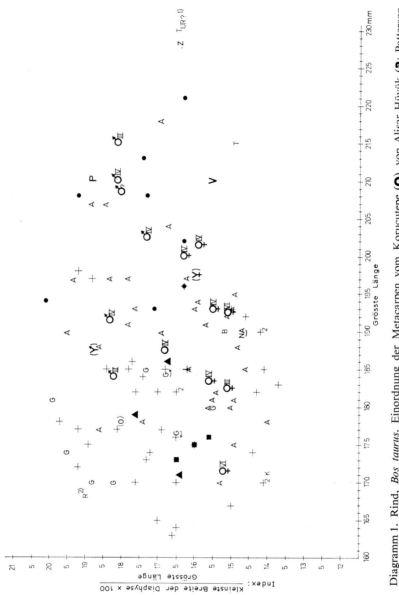

Diagramm 1. Rind, *Bos taurus*. Einordnung der Metacarpen vom Korucutepe (**O**), von Alisar Hüyük (**P**; Patterson 1937: S. 302), Bogazköy (**V**; Vogel 1952: S. 140) und von Yarikkaya (**Y**; Boessneck und Wiedemann, Im Druck: Tab. 3) im Rahmen bronzezeitlicher Rindermetacarpen aus Mittel- und Nordeuropa sowie Rumänien. (Zur Aufschlüsselung der Funde aus Europa s. Boessneck u.a.1971: Diagramm XXX.) Die römischen Ziffern neben den Zeichen für die Funde vom Korucutepe geben die Datierung an: III: Mittlere Bronzezeit II; IV: Späte Bronzezeit I–II; VI: Seldschukenzeit

Die Metacarpen vom Korucutepe aus den beiden hethitischen Reichen (Tab. 9/9, 11 h) reihen sich in den mittleren und oberen Bereich der Variation bronzezeitlicher Rindermetacarpen aus Europa ein (Diagramm 1) und sind im Durchschnitt deutlich größer als die Masse der europäischen Rinder. Sie gleichen im Durchschnitt eher den Rindermetacarpen aus dem Neolithikum des europäischen Raumes (Boessneck u.a. 1971: Diagramme XXIX, XXXVII). Hierbei ist aber zu berücksichtigen, daß wir nur 10 Metacarpen vom Korucutepe 118 Mittelhandknochen aus den verschiedensten Fundorten aus Europa gegenüberstellen, was an sich fragwürdig ist. Immerhin zeigt der Vergleich, daß die Rinder Ostanatoliens während der Bronzezeit in der Größe zu größeren bronzezeitlichen Rindern Europas paßten. Dieses Ergebnis wird aufrechterhalten, wenn man die proximalen und distalen Metacarpenendstücke in den Größenvergleich mit einbezieht (Tab. 9/9—11).

Tabelle 11
Rind, *Bos taurus*. Einzelmaße der wichtigeren Knochen

(a) *Hornzapfen*

		N 12 [1] (2)	U 12 SE-NE (6)	U 12 lot 21	O 23 (2)	U 13 NW (3)	U 12 (2b)	O 21 [2] (7b)
1.	F							
2.	Z	D/L³	H⁴	H	H	I-J	I-J	I-J¹
3	Umfang an der Basis	117	(220)	(220)	145	225	(200)	215
4.	Großer Durchmesser an der Basis	38	(77)	75,5	—	80	—	76
5.	Kleiner Durchmesser an der Basis	35	(56)	—	—	55	—	57
6.	Erhaltene L an der großen Kurvatur	130	(230)	—	—	—	—	—
7.	Ganze L an der großen Kurvatur	(140)	—	—	—	—	—	—
8.	G	♀	♂	♂	♀	♂	♂	♂ zu Oberkiefer

	U 12 SE (3)	K 12 [3c] (7)	Y 21 Pit B	X 16 [1] (3)	N 11/12 (1)	J 12 [3] (1)
1.						
2.	I-J²	I-J¹	L	?	?	?
3.	157	150	168	148	145	115
4.	56	55	58,5	54,5	46,5	(40,5)
5.	40,5	38	45	36,5	42	32,5
6.	100	—	—	—	195	—
7.	—	—	—	—	(230)	—
8	♀	♀	♂?	♀	♀?	♀

(b) *Oberkiefer*¹

Z	H	I-J	I-J	L	L
L der Backzahnreihe	—	—	134	—	—
L der Molarreihe	(78)	86,5	85	74,5	73
L der Prämolarreihe	—	—	53,5	—	—
Abkauung	++	+	++ zu Hornzapfen	++	++

---

¹ Rechte Seite, s. S. 43 und Abb. 2.
² Rechte Seite, s. S. 43 und Abb. 3.

³ s. S 45 und Abb 4a.
⁴ s. S. 45 und Abb. 4b.

Tabelle 11 (Fortsetzung)

(c) *Unterkiefer*[5]

Z	D	H	I-J	I-J	I-J	I-J	I-J	I-J	L	L
L der Backzahnreihe	141	—	—	—	(135)	130	(130)	129,5	130	—
L der Molarreihe	91,5	92	88	88	87,5	84,5	82	82	84,5	(80)
L der Prämolarreihe	51,5	—	—	—	(47,5)	48	47,5	48,5	46,5	—
L von M_3	35	41	38	—	38	—	35	—	36	34
B von M_3	15,5	18,5	18	14	16,5	—	15,5	—	16,5	12,5
H vor M_1	48	—	—	45,5	—	44	49,5	—	—	45
H hinter M_3	72	—	—	71	—	—	—	—	—	—
Abkauung	++	++	++	+	+++	+	+++	+++	+++	+

(d) *Atlas*

Z	L
GB der kranialen Gelenkfläche	97
GB der kaudalen Gelenkfläche	79
GL von der kranialen zur kaudalen Gelenkfläche	82

zu Epistropheus

(e) *Epistropheus*

Z	I-J	I-J	I-J	I-J	I-J	?	?
GB der kranialen Gelenkfläche	94	86	85,5	82,5[6]	82,5	(103)	94
KB des Wirbels	51,3	48,5	49,5	42,5	—	55	—

zu Atlas

(f) *Scapula*

Z	D/I-J	H	H	H	I-J	I-J	I-J	I-J	I-J	I-J	I-J	I-J	I-J
KLH	42	(60)	(53)	—	(61)	—	—	—	54	52,5	52	51,5	51,5
LPA	59	—	66	—	77	75	73	73	73	70	70	70,5	(68)
LG	51	(62)	59	51,5	64	63	64	63	61,5	56	60	(59)	55
BG	40	—	51,5	42	56	56	52	—	52	46,5	50,5	54	—

Z	I-J	I-J	I-J/K	I-J/K	L	L	L	L	?	?	?	?	?
KLH	51,5	51	43,5	—	49	—	43	—	66	57	—	—	46
LPA	67,5	68	66	—	71	65,5	62	60	83,5	74	62	58,5	58
LG	58,5	57,5	57	49	60	55,5	51	51	71,5	64	50	46,5	48
BG	48	—	44,5	(44,5)	50,5	44,5	—	46	65	51,5	43	40	41,5
									Ur?				ad! ad!

(g) *Radius*

F	O 24 **(14)**	U 12 **[6] (2b)**	U 12 **(2b)**	O 21 SE **(3)**
Z	H	I-J	I-J	I-J
GL	—	(303)	290	270
BP	(75)	—	87,5	74
BGP	(68)	79	77,5	69
KD	33	42,5	41	37,5
BD	—	—	(79)	67
		distal im Verwachsen		

---

[5] Alle Zahnreihenmaße wurden an den Alveolen gemessen.
[6] Kaudale Wirbelscheibe offen.

Tabelle 11 (Fortsetzung)

(h) Metacarpus

1. F	U 12 SE + NE (7)	O 24 [C] (3)	O 11 SW (3b)	O 21 [12] (6)	U 12 (3)	U 12 (3)	O 21 NE (3)	O 21 NW (3)
2. Z	H	H	H	I-J	I-J	I-J	I-J	I-J
3. GL	(215)	184	182,5	(210)	202,5	201,5	200	193
4. BP	(68)	61	49,5	—	(67)	57	66	56,5
5. KD	(39)	33,5	27,5	(38)	35	32	32,5	30
6. BD	(68)	—	50	(65)	69	57	—	58
7. $J = \dfrac{KD \times 100}{GL}$	18,1	18,2	15,1	18,1	17,3	15,9	16,3	15,5
8. G	♂	♂	♀	♂	♂	♀	♀	♀

1.	O 20 pit T (2)	O 22 (5)	M 20 [3] (2b)	H 17 [pit J][7]	M 20 SW (2b)	U 13 (1)
2.	I-J	I-J	L	L	L	?
3.	191,5	(183,5)	192,5	187,5	171,5	(208,5)
4.	59	53	51,5	—	48	—
5.	(35)	28,7	29	31,5	26	(37,5)
6.	64	—	52,5	60,2	48,5	—
7.	18,3	15,6	15,1	16,8	15,2	18,0
8.	♂	♀	♀	?	♀	♂

(i) Becken

Z	D	D/I-J	D/L	I-J	I-J	I-J	I-J	I-J	I-J	I-J	L	?	?
LA	61,5	67,5	55	74,5	(73)	(68,5)	67	63	61	(58,5)	(69)	72	(56)
G	♂	♂	♀	♂	♂	♂	♂	♀	♀	♀	♀	♂	♀

(k) Calcaneus

Z	H	H	I-J	I-J	I-J	I-J	I-J	L	L	L	L	?	?
GL	131	129	139,5	122	124,5	116	108,5!	129,5	(117)	(113)	124	114,5	
BD	41	45	48,5	40	44,5	38,5	39,5	43	37,5	(35)	41,5	39,5	

(l) Talus

Z	D	G/H	H	H	H	H	H	H	I-J	I-J	I-J	I-J	I-J
GLl	62	63	70,5	65,5	65	—	61	60,3	—	73	—	68,5	68,5
GLm	—	59	65,5	61,5	—	58,5	57	56,5	—	67	65,5	64,5	64
Tl	35,5	34,5	40,5	37,5	35,5	—	33	32,5	41	40	—	38,5	39
Tm	—	36	40,5	37,5	—	—	34	33	—	41,5	—	39	41
BC	—	39,5	(46)	42	45	39,5	38	40,5	47	50	(44,5)	46	47,5

Z	I-J	I-J	I-J	I-J	I-J	I-J	I-J	I-J	I-J	I-J	I-J	I-J	I-J
GLl	65,5	65,5	65	65	65	65	65	64	63,5	—	—	63	62
GLm	61	60,5	60,5	60	—	59,5	59	58,5	59,5	58	58	57	58,5
Tl	36,5	37	35,5	36	35,5	35	34,5	35	35,5	36	—	34	36,5
Tm	37	—	36,5	36,5	—	36,5	35,5	36	36	37	(35,5)	35	37
BC	42	44	40	41	—	41	42	40,5	40	41,5	—	42	40,5

Z	I-J	I-J	I-J	I-J	I-J	I-J	I-J	I-J	I-J	I-J	I-J/K	I-J/K	K
GLl	62	62	—	61,5	61	59,2	58,5	58	58	54,8	59	56,5	66
GLm	58	56,5	58	55	57	55	55	54	53	48,7	54,5	51,5	60,5
Tl	34	33,5	35	34,5	(34)	33	33,5	(31,5)	31,5	30	33	31	36
Tm	34,5	34,5	36,5	34,5	(35)	33,5	34,5	32,5	32	30,5	—	31	37,5
BC	(38)	40,5	42	41	37	38	38,5	37,5	35	35	36,5	33,5	45

[7] Abb. 12.

Tabelle 11 (Fortsetzung)

Z	L	L	L	L	L	L	L	L	L	L	L	L	L
GLl	71	68,5	68,5	68	68	67	66,5	65	64,5	64	63,5	—	63,5
GLm	66	62	62	64	60,5	61	62	58,5	58,7	62	59	—	58,5
Tl	38	37,5	37,5	37,5	36	37	36,5	34	36	35,7	—	34,5	34,5
Tm	40	38	37	37,5	36	38,5	38	34,5	37,5	35	35	36,5	—
BC	46	41	44,5	44	43	45	42,5	40	44	37,5	—	43	39

Z	L	L	L	L	L	L	L	L	L	L	L	L	?
GLl	61	60,5	60	59	59	58,5	58	58	58	57,5	55	51,5	(74)
GLm	57,5	55	54,5	54	53,5	51,5	54,5	54	52	53,5	50,5	48,5	68
Tl	35	33,5	31,5	32,5	32	30,5	32,5	33	32	32	30,5	28	(40)
Tm	36,5	34,5	32,5	32,5	34	32,5	34	33,5	32,5	34,5	30	28,5	(40,5)
BC	40,5	40	35	36,5	41	38	39	40	37,5	38	35,5	33,5	50

Z	?	?	?	?	?	?	?	?
GLl	70,5	69	68,5	67	64,5	64	64	63,2
GLm	—	63,5	64,5	62	59,5	—	59	59,5
Tl	41	38	37,5	37	35,5	34,5	34,5	35
Tm	—	—	38	—	36,5	—	37	37
BC	49	42,5	43	(41)	43	—	41,5	42,5

(m) *Metatarsus*

F	U 12 (3)	N 11 1 [3] (3)	O 22 (5)	N 21 (4)	M 20 (2b)	H 18 [1] (3a)	M 20 SW (2b)	U 12 (1) SW
Z	I-J	I-J	I-J	L	L	L	L	?
GL	232,5	230	225	246	223	209	206,5	(232)
BP	53,5	50	44	(55)	50	42,5	40,5	50
KD	28,7	27	25	29	26,5	23	23	29,5
BD	64,5	57	51,5	60	55	49,5	46,5	59
$J = \dfrac{KD \times 100}{GL}$	12,3	11,7	11,1	11,8	11,9	11,0	11,1	12,7
G	♂	♂	♀	♂	♂	♀	♀	♂

(n) *Phalanx 3*

Z	D	D	D	D/L	D/L	D/L	H	H	H	H	H	I-J
DLS	(90)	89	62	73	64,5	60,5	76	71	62	55	54,5	73
a/p	a Ur?	a Ur?	p	p	a	?	?	p	a	p	p	p

Z	I-J	I-J	I-J	I-J	I-J	I-J	I-J	I-J	I-J	I-J	I-J	I-J
DLS	73	70	67	65,5	62,5	61	61	60,5	60	59,5	56	54
a/p	a	a	a	p	p	p	a	p	a	a	a	p

Z	I-J/K	I-J/K	I-J/K	L	L	L	L	?	?	?	?	?
DLS	88	(70)	(69)	66	61,5	57,5	54,5	77,5	(76)	71,5	67,5	54
a/p	a	p	a	p	p	?	?	p	a	p	a	p

Die wenigen Metatarsen des ostanatolischen Fundortes aus der Hethiterzeit (Tab. 11 m) liegen in der oberen Hälfte der Variation zeitgleicher und auch neolithischer Metatarsen aus Europa (Diagramm 2; Boessneck u. a. 1971: Diagramme XLIII, XLIX).

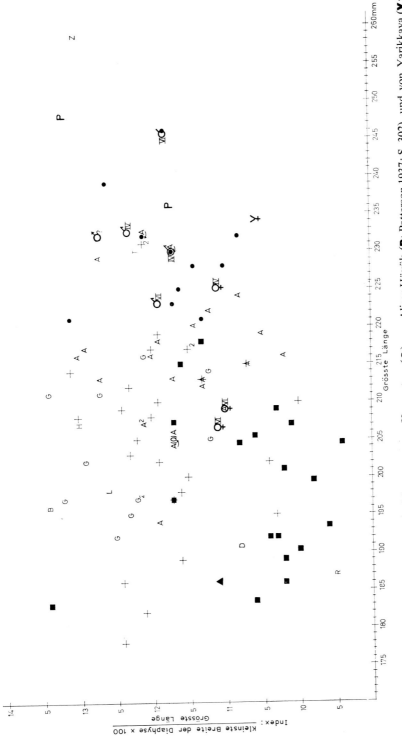

Diagramm 2. Rind, *Bos taurus*. Einordnung der Metatarsen vom Korucutepe (○), von Alisar Hüyük (**P**; Patterson 1937: S. 302), und von Yarikkaya (**Y**; Boessneck und Wiedemann, im Druck: Tab. 3) im Rahmen bronzezeitlicher Rindermetatarsen aus Mittel- und Nordeuropa sowie Rumänien. (Zur Aufschlüsselung der Funde aus Europa s. Boessneck u.a. 1971: Diagramm XLIV). Die römischen Ziffern neben den Zeichen für die Funde vom Korucutepe geben die Datierung an: IV: Späte Bronzezeit I—II; VI: Seldschukenzeit

Die Calcanei und Tali aus der Hethiterzeit (Tab. 9/13—14, 11 k, l) unseres Fundortes fügen sich mitten in die Variation der zeitlich entsprechenden europäischen
Funde ein und stimmen auch mit deren Mittelwerten überein (Calcaneus: Boessneck
u.a. 1971: Diagramm XXXVII; Talus: Dürr 1961: Tab. 22 u. Diagramm XIII).

Die Metapodien der Rinder aus der Seldschukenzeit (Tab. 11 h, m) sind im Vergleich mit mittelalterlichen Metapodien aus Europa groß, d.h. ihre Maße fallen in
die mittleren und oberen Abschnitte der Variation der Rindermetapodien dieses Zeit-
raumes aus Europa (Boessneck u.a. 1971: Diagramme XXXV und XLIX). Ein ent-
sprechendes Ergebnis bringt der Vergleich der Tali. Sowohl die Extremwerte als auch
der Mittelwert der „größten Länge lateral" liegen bei unseren Funden höher als bei
der Masse der europäischen Rindertali (vgl. Tab. 9/13 mit Dürr 1961: Tab. 22 u. Diagramm XV). Auch die Längen- und Breitenmaße anderer Knochen der Seldschuken-
rinder vom Korucutepe sind durchschnittlich größer als die gleichzeitiger Tiere aus
Europa.

2. *Anatolien*

Boğazköy (Vogel 1952: S. 137 ff). Die Rinder aus der Hethiterzeit dieser Stadt waren
alles in allem ein wenig größer als die Rinder des gleichen Zeitabschnittes vom Korucutepe. Es liegen allerdings viel weniger meßbare Knochen vor, am meisten vom Talus
(Vogel 1952: S. 141):

	L der lateralen Hälfte			L der medialen Hälfte		
	N	Variation	$\bar{x}$	N	Variation	$\bar{x}$
Boğazköy (hethitisch)	16	80—63 2	68,7	18	73,5—58,1	64 0
Korucutepe (hethitisch)	28	73—54,8	63,4	32	67 —48,7	58,7

Die Tali aus Boğazköy sind auch dann noch im Mittel größer, wenn man die 3 größten
von ihnen, mit 80, 76,5 und 75,8 mm lateraler Länge, weil sie von Uren sein könnten,
aus der Mittelwertberechnung herausnimmt. Es ergeben sich dann Durchschnittswerte von 66,7 mm für die laterale Länge und 62,5 mm für die mediale Länge.

Osmankayası/Boğazköy (Herre und Röhrs 1958: S. 71). Die wenigen Rinderreste
lassen keine Abweichung von unseren Befunden erkennen.

Alişar Hüyük (Patterson 1937: S. 302). Die wenigen Funde des Rindes aus der
Kupferzeit und der Hethiterzeit dieses südlich von Boğazköy im Halysbogen liegen-
den Fundortes unterscheiden sich von den früh-, mittel- und spätbronzezeitlichen
Rindern des Korucutepe in der Größe und Wuchsform nicht.

Yarıkkaya/Boğazköy (Boessneck und Wiedemann, im Druck). 5 M_3 mit 3×40 mm,
$2 \times 39,5$ mm und 1×38 mm (Boessneck und Wiedemann: Tab. 3a) Länge aus dieser
frühbronzezeitlichen Hangsiedlung bei Boğazköy fallen in den oberen Bereich der
Variation der früh-, mittel- und spätbronzezeitlichen Funde vom Korucutepe. Die
übrigen, mengenmäßig gering vertretenen Skeletteile des Rindes lassen keine Größen-

unterschiede erkennen. Aber die Tali, die neben den Phalangen 1 auch bei den Funden dieses Ortes die meisten Maße lieferten, sind im Durchschnitt deutlich größer als die früh- bis spätbronzezeitlichen Tali vom *Korucutepe*. Das gleiche gilt für die Phalanx 1 (Boessneck und Wiedemann: Tab. 3 f/h). Da Yarıkkaya in der Frühbronzezeit besiedelt war, die Rinderknochen also aus älterer Zeit sind als die Masse der Reste unseres Fundorts, paßt dieser Befund in das Bild über die Größenminderung der Rinder in den ersten Jahrtausenden nach der Domestikation.

Fıkırtepe (Röhrs und Herre 1961: S. 114ff). Der Größenentwicklung des Rindes nach der Domestikation entsprechend, waren die Rinder dieser neolithischen Siedlung am Kleinasiatischen Gestade des Bosporus noch deutlich größer als diejenigen von Yarıkkaya und vom Korucutepe oder auch von Troja (Gejvall 1946).

Berechnung der Widerristhöhe

Das Ergebnis der Berechnung der Widerristhöhe vor- und frühgeschichtlicher Rinder aus den Metapodienlängen mit Hilfe von Faktoren, die auf Grund von Berechnungen an rezenten Rindern erstellt wurden, weicht zwar bis zu einem gewissen Grade von der Wirklichkeit ab, die Widerristhöhenberechnung vermittelt aber doch eine bessere Vorstellung von der Größe der Rinder als es die Maße der Metapodien selbst tun. Nachstehend werden die Widerristhöhen, die sich aus den Metapodien der Rinder vom Korucutepe nach der Methode von Fock (1966) errechnen ließen, zusammengestellt:

Schicht	G	GL in mm	Faktor	WRH in cm
Metacarpus				
H	♂	(215)		134,4
	♂	184		115
I-J	♂	(210)		131,3
	♂	202,5	6,25	126,6
	♂	191,5		119,7
?	♂	(208,5)		130,3
H	♀	182,5		109,5
I-J	♀	201,5		120,9
	♀	200		120,0
	♀	193		115,8
	♀	(183,5)	6	110,1
L	♀	192,5		115,5
	♀	171,5		102,9
	?	187,5	6,13	114,9
Metatarsus				
I-J	♂	232,5	5,55	129,0
L	♂	246	5,45	134,1
	♂	223	5,55	123,7
?	♂	(232)	5,55	128,8
I-J	♂	230	5,55	127,6
	♀	225		120,4
L	♀	209	5,35	111,8
	♀	206,5		110,5

Diese Aufstellung läßt erkennen, daß die Variation der männlichen und der weiblichen Tiere stark übereinandergriff. Die männlichen Rinder (♂♂) variierten in der Bronzezeit (H, I-J) von etwa 1,15 bis 1,35 m Höhe am Widerrist; durchschnittlich waren sie gut 1,25 m groß. Die Kühe hatten Widerristhöhen von etwa 1,10 bis über 1,20 m, im Mittel um 1,15 m. Für die Seldschukenzeit ist über die durchschnittliche Größe der Stiere und Ochsen nichts Genaueres zu sagen, weil nur zwei Metatarsen die Widerristhöhe berechnen ließen (1,24 und 1,34 m). Für die Kühe geben 4 Metapodien eine Spanne von 1,03 m bis gut 1,15 m und einen Mittelwert von 1,10 m an.

Gesamtbeurteilung der Rinder vom Korucutepe

Es gibt keine Anhaltspunkte für eine Größenänderung der Rinder während der Bronzezeit. Die Fundbasis vor allem aus den frühen Abschnitten der Bronzezeit ist aber so gering, daß eine Größenänderung nicht ausgeschlossen ist.

Die Rinder aus den beiden hethitischen Reichen waren mittellanghörnige und mittelgroße Tiere, die in der Größe anderen während dieser Zeit gehaltenen Rindern aus Anatolien entsprachen. Sie waren größer als die Mehrheit der in Europa gleichzeitig lebenden Rinder. Der Geschlechtsdimorphismus ist gut ausgeprägt. Für Ochsen und Stiere ist eine Widerristhöhe von etwa 1,15 bis 1,35 m, im Durchschnitt um 1,25 m anzunehmen. Die Kühe sind auf 1,10 m bis über 1,20 m, im Mittel auf 1,15 m einzuschätzen.

Während über die Rinder aus der Frühen Eisenzeit wegen der spärlichen Fundbasis nichts ausgesagt werden kann, konnte festgestellt werden, daß die Tiere der Seldschukenzeit im Durchschnitt kleiner waren als die hethitischen Rinder. Die seldschukischen Rinder vom Korucutepe waren stattlicher als die meisten mittelalterlichen Rinder in Europa. Die Kühe hatten Widerristhöhen von gut 1 m bis 1,15 m, durchschnittlich anscheinend um 1,10 m. Über die Behornung dieser Tiere sind keine präzisen Angaben zu machen. Ein einziger meßbarer Hornzapfen aus dieser Zeit, wahrscheinlich von einem Ochsen, ist wesentlich schwächer als die Ochsenhornzapfen der mittleren und älteren Bronzezeit.

3. Schaf, *Ovis aries,* und Ziege, *Capra hircus*

Schaf und Ziege gehören zu den ältesten Haustieren. Das früheste Auftreten des Hausschafes im Vorderen Orient ist für die Zeit vor 8000 v. Chr. belegt (Reed 1961: S. 34f, 1969: S. 371f; Perkins 1964: v. Müller und Nagel 1968: S. 17; Bökönyi 1971). Die Hausschafe stammen von Wildschafen der Art *Ovis ammon* ab. In dieser Großart werden mehrere geographische Gruppen von Wildschafformen zusammengefaßt (Haltenorth 1963: S. 127). Welche der Wildrassen dieser Gruppen als Vorfahren des Hausschafes in Frage kommen, ist im einzelnen noch nicht bekannt. In erster Linie sind die Wildschafe aus dem Gebiet des „fruchtbaren Halbmondes" in Betracht zu ziehen. Wahrscheinlich fließt das Blut mehrerer Wildrassen in den Hausschafbeständen (mehr s. z. B. bei Herre 1958; Zeuner 1967: S. 135ff).

Tabelle 12
Schaf, *Ovis aries*, und Ziege, *Capra hircus*.
Verteilung der Knochen aus den einzelnen Schichten auf die Regionen des Skeletts

	D S	D S/Z	D Z	D/I-J S	D/I-J S/Z	D/I-J Z	D/L S	D/L S/Z	D/L Z	G/H S	G/H S/Z	G/H Z	H S	H S	H S/Z	H Z	I-J S	I-J S/Z	I-J Z	I-J Z
1. Hornzapfen	1	—	6	1	—	1	—	—	1	—	—	1	7	—	—	6	19	4	32	—
2. Oberschädel	1	9	1	1	—	2	—	7	—	—	—	—	5	1	15	2	23	153	11	1
3. Mandibula (+ Hyoid)	—	34	—	—	6	—	—	16	—	—	13	—	—	—	47	—	—	315	—	2
4. Lose Zähne	—	67	—	—	10	—	—	20	—	—	4	—	—	—	50	—	—	482	—	—
5. Wirbel, Kreuzbein	—	9	1	—	4	—	—	9	1	—	5	—	4	3	48	5	31	248	22	19
6. Rippen (+ Sternum)	—	43	—	—	29	—	—	41	—	—	13	—	—	—	59	—	—	483	—	8
7. Vorderextremität bis Carpus	12	86	1	3	30	5	4	32	2	7	19	2	28	2	66	36	104	795	56	10
8. Hinterextremität bis Tarsus	9	149	4	3	52	3	5	54	2	2	38	1	28	4	101	29	114	1316	60	10
9. Metapodien	14	27	4	3	9	3	5	14	2	4	4	1	25	4	13	8	148	210	46	4
10. Phalangen	1	1	1	—	—	—	4	—	4	—	—	1	9	7	1	6	62	21	41	2
11. Insgesamt	38	425	18	11	140	14	18	193	12	13	96	6	106	21	400	92	501	4027	268	56

Summen: D = 481; D/I-J = 165; D/L = 223; G/H = 115; H = 619; I-J = 4852

MIZ: D = 16; D/I-J = 2; D/L = 5; G/H = 5; H = 26; I-J = 118

	I-J/K S	I-J/K S/Z	I-J/K Z	I-J/L S	I-J/L S/Z	I-J/L Z	K S	K S/Z	K Z	K/L S	K/L S/Z	K/L Z	L S	L S/Z	L Z	? S	? S/Z	? Z	Gesamt S	Gesamt S/Z	Gesamt Z
1.	—	—	—	—	3	—	—	—	—	—	—	1	—	—	9	3	—	10	31	4	70
2.	1	19	1	2	3	—	1	1	—	—	9	—	4	20	—	8	44	4	47	280	22
3.	—	48	—	—	21	—	—	3	—	—	8	—	—	47	2	—	71	—	—	629	4
4.	—	48	—	—	30	—	—	2	—	—	22	—	—	54	—	—	94	—	—	883	—
5.	2	24	—	1	25	—	—	—	—	—	8	—	3	27	1	4	48	5	48	455	54
6.	—	51	—	—	28	—	—	1	—	—	10	—	—	43	1	—	76	—	—	877	8
7.	7	103	9	6	51	3	1	2	1	1	25	—	26	30	44	25	134	28	226	1373	197
8.	3	110	4	11	69	4	1	3	—	5	39	—	12	52	16	29	255	20	226	2238	153
9.	10	20	5	6	15	6	—	1	—	6	5	3	17	6	25	40	31	17	282	355	124
10.	4	1	—	5	—	3	1	—	—	2	1	—	6	1	14	8	3	11	109	29	83
11.	27	424	19	31	242	19	4	13	1	14	127	4	68	280	111	117	756	95	969	7123	715

Summen: I-J/K = 470; I-J/L = 292; K = 18; K/L = 145; L = 459; ? = 968; Gesamt = 8807

MIZ: I-J/K = 14; I-J/L = 4; K = 3; K/L = 2; L = 32; ? = 16; Gesamt = 243

Der Vorfahre der domestizierten Ziege ist die Bezoarziege, *Capra aegagrus* (s. z.B. Schwarz 1935; Herre 1943; Boessneck 1956a: S. 23ff; Harris 1962; Thenius u.a. 1962). Andere Wildformen kommen nicht in Betracht. Auch die Domestikation der Ziege erfolgte vor über 10000 Jahren (Zeuner 1955, 1967: S. 116; Reed 1960: S. 119, 131f, 1961: S. 35, 1969: S. 372; v. Müller und Nagel 1968: S. 17; Bökönyi 1971).

Die Schwierigkeiten, die bei der Trennung der Knochen der kleinen Wiederkäuer auftreten, sind jedem Osteologen bekannt. Obwohl in letzter Zeit ein erheblicher Fortschritt erzielt wurde (Boessneck u.a. 1964; Boessneck 1969), bleibt bei sorgfältig geborgenen Speiseabfällen mit ihren kleinen und kleinsten Knochenstücken und -splittern auch heute noch ein wesentlicher Teil nicht genau bestimmbarer Reste übrig. Außerdem gibt es Skeletteile, wie die Kiefer, die Zähne, die Tibia, Rippen und die meisten Wirbel, die zwar besonders häufig im Fundgut vorkommen, aber gewöhnlich nicht zu bestimmen sind.

Wie hoch der Prozentsatz an nicht gattungsbestimmten Knochen bei den kleinen Wiederkäuern ist, verdeutlicht die Tabelle 13. Der Anteil der unbestimmbaren Knochen reicht von 61 bis 90% und beträgt insgesamt rund 81%.

Tabelle 13
Schaf (S) und Ziege (Z). Anteil der beiden Arten in den einzelnen Schichten

Schicht	Unbestimmte S/Z Knochen		Bestimmte S/Z Knochen		Davon			
					Schaf		Ziege	
	N	%	N	%	N	%	N	%
D	425	88,4	56	11,6	38	67,9	18	32,1
D/I-J	140	84,8	25	15,2	11	44	14	56
D/L	193	86,5	30	13,5	18	60	12	40
G/H	96	83,5	19	16,5	13	68,4	6	31,6
H	400	64,6	219	35,4	127	58	92	42
I-J	4027	83,0	825	17,0	501	60,7	324	39,3
I-J/K	424	90,2	46	9,8	27	58,7	19	41,3
I-J/L	242	82,9	50	17,1	31	62	19	38
K	13	72,2	5	27,8	4	80	1	20
K/L	127	87,6	18	12,4	14	77,8	4	22,2
L	280	61,0	179	39,0	68	38	111	62
?	756	78,1	212	21,9	117	55,2	95	44,8
Gesamt	7123	80,9	1684	19,1	969	57,5	715	42,5

Zusätzliche Schwierigkeiten ergeben sich dadurch, daß der Korucutepe im (ehemaligen) Verbreitungsgebiet von Wildschaf und Wildziege liegt (Kumerloeve 1967: S. 394ff), deren Knochen denen ihrer domestizierten Nachfahren gleichen. Ohne weiteres sind Schädelreste und Hornzapfenbasen oder einigermaßen erhaltene Hornzapfenteile zu erkennen (s.S. 131ff). Knochen erwachsener Böcke lassen sich im allgemeinen auf Grund ihrer Größe bestimmen, Knochen von weiblichen Tieren und von Jungtieren aber kaum. So hatten wir im Laufe der Bestimmungsarbeit an den Funden vom Korucutepe in einigen Fällen Unterscheidungsschwierigkeiten zwischen Haus- und Wildtier. Bei anderen Knochen waren wir uns aber in der Bestimmung sicher (s.S. 131ff). Diejenigen Knochen, bei denen nicht sicher ist, ob sie von Haus- oder Wildtieren stammen, sind in den Tabellen für die Hausschafe und -ziegen mit aufgeführt und soweit sie meßbar waren, gekennzeichnet (Tab. 21 W ?).

Schaf und Ziege zusammengenommen waren die häufigsten Haustiere auf dem Korucutepe. Ihre Knochen sind mit 50,7% am Gesamtmaterial und mit 52,8% am Haustiermaterial beteiligt. In den einzelnen Schichten und Einheiten beträgt ihr Anteil an den Haustierknochen: D: 65,2%; D/I-J: 62,7%; D/L: 55,9%; G/H: 63,5%; H: 47,4%; I-J: 55,8%; I-J/K: 61,3%; I-J/L: 56,3%; K: 26,9%; K/L: 63,9%; L: 43,9%; „?": 40,2%. Es sieht so aus, als ob die kleinen Wiederkäuer in der frühen Bronzezeit einen größeren Anteil am Haustierbestand hatten als in der Hethiterzeit. Der Befund für die Schicht K ist sicher zufällig. Einmal ist die Fundbasis viel zu klein, zum anderen sprechen die Mischeinheiten I-J/K und K/L gegen einen so geringen Anteil der kleinen Wiederkäuer in der Frühen Eisenzeit. Auch der niedrige Anteil in der Seldschukenzeit ist problematisch, wenn man die Mischkomplexe D/L, I-J/L und K/L mitberücksichtigt.

Tabelle 14
Altersverteilung auf Grund der Kiefer von Schaf und Ziege.
(Die eingetragenen Zahlen entsprechen Mindestindividuenzahlen)

	D		D/I-J		D/L		G/H		H		I-J		I-J/K	
	sup	inf	sup	inf	sup	inf	sup	inf	sup	inf	sup	inf	sup	inf
1. M1 noch nicht durchgebrochen	—	—	—	—	—	—	—	—	—	1	1	3	—	—
2. M1 im Durchbruch	—	1	—	—	1	—	—	—	1	1	1	4	1	—
3. M1 in Reibung, M2 noch nicht durchgebrochen	1	2	—	—	—	1	—	1	2	2	5	7	—	2
4. M2 im Durchbruch	1	—	—	—	—	—	—	—	—	1	6	8	—	—
5. M2 in Reibung, M3 noch nicht durchgebrochen	4	—	—	—	—	1	—	1	2	2	10	14	2	—
6. M3 im Durchbruch	3	1	1	—	3	1	—	—	1	4	20	12	2	2
7. M3 geringgradig abgerieben	5	6	2	2	2	2	—	—	8	9	32	28	3	5
8. M3 mittelgradig abgerieben	1	5	—	—	3	—	1	2	2	6	30	30	—	4
9. M3 hochgradig abgerieben	—	1	—	—	—	—	—	—	1	1	10	12	—	1
MIZ	15	16	3	2	9	5	1	5	17	26	115	118	8	14

	I-J/L		K		K/L		L		?		Gesamt		Alter in Jahren
	sup	inf	sup	inf	sup	inf	sup	inf	sup	inf	sup	inf	etwa
1.	—	—	—	—	—	—	—	—	—	—	1	4	⎫
2.	—	—	—	—	—	—	1	—	—	—	4	6	⎬ unter 1
3.	—	1	—	—	—	—	3	4	—	—	11	20	⎪
4.	—	—	1	—	—	—	1	3	—	1	9	13	⎭
5.	2	1	—	—	—	—	3	6	2	—	25	25	⎫ 1—2
6.	2	1	—	—	1	2	1	2	4	—	38	25	⎭
7.	2	1	—	1	2	—	7	7	11	7	74	68	2—4
8.	3	—	—	2	5	—	4	7	5	8	55	64	⎫ über 4
9.	—	—	—	—	2	—	2	3	—	—	15	18	⎭
MIZ	9	4	1	3	10	2	22	32	22	16	232	243	

Tabelle 15
Anteil der Altersstufen der geschlachteten Schafe und Ziegen in den reinen Schichten
mit größeren Fundzahlen auf Grund der Kiefer

Alter in Jahren	D Oberkiefer MIZ	%	Unterkiefer MIZ	%	H Oberkiefer MIZ	%	Unterkiefer MIZ	%	I-J Oberkiefer MIZ	%	Unterkiefer MIZ	%
Unter 1	2	13,3	3	18,8	3	17,6	5	19,2	13	11,3	22	18,6
1—2	7	46,7	1	6,3	3	17,6	6	23,1	30	26,1	26	22,0
2—4	5	33,3	6	37,5	8	47,1	9	34,6	32	27,8	28	23,7
Über 4	1	6,7	6	37,5	3	17,6	6	23,1	40	34,8	42	35,6
Summe	15	100	16	100,1	17	99,9	26	100	115	100	118	99,9

Alter in Jahren	L Oberkiefer MIZ	%	Unterkiefer MIZ	%	Gesamt Oberkiefer MIZ	%	Unterkiefer MIZ	%
Unter 1	5	22,7	7	21,9	25	10,8	43	17,7
1—2	4	18,2	8	25,0	63	27,2	50	20,6
2—4	7	31,8	7	21,9	74	31,9	68	28,0
Über 4	6	27,3	10	31,3	70	30,2	82	33,7
Summe	22	100	32	100,1	232	100,1	243	100

Mindestindividuenzahlen, Alters-, Geschlechts- und Artenverteilung

Im vorliegenden Material ergeben die Kiefer die höchsten Mindestindividuenzahlen (Tab. 14, 15). Aber gerade die Kieferteile sind meist nicht gattungsbestimmbar.

Das Lebensalter der Tiere, das sich hinter dem Zahnalter verbirgt (Tab. 14, 15), ist wegen der großen individuellen Schwankungen, denen Zahndurchbruch, -wechsel und -abreibung unterliegen, nur ganz ungefähr zu ermitteln. Die differenzierte Aufschlüsselung in der Tabelle 14 für den Ober- und den Unterkiefer soll zeigen, daß sich die verschiedenen Stufen bis zur hochgradigen Abreibung der M³ durchgehend finden. Wegen der differenzierten Zusammensetzung des Materials, der vielen zeitlich nicht zuzuordnenden Einheiten können die jeweils höheren Ergebniszahlen in den Altersgruppen der Ober- und der Unterkiefer nicht zusammengezählt werden. Es ist durchaus möglich, daß die M3 der Maxilla und der Mandibula eines Tieres verschiedenen Alterskategorien zugeordnet wurden. Bricht nämlich der M³ bei einem Tier später durch als der M_3, was oft der Fall ist, fallen die Molaren ein und desselben Tieres in verschiedene Zahnaltersgruppen. Die Unterkiefer ergaben insgesamt 11 Individuen mehr als die Oberkiefer — nämlich 243 (Tab. 14, 15). Wir nehmen daher als Mindestindividuenzahl für die kleinen Wiederkäuer für das Gesamtmaterial 243 Tiere an. Dabei sind wir uns im Klaren darüber, daß die tatsächliche Individuenzahl, die die insgesamt 8807 Schaf- und Ziegenknochen repräsentieren, sehr viel höher gelegen haben dürfte.

Die in der Tabelle 14 aufgeführten Altersstufen haben wir zur Vereinfachung und besseren Übersicht in 4 Gruppen zusammengefaßt (Tab. 15), und zwar für die reinen Schichten, mit Ausnahme der Schicht K, und das Gesamtmaterial. Die erste Gruppe umfaßt die Kiefer von Tieren, die noch nicht 1 Jahr alt waren. Hierzu rechnen wir alle Kiefer bis zu denen, deren M2 im Durchbruch ist. Der M2 bricht mit etwa einem $^3/_4$ bis zu einem Jahr durch. Die 2. Gruppe umfaßt die Kiefer von 1—2jährigen Tieren, das heißt solche, die einen frisch voll durchgebrochenen M2 besitzen bis zu denen mit voll durchgebrochenem vorn in Reibung befindlichem M3. Ist der M3 mit allen 3 Jochen in Reibung getreten, dann ist die Beurteilung des Alters kaum mehr möglich. Wir nehmen an, daß 2—4jährige Tiere (3. Gruppe) noch keine stärker abgeriebenen Zähne besitzen. Mit $3^1/_2$ Jahren sind Schafe und Ziegen ausgewachsen, alle Epiphysenfugen der Extremitätenknochen sind verwachsen. Die 3. Gruppe umfaßt also Tiere, die subadult oder jungadult sind. Sie haben bis zu diesem Zeitpunkt bereits eine Fortpflanzungsperiode hinter sich. Die 4. Gruppe enthält Tiere, deren M3 mittel- bis hochgradig abgerieben sind und die schätzungsweise über 4 Jahre alt waren.

Die Verteilung in den Gruppen ist in den einzelnen Schichten recht unterschiedlich (Tab. 15, 47), aber die Unterschiede können durchaus im Bereich des Zufälligen liegen. Wir erörtern zunächst die Altersverteilung im Gesamtmaterial: Annähernd $^2/_5$ des Bestandes wurde bis zum Alter von 2 Jahren geschlachtet, der kleinere Teil davon wurde nicht einmal ein Jahr alt. Von den verbleibenden $^3/_5$ des Bestandes schlachtete man höchstens die Hälfte zwischen dem 2. und dem 4. Lebensjahr. Der 3. Teil des Bestandes der kleinen Wiederkäuer wurde älter als 4 Jahre.

Der Befund für Schicht I-J entspricht diesem Gesamtbefund im großen und ganzen, doch stellen die Funde dieser Schicht allein fast die Hälfte des Materials. Bemerkenswert hoch ist der Jungtieranteil unter den Funden aus der Seldschukenzeit (Tab. 15, 47). Dies könnte damit erklärt werden, daß in dieser Zeit mehr Ziegen als Schafe gehalten wurden, während es sich vorher umgekehrt verhielt (s. u.). Ohne diese Funde mit höherem Jungtieranteil (I-J und L) verschiebt sich die Altersverteilung auf $^1/_3$ bis 2jährige Tiere, $^1/_3$ 2—4jährige und $^1/_3$ ältere (Tab. 47).

Das Mengenverhältnis zwischen den beiden Arten gibt die Tabelle 13 an. Beziehen wir die bestimmten Knochen auf 100, so waren in der Schicht L 68 Knochen vom Schaf und 32 von der Ziege. In der Schicht H beträgt das Verhältnis von Schaf zu Ziege nach den relativen Fundzahlen 58:42, in Schicht I-J 61:39, (in Schicht K 80:20 bei nur 5 Knochen), in Schicht L 38:62 und für das Gesamtmaterial 57,5:42,5. Die Schafknochen überwiegen also mit Ausnahme der Schicht L über die Ziegenknochen. In Schicht L ist es umgekehrt, aber in den Mischeinheiten D/L, I-J/L und K/L überwiegen die Schafknochen und dem gegenüber in D/I-J die Ziegenknochen.

Wie sieht dieses Verhältnis aber auf Grund der einzelnen Skeletteile aus? Vergleicht man bei den gattungsbestimmten Knochen Skeletteil für Skeletteil, so kommt man auf recht unterschiedliche Ergebnisse. Das liegt zum Teil an der bei den beiden Tierarten unterschiedlichen Widerstandsfähigkeit bestimmter Skeletteile. Die Schädel, vor allem die Hornzapfen der Ziege, besitzen eine härtere Konsistenz als die der

Schafe. Da die Mutterschafe zudem kleinere Hörner hatten als die Geißen, manche
sogar, wie wir sehen werden, hornlos waren (s. S. 69), vergehen ihre Schädelreste im
Boden eher als die der Ziege. Ein besonders hoher Ziegenanteil unter den Hornzapfen
wird deshalb allgemein bei osteoarchäologischen Funduntersuchungen festgestellt.
Aber auch die postkranialen Skeletteile weisen außerordentliche Schwankungen im
Zahlenverhältnis zwischen den beiden Arten auf. Oft wird ein verhältnismäßig hoher
Anteil der Metapodien des Schafes gefunden. Dies zeigen auch die folgenden Mindest-
individuenzahlen, die wir auf Grund der Knochen errechnet haben:

Schicht	D	H	I-J	K	L	Gesamt
1. Hornzapfen	2S:5Z	6S:3Z (+3S/Z)	10S:13Z	—	3S:6Z	28S:39Z (+4S/Z)
2. Scapula	1S (+3S/Z)	4S:4Z (+3S/Z)	20S:15Z (+11S/Z)	1Z	2S:9Z (+3S/Z)	38S:37Z (+28S/Z)
3. Humerus	3S (+7S/Z)	6S:4Z (+4S/Z)	28S:10Z (+29S/Z)	1S	6S:8Z (+3S/Z)	53S:34Z (+72S/Z)
4. Radius	3S:1Z (+7S/Z)	5S:7Z (+4S/Z)	11S:8Z (+24S/Z)	—	6S:7Z (+4S/Z)	32S:34Z (+66S/Z)
5. Metacarpus	4S:1Z (+3S/Z)	9S:3Z (+4S/Z)	27S:14Z (+7S/Z)	1S/Z	1S:9Z (+1S/Z)	56S:41Z (+20S/Z)
6. Talus	1S:1Z (+1S/Z)	6S:2Z (+2S/Z)	25S:15Z (+8S/Z)	—	5S:4Z (+3S/Z)	53S:30Z (+19S/Z)
7. Metatarsus	5S:2Z (+2S/Z)	7S:2Z (+2S/Z)	25S:10Z (+12S/Z)	—	6S:8Z	58S:31Z (+31S/Z)

Nach diesen Zahlen ist es nicht möglich, eine genauere Angabe über den Anteil der
beiden Arten in den Herden während der einzelnen Besiedlungsphasen zu machen.
Nur soviel ist zu sagen: Das Schaf war zu allen Zeiten — mit Ausnahme der letzten
Besiedlungsphase — häufiger als die Ziege. Das Verhältnis Schaf:Ziege dürfte etwa
5:2 bis 5:3 betragen haben. In der Schicht L hat sich das Verhältnis zugunsten der
Ziege umgekehrt.

Mit dem Vorherrschen des Schafes in der Frühen Bronze- und der Hethiterzeit
stimmen die Befunde für Alişar Hüyük (Patterson 1937: S. 301), Boğazköy (Vogel
1952: S. 144) und Yarıkkaya (Boessneck und Wiedemann, im Druck) überein.

Die Bestimmung der Geschlechtsverteilung läßt sich an den Hornzapfen- und Hirn-
schädelresten sowie den Becken vornehmen. Da aber nur wenige von diesen Skelett-
teilen erhalten geblieben sind, basiert die Geschlechtsbestimmung nur auf einem geringen Teil aller Knochen. Es muß offen bleiben, inwieweit das errechnete Geschlechtsverhältnis der Wirklichkeit entspricht. Beim Schaf beträgt das Verhältnis der männlichen Tiere zu den Mutterschafen nach den Hirnschädeln und Hornzapfen insgesamt
1:1. 14 ♀♀ stehen 14 ♂♂ gegenüber. Man darf jedoch nicht vergessen, daß die starken
Hornzapfen und Kalotten der männlichen Tiere widerstandsfähiger sind. Tatsächlich
überwiegt dementsprechend nach den Beckenresten der Schafe das weibliche Geschlecht. Im Gesamtmaterial sind 18 Mutterschafe und 13 Widder durch Beckenfunde
nachgewiesen.

Bei der Ziege überwiegen die Geißen deutlicher als bei den Schafen die Mutterschafe. Von den Hornzapfen sind insgesamt 15 von Böcken und 21 von Geißen, bei
den Beckenfunden stehen 6 ♂♂ 13 ♀♀ gegenüber.

Die Funde im einzelnen

1. Schaf

In der Fundstelle O 11 NE **(4b)** der Althethiterzeit fand sich das Teilskelett eines jungen Schafes. Von diesem Tier liegen 21 Knochen vor, deren Verteilung auf das Skelett aus der Tabelle 12 hervorgeht. Der M^2 befindet sich im Durchbruch. Die kaudale Wirbelscheibe des Epistropheus war noch nicht angewachsen, die distale Epiphyse des Humerus im Verwachsen. Die proximale und distale Epiphyse der Tibia fehlen ebenso wie die distalen Epiphysen der Metapodien, die proximalen Epiphysen der Phalangen 1 und 2 und das Tuber calcanei. Das Tier war zum Zeitpunkt seines Todes etwa $^3/_4 - 1$jährig.

Hornzapfen

Die Hornzapfen des Schafes vom Korucutepe sind von recht unterschiedlicher Größe und Gestalt. Die Vielfalt in der Form reicht von stärkeren, typischen Widderhornzapfen und von mittelgroßen Zapfen zu kleinen auswärts und rückwärts gebogenen und rundlichen oder sichelartig verlaufenden Hornzapfen der Mutterschafe. Die Biegung der Hornzapfen nach hinten und die Windung nach außen ist unterschiedlich stark. Einige sind eng, schneckenhausartig gewunden, andere verlaufen in einem weiten Bogen nach hinten und außen. In einem Fall sitzt nur ein kleiner Stummel als Hornzapfen auf der Hirnschale (N 12 **[1]** pit O; Schicht L). Hornlosigkeit konnte in 5 Fällen festgestellt werden: Je einmal in den Schichten H (U 12 SE-NE **(6)**) und I-J (N 11 **[1]** **(3)**), in der Einheit I-J/K (H 18 **[6]** **(5)**), in Schicht L (M 20 **[3]** **(2b)**) und in einer fraglichen Fundeinheit (Y 15 **[1]** **(1)**). Ein mittelgroßer Hornzapfen eines Widders ist verhältnismäßig stark bilateral komprimiert.

Von den Widderhornzapfen war nur einer zu vermessen (Tab. 21a). Er ist nicht stark (Umfang an der Basis 120 mm). Einige nicht meßbare Stücke deuten jedoch auf stärkere Behornung mancher Widder hin, aber Nachweise für besonders starkhörnige männliche Tiere gibt es nicht. An Hornzapfen von Mutterschafen wurden Basisumfänge von (95), 80 und 70 (3×) mm festgestellt (Tab. 21a).

Extremitätenknochen

Eine Gesamtübersicht über die wichtigsten Maße der Extremitätenknochen des Schafes bringt die Tabelle 18. Markante Größenunterschiede zwischen den Knochen der einzelnen Zeitabschnitte ergaben sich nicht. Die Schwankungen in den Mittelwerten könnten allein auf die geringen Fundzahlen zurückzuführen sein. Wenn z.B. die Distalteile der Humeri aus Schicht D von etwas größeren Tieren stammten als die der übrigen Schichten, so braucht dies nicht zu bedeuten, daß in dieser Zeit die Schafe größer waren als in späterer Zeit. Daß auch in der Frühen Bronzezeit schon

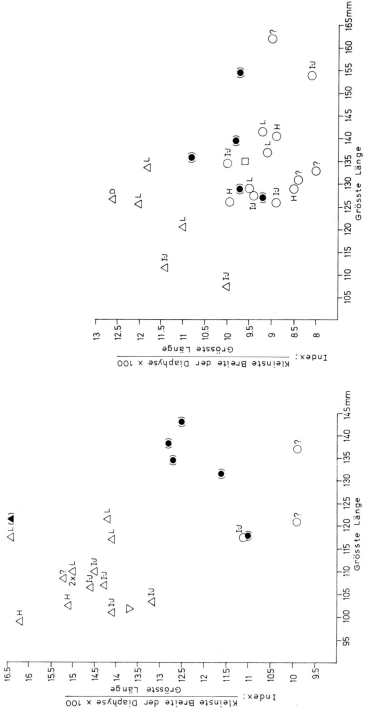

Diagramm 4. Schaf, *Ovis aries*, und Ziege, *Capra hircus*. Metatarsus, Koru-cutepe: Schaf — ○, Ziege — △, Alisar Hüyük (Patterson 1937: S 302): Schaf — □, Bogazköy (Vogel 1952: S. 150): Schaf — ●

Diagramm 3. Schaf, *Ovis aries*, und Ziege, *Capra hircus*. Meta-carpus. Korucutepe: Schaf — ○, Ziege — △, Alisar Hüyük (Pat-terson 1937: S.301): Ziege — ▽, Bogazköy (Vogel 1952: S. 147): Schaf — ●, Ziege — ▲

kleinere Schafe vorkamen, zeigen das kleine Fersenbein und das kleine Fesselbein aus Schicht D (Tab. 18/14 und 20).

Vergleicht man die Maße der Schafknochen vom Korucutepe mit denen der Funde aus dem Oppidum von Manching (Boessneck u.a. 1971: Tab. 143), die infolge ihrer großen Menge eine gute Vergleichsbasis bilden, so zeigt sich, daß die Mittelwerte der anatolischen Funde mit Ausnahme der Länge bei den Metapodien über denen der Funde aus Manching liegen. Die Variation der Manchinger Schafe ist infolge der großen Anzahlen bei allen Skeletteilen nach unten, in den meisten Fällen aber auch nach oben weiter gespannt. Die 17 ganz erhaltenen Metapodien (Tab. 21 k, q und Diagramme 3 und 4) vom Korucutepe sind dagegen im Durchschnitt kürzer als die der Manchinger Schafe. Die Tatsache, daß die Breitenmaße der Extremitätenknochen der anatolischen Schafe im Mittel über, die Längenmaße der Metapodien aber unter den jeweiligen Skeletteilen der Manchinger Schafe liegen, deutet darauf hin, daß die alten Schafe vom Korucutepe von kräftigerem Wuchs waren. 2 Metatarsen mit 154 mm und 162 mm „größter Länge" heben sich von den übrigen Schafmetatarsen ab (Diagramm 4). Die beiden Funde können von großen Widdern, aber auch von weiblichen Wildschafen sein.

Von entsprechender Größe wie die Schafe vom Korucutepe scheinen diejenigen der hethitischen Hauptstadt Boğazköy (Vogel 1952: S. 144 ff), von Ališar Hüyük (Patterson 1937: S. 301 f) sowie aus der Frühen Bronzezeit I aus Yarıkkaya (Boessneck und Wiedemann, im Druck) gewesen zu sein. Zu den stärkeren Widderhornzapfen aus diesen Stationen gibt es auch im Material vom Korucutepe Parallelen, nur sind diese Funde, wie gesagt, nicht meßbar. Die Diagramme 3 und 4 erwecken den Eindruck, als seien die Metapodien aus Boğazköy breitwüchsiger als die aus Ostanatolien. Wahrscheinlich ist dieser Unterschied aber nur eine Folge der Meßtechnik. Wir messen die „kleinste Breite der Diaphyse", während Vogel von der „Breite in der Mitte" spricht, die ein wenig größer sein kann als die kleinste Breite.

Berechnung der Widerristhöhe

Um eine bessere Vorstellung von der Größe der Schafe zu vermitteln, versuchen wir anschließend ihre Widerristhöhe abzuschätzen. Wir stützen uns dabei auf die Ergebnisse Haaks (1965) über die Bestimmung der Widerristhöhe nach der größten Länge der Röhrenknochen bei Merinolandschafen. Derartige Berechnungen beinhalten natürlich gewisse Unsicherheiten und Ungenauigkeiten, weil man mit unterschiedlichen Wuchsformen rechnen muß (vgl. Haak 1965; Boessneck u.a. 1971: S. 67).

Das Ergebnis der Berechnung bringt die Tabelle 16. Der Metatarsus lieferte die meisten Werte, vom Radius und vom Metacarpus sind nur 4, vom Humerus nur ein ganzer Knochen gefunden worden. Die 4 Radien ergaben Widerristhöhen von 71,3 bis 57,8, $\bar{x} = 62,2$ cm, die 3 Metacarpen 66,4 bis 57, $\bar{x} = 61,3$ cm, die 13 Metatarsen von 73,7 bis 57,3, $\bar{x} = 62,0$ cm. Nach den einzelnen Schichten getrennt, ergeben sich aus allen Skeletteilen, von denen aber einige von denselben Tieren sein könnten,

Tabelle 16
Berechnung der Widerristhöhe bei Schaf (nach Haak 1965) und Ziege (nach Schramm 1967)

Schicht	Skeletteil	N	Größte Länge in mm		Faktor	WRH in cm	
			Variation	$\bar{x}$		Variation	$\bar{x}$
Schaf							
H	Radius	2	152,5; 146	—	3,96	60,4; 57,8	—
	Metatarsus	3	140,5—126	131,8	4,55	63,9—57,3	60,0
	Gesamt	5					59,4
I-J	Humerus	1	168	—	4,24	71,2	—
	Radius	1	180	—	3,96	71,3	—
	Metacarpus	2	(130); 117,5	—	4,85	63,1; 57,0	—
	Metatarsus	4	154—126	135,5	4,55	70,1—57,3	61,7
	Gesamt	8					64,9
L	Radius	1	150	—	3,96	59,4	—
	Metatarsus	3	141,5—129	135,8	4,55	64,4—58,7	61,8
	Gesamt	4					60,6
?	Metacarpus	2	137; 121	—	4,85	66,4; 58,7	—
	Metatarsus	3	162—131	142	4,55	73,7; 59,6	64,6
	Gesamt	5					63,2
Ziege							
D	Metatarsus	1	126,5	—	5,34	67,6	—
H	Radius	1	(142,5)	—	3,98	56,7	—
	Metacarpus	2	102,5; 99	—	5,75	58,9; 56,9	—
	Gesamt	3					57,5
I-J	Metacarpus	5	110—101	105,6	5,75	63,3—58,1	60,7
	Tibia	1	199	—	2,97	59,1	—
	Metatarsus	2	111,5; 107,5	—	5,34	59,5; 57,4	—
	Gesamt	8					59,2
L	Radius	1	157,5	—	3,98	62,7	—
	Metacarpus	5	121,5—110	115,2	5,75	69,9—63,3	66,2
	Metatarsus	3	133,5—120,5	126,5	5,34	71,3—64,3	67,6
	Gesamt	9					65,5
?	Metacarpus	1	108,5	—	5,75	62,4	—

Tabelle 17
Schaf oder Ziege. Zusammenfassung der Maße am Unterkiefer

Schicht	N		Variation		$\bar{x}$	
(1) *Länge der Backzahnreihe*						
D	6		78−67,5			74,3
D/I-J	1		76,5			—
G/H	3		76,5−68,5			72,2
H	5		76−70			73,9
I-J	26	(28)	(83; 78,5) 81−69,5		(75,4)	75
I-J/K	4		76−67			72,5
K	1		66			—
L	7		79−69,5			74,6
?	3		81−75			77
Gesamt	56	(58)	(83; 78,5) 81−66		(76,4)	74,4
(2) *Länge der Prämolarreihe*						
D	6		25−21,5			23,5
D/I-J	1		26,5			—
G/H	3		24,5−22,5			23,5
H	5		24,5−21			22,8
I-J	(26)	24	(27; 23,5) 25,5−21		(23,6)	23,5
I-J/K	4		24,5−21,5			22,8
K	1		20,5			—
L	7		27,5−20			24,4
?	3		27,5−22			24,8
Gesamt	(56)	54	(27; 23,5) 27,5−20		(23,6)	23,6
(3) *Länge der Molarreihe*						
D	(8)	7	(58) 53−45		(51,2)	50,2
D/I-J	1		50,5			—
G/H	3		54−46,5			49,3
H	8		54,5−49			51,8
I-J	(42)	40	(56; 55) 56−45		(51,7)	51,5
I-J/K	4		54−45,5			49,8
K	(2)	1	(57) 45			—
L	7		54−(46,5)			51,1
?	4		53,5−(50)			51,9
Gesamt	(79)	75	(58; 57; 56; 55) 56−45		(51,4)	51,1
(4) *Höhe vor M_1*						
D	5		23−20,5			21,5
H	2		25; 21,5			—
I-J	(14)	12	(28; 25) 27−19,5		(23,1)	22,5
I-J/K	2		21,5; 20			—
K	1		22,5			—
L	5		24−19,5			21
?	3		25−21			22,8
Gesamt	(32)	30	(28; 25) 27−19,5		(22,3)	22,1
(5) *Höhe hinter M_3*						
D	2		36; 33,5			—
I-J	4		40,5−34,5			36,6
I-J/K	2		36,5; 36,5			—
K	1		36			—
L	2		37; 34,5			—
?	2		38; 35			—
Gesamt	13		40,5−33,5			36,1

Tabelle 17 (Fortsetzung)

Schicht	N	Variation	$\bar{x}$
(6) Länge des M_3			
D	(11) 10	(27) 25,5—22,5	(24,3) 24,0
D/I-J	2	24,5; 23,5	—
G/H	2	25; 23	—
H	7	25,5—22,5	24
I-J	(68) 66	(28; 24,5) 26,5—20	(23,8) 23,8
I-J/K	7	25,5—22,5	24,3
K	(3) 2	(28) 24,5; 20	—
K/L	1	25,5	—
L	12	26,5—22	24,0
?	13	25,5—22	23,8
Gesamt	(126) 122	(28; 28; 27; 24,5) 26,5—20	(24,0) 23,9
(7) Breite des M_3			
D	(11) 10	(10) 9,3—8	(8,8) 8,7
D/I-J	2	9,5; 8,5	—
G/H	2	9,5; 8,5	—
H	8	9,5—8,5	—
I-J	(69) 67	(9,5; 8,8) 10—7	(8,9) 8,9
I-J/K	7	10—7,8	9,0
K	(2) 1	(10,2) 7,8	—
K/L	1	9,5	—
L	12	10—7,7	9,1
?	13	10,3—7,5	8,9
Gesamt	(127) 123	(10,2; 10; 9,5; 8,8) 10,3—7	(8,9) 8,9

folgende Schulterhöhen der Schafe vom Korucutepe:

Schicht	cm	N
H	57,3—63,9	5
I-J	57 —71,3	8
L	58,7—64,4	4
?	58,7—73,7	5

22 Messungen deuten also insgesamt auf Widerristhöhen von 57 bis 74 cm hin, wobei die Widder in der oberen Hälfte der Variation zu suchen sind. Man könnte den Eindruck gewinnen, daß die Schafe der Schicht I-J im Durchschnitt größer waren als die der Schicht H und der Schicht L (Tab. 16, 18). Dieser Eindruck dürfte täuschen, Berücksichtigt man die Breitenmaße aller und die Längenmaße der kurzen Knochen. so besteht kein Größenunterschied (Tab. 18).

Mit der Spanne von 57—74 cm ist die Variation in der Widerristhöhe der Schafe vom Korucutepe sicher nicht voll erfaßt. Eine größere Fundmenge hätte sie genauer abschätzen lassen. Bei den Schafen aus Manching reichte die Widerristhöhe von wenig über 50—75 cm (Boessneck u. a. 1971: S. 68).

Tabelle 18
Schaf, *Ovis aries*
Zusammenfassung einiger Maße an Extremitätenknochen

Schicht	N	Variation	$\bar{x}$
(1) Scapula, kleinste Länge am Hals			
D/I-J	1	23	—
G/H	2	19,5; 19,5	—
H	2	22,2; 20	—
I-J	15	25,5—18	21,0
I-J/L	1	17	—
L	2	20; 19	—
?	7	22,5—19	20,9
Gesamt	30	25,5—17	20,7
(2) Scapula, Länge des Processus articularis			
D/I-J	1	37,5	—
G/H	2	34,5; 34	—
H	2	36,5; 32	—
I-J	7	37,5—33	35,6
?	4	38—35	36,6
Gesamt	16	38—32	35,6
(3) Humerus, größte Breite distal			
D	2	37,5; 34	—
D/L	1	30	—
H	5	36—31	32,3
I-J	21	38,5—28	32,8
K	1	30	—
L	8	36—30,5	32,6
?	3	33,5—32	32,5
Gesamt	41	38,5—28	32,7
(4) Humerus, Breite der Trochlea			
D	4	36—30	33,4
H	7	34,5—29,5	30,9
I-J	27	36—26,5	30,9
K	1	28	—
L	9	33,5—29,5	31,1
?	3	31,5—30	30,7
Gesamt	51	36—26,5	31,1
(5) Radius, größte Länge			
H	2	152,5; 146	—
I-J	1	180	—
L	1	150	—
Gesamt	4	180—146	157,1
(6) Radius, größte Breite proximal			
D/L	1	34	—
G/H	1	31,5	—
H	6	36,7—31	33,5
I-J	9	37,5—30	34,2
L	5	37—32,5	34,4
?	1	32,5	—
Gesamt	23	37,5—30	33,8

Tabelle 18 (Fortsetzung)

Schicht	N	Variation	$\bar{x}$
(7) *Radius, Breite der proximalen Gelenkfläche*			
D	1	34	—
D/L	1	31	—
G/H	1	29,5	—
H	6	33,5—28	30,3
I-J	9	34—27	30,9
L	6	33,5—29	31,3
?	1	30	—
Gesamt	25	34—27	30,9
(8) *Radius, größte Breite distal*			
H	2	36,5; 30	—
I-J	4	36—31	32,9
I-J/K	1	34,5	—
I-J/L	1	30	—
L	3	34—31	32,2
?	1	31	—
Gesamt	12	36,5—30	32,5
(9) *Metacarpus, größte Länge*			
I-J	2	130; 117,5	—
?	2	137; 121	—
Gesamt	4	137—117,5	126,4
(10) *Metacarpus, größte Breite proximal*			
D	1	28	—
D/L	1	25,7	—
H	8	28—22	24,6
I-J	17	28—23	24,9
I-J/K	1	25	—
?	4	25,5—23,5	24,8
Gesamt	32	28—22	24,9
(11) *Metacarpus, kleinste Breite der Diaphyse*			
D	1	17	—
H	6	17—12,5	14,6
I-J	10	16,5—13	14,6
?	5	15—12	14,0
Gesamt	22	17—12	14,6
(12) *Metacarpus, größte Breite distal*			
I-J	7	29—24,5	27,0
L	1	30	—
?	4	27,5—25,5	26,8
Gesamt	12	30—24,5	27,2
(13) *Becken, Länge des Acetabulum (einschließlich Labium)*			
D	1	32	—
H	2	31; 29,5	—
I-J	7	33—29,5	31,1
I-J/L	1	34	—
K/L	1	33	—
L	3	34,5—31	32,8
Gesamt	15	34,5—29,5	31,7

Tabelle 18 (Fortsetzung)

Schicht	N	Variation	$\bar{x}$
(14) *Calcaneus, größte Länge*			
D	1	57	—
H	(6) 5	(71) 64—56,5	(61,1) 59,1
I-J	7	64—54,3	60,2
?	1	60	—
Gesamt	(15) 14	(71) 64—54,3	(60,3) 59,6
(15) *Talus, Länge lateral*			
D	1	31,5	—
D/I-J	1	32	—
D/L	2	31; 30,3	—
G/H	1	33	—
H	6	33—29,5	31,0
I-J	35	35—27,3	30,4
I-J/K	1	25,5	—
I-J/L	5	34—30	32,3
K/L	2	31,5; 30,3	—
L	5	32—27,5	29,7
?	9	34,5—30,5	31,2
Gesamt	68	35—25,5	30,7
(16) *Metatarsus, größte Länge*			
H	3	140,5—126	131,8
I-J	4	154—126	135,5
L	3	141,5—129	135,8
?	3	162—131	142,0
Gesamt	13	162—126	136,2
(17) *Metatarsus, größte Breite proximal*			
H	6	22,5—19	20,7
I-J	15	24—20	21,6
L	6	23—20,5	21,6
?	11	25—19,5	22,1
Gesamt	38	25—19	21,6
(18) *Metatarsus, kleinste Breite der Diaphyse*			
H	7	13—10	11,7
I-J	13	14—11,2	12,9
L	7	13,5—11,5	12,7
?	7	14,5—10,7	12,2
Gesamt	34	14,5—10	12,5
(19) *Metatarsus, größte Breite distal*			
H	3	26,5—22,7	24,1
I-J	9	29—23,5	25,8
L	6	26,5—24	25,8
?	7	28,5—23,7	25,7
Gesamt	25	29—22,7	25,6

Tabelle 18 (Fortsetzung)

Schicht	N	Variation	$\bar{x}$
(20) *Phalanx 1, größte Länge der peripheren Hälfte*			
D	1	31,5	—
D/L	1	38	—
H	4	39—35,5	37,8
I-J	28	47—33,5	37,8
I-J/K	1	33	—
K/L	2	35,5; 33,5	—
L	5	41—37,5	39,4
?	8	41—33,5	37,1
Gesamt	50	37—31,5	37,5
(21) *Phalanx 2, größte Länge*			
H	2	23; 22,5	—
I-J	17	26—20	23,0
I-J/K	3	21,5—20,5	21,2
I-J/L	1	23	—
L	1	24,5	—
?	2	28; 25,5	—
Gesamt	26	28—20	23,1

2. Ziege

Auch von der Ziege liegt das Teilskelett eines jungen Individuums vor. Die 56 Knochen dieses Tieres kommen aus der Fundstelle U 12 [5] (2b) und sind in den Zeitraum von 1400—1200 v.Chr. datiert (Tab. 12). Im Unterkiefer ist der M_1 frisch durchgebrochen. Das Tuber scapulae ist offen, der Dens epistrophei und die distale Epiphyse der Humeri befinden sich im Verwachsen. Alle Wirbelscheiben sind noch nicht angewachsen. Vom Humerus fehlen die proximalen, vom Radius die distalen, von Femur und Tibia die proximalen und die distalen und von den Metapodien die distalen Epiphysen. Die proximalen Epiphysenfugen der Phalangen sind offen. Wir nehmen nach dem Zahn- und dem Epiphysenfugenstand ein Alter von einem $^1/_2$ bis einem $^3/_4$ Jahr an.

Hornzapfen

Von der Ziege liegen mehr Hornzapfen vor als vom Schaf. Es konnten auch mehr vermessen werden (Tab. 21 a). Wie schon erwähnt, überwiegen die Reste der weiblichen Tiere (s. S. 68). Alle Ziegen trugen Hörner. Ihre Hornzapfenformen sind recht vielfältig. Die Geißen hatten entweder säbelartig gebogene, leicht oder mittelgradig priscaartig gedrehte Hornzapfen (s. Abb. 5b). Die Böcke besaßen mehr oder weniger stark priscaartig (s. Abb. 5a) bis schraubenförmig gedrehte Hornzapfen. Aber auch unter den Hornzapfen der Böcke fanden wir einen (O 23 SE [3] (4a)) von mittlerer Stärke, der rein säbelartig gebogen ist. Die Vielfalt der Hornzapfenformen findet sich in allen Schichten.

Abb. 5. Ziege, *Capra hircus*. Hornzapfen. Links(a): ♂ (Schicht H, O 22 **(12)**); rechts (b): ♀ (Schicht I-J, O 21 SW **(2)**). Erhaltene Länge an der Vorderkante 255 und 140 mm (s. S. 78 und Tab. 21a)

Fig. 5. Goat, *Capra hircus*. Horn cores. Left (a): ♂ (stratum H, O 22 **(12)**); right (b): ♀ (stratum I-J, O 21 SW **(2)**). Preserved frontal length 255 and 140 mm (see p. 78 and table 21a)

Abb. 6. Ziege, *Capra hircus*. Kopfstudie eines rezenten Ziegenbocks aus Elâzığ (Zeichnung R. Zluwa)

Fig. 6. Goat, *Capra hircus*. Head of a modern he-goat from Elâzığ (drawing by R. Zluwa)

Die mittelstarke priscaartige Drehung bei Geißen korrespondiert mit der Schrauben-
hörnigkeit bei Böcken. Die Mehrzahl der Ziegen war demnach schraubenhörnig:

	Säbelartig gebogen	Andeutungsweise priscaartig gedreht	Schwach—mittel-stark priscaartig gedreht	Stark priscaartig, schraubenförmig gedreht
Geißen	7	4	14	—
Böcke	1	—	6	10
?	—	—	1	2

Die Größe der Geißenhornzapfen ist in allen Schichten recht einheitlich. Der Basisumfang konnte nur in 4 Fällen gemessen werden: 82 mm (D); (85) mm (I-J); 77 mm
(K/L) und 82 mm (?). Der große Durchmesser reicht bei 7 Hornzapfen von 27 mm
bis 32 mm (Tab. 21 a).

An Hornzapfen von Böcken ermittelten wir Basisumfänge von (125) mm (D);
110 mm (I-J); 105 mm (I-J) und 95 mm (L). Bei dem letztgenannten Hornzapfen
ist die Zugehörigkeit zu einem männlichen Tier fraglich. Der Zapfen windet sich jedoch schraubenförmig. Da wir die starke Drehung sonst nur beim männlichen Geschlecht feststellten, erscheint es als möglich, daß es sich um den Rest eines schwach
behornten Bockes handelt. Diese schwache, schraubenförmige Behornung von Zie-
genböcken findet sich auch bei heutigen Tieren in der Umgebung von Elâzığ (Abb. 6).

Die Größe der meisten der vermessenen Hornzapfen der männlichen Tiere ist gering. Auch die Zapfen der weiblichen Tiere sind klein. Die Behornung beider Geschlechter kann mit den vor- und frühgeschichtlichen Ziegen aus Mitteleuropa nicht
konkurrieren. Ein Blick auf die Maße der Ziegenhornzapfen aus dem Laténe-Oppi-
dum von Manching (Pölloth 1959: Tab. 1; Pfund 1961: Tab. 4; Boessneck u. a. 1971:
Tab. 109) bestätigt dies. Vergleichsweise variiert der Basisumfang der Hornzapfen
dieser Tiere: ♀♀ 71—110, $\bar{x}$ = 92,1 mm, N = 63; ♂♂ 120—185, $\bar{x}$ = 147,4 mm, N = 29
(Grabungen 1955—1961). Einschränkend sei allerdings gesagt, daß die vermessenen
Bockhornzapfen vom Korucutepe die Variation sicherlich längst nicht erfassen. Unter den nicht meßbaren Hornzapfen gibt es einige, die auf eine stärkere Behornung
der Böcke hindeuten, wie es auch der in Abbildung 5a gezeigte Zapfen tut, dessen
Basis ausgebrochen ist (Tab. 21 a).

Extremitätenknochen

Eine Übersicht über die Maße an Extremitätenknochen von der Ziege bringt die
Tabelle 19. Auch hier gibt es schon infolge der geringen Materialmenge erhebliche
Schwankungen zwischen den Extrem- und den Mittelwerten der einzelnen Zeitstufen.
Diese Schwankungen können auch dadurch hervorgerufen werden, daß eventuell
unerkannte Knochen der Bezoarziege mit vermessen wurden und daß der Geschlechts-

dimorphismus bei der Ziege größer ist als beim Schaf. Ein oder zwei Reste eines starken Bockes mehr unter den Funden beeinflussen die Mittelwerte bei diesen geringen Fundzahlen empfindlich. Es ist also von vornherein problematisch, einen Größenunterschied zwischen den Knochen der einzelnen Schichten herauszustellen. Es fällt jedoch auf, daß immer dann, wenn eine repräsentative Anzahl an Knochenmaßen aus den einzelnen Schichten vorliegt, die Maße der Ziegen aus der Seldschukenzeit im Durchschnitt größer sind als die der Ziegen aus älterer Zeit.

Um die Größe der Ziegen zu verdeutlichen, vergleichen wir sie zunächst wieder mit den Ziegen des Latène-Oppidum von Manching, deren Größe im Rahmen der vor- und frühgeschichtlichen Ziegen Mitteleuropas festgelegt ist (Boessneck u.a. 1971: S. 69 und Tab. 142). Die Ziegen hatten in Mitteleuropa in der Bronzezeit und während der darauffolgenden Zeit gegenüber neolithischen Ziegen eine Größenzunahme erfahren. Sie waren allerdings infolge der Primitivhaltung kleiner als heutige Ziegenrassen.

Die Mittelwerte der Knochenmaße vom Korucutepe liegen mit Ausnahme der Metapodien für das Gesamtmaterial geringfügig unter oder über denen der Maße aus Manching. Bei den Metapodien zeigt sich die gleiche Beobachtung wie beim Schaf: Sie sind bei den Ziegen aus Manching im Durchschnitt deutlich größer als bei den Ziegen aus der Altınova. Wenn auch die Größenunterschiede zwischen den übrigen Knochenmaßen beider Fundorte nur unbedeutend sind, so müssen wir doch damit rechnen, daß auch die Ziegen vom Korucutepe breitwüchsiger waren als die Ziegen aus Manching.

Von den Extremitätenknochen der kleinen Wiederkäuer aus Boğazköy wurde nur ein einziger Knochen mit Sicherheit der Ziege zugeordnet. Es handelt sich um einen Metacarpus (Vogel 1952: S. 147), der 121,6 mm lang ist. Er soll von einem Bock stammen und paßt in der Größe zu dem größten Ziegenmetacarpus vom Korucutepe aus der Seldschukenzeit (Tab. 21 k). Demgegenüber paßt der Ziegenmetacarpus von Alışar Hüyük (Patterson 1937: S. 301) mit 102 mm Länge zu kleinen Metacarpen vom Korucutepe. Vogel (1952: S. 149) ordnet ihn zu Recht einer Geiß zu (vgl. Diagramm 3).

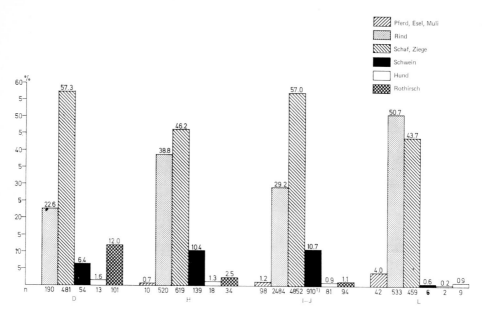

Diagramm 5. Prozentanteil der Equiden, des Rindes, der kleinen Wiederkäuer, des Schweines, des Rothirsches und des Hundes in den Schichten D, H, I-J und L auf Grund der Fundzahlen

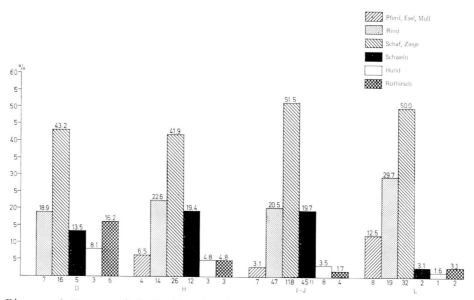

Diagramm 6. Prozentanteil der Equiden, des Rindes, der kleinen Wiederkäuer, des Schweines, des Rothirsches und des Hundes in den Schichten D, H, I-J und L auf Grund der MIZ

[1] (Zu Diagramm 5). Ohne die Funde der 8 Ferkel eines Wurfes.
[1] (Zu Diagramm 6). Ohne die 8 Ferkel eines Wurfes.

Tabelle 19
Ziege, *Capra hircus*
Zusammenfassung einigerMaße an Extremitätenknochen

Schicht	N	Variation	$\bar{x}$
(1) Scapula, kleinste Länge am Hals			
D/I-J	1	22	—
H	6	21,5—16,5	18,7
I-J	13	24,5—16	19,1
I-J/K	1	20,5	—
K	1	21	—
L	13	26—18,7	21,7
?	5	25,8—20	21,5
Gesamt	40	26—16	20,4
(2) Scapula, Länge des Processus articularis			
D/I-J	1	37	—
H	4	34,5—25,5	31,0
I-J	10	39,5—28,3	33,1
K	1	32,5	—
L	11	40,7—31,5	35,8
?	2	34,7; 32,5	—
Gesamt	29	40,7—25,5	34
(3) Humerus, größte Breite distal			
H	4	30—29	29,5
I-J	4	31—29,5	30,3
I-J/K	3	35,5—32,5	33,7
L	6	38—31,5	35,3
?	4	35,5—32	33,8
Gesamt	21	38—29	32,7
(4) Humerus, Breite der Trochlea			
H	6	30,5—27,5	28,7
I-J	5	30—27,5	28,8
I-J/K	3	34—30,5	31,8
L	8	37—30	33,9
?	6	34,5—28,5	31,6
Gesamt	28	37—27,5	31,2
(5) Radius, größte Länge			
H	1	142,5	—
L	1	157,5	—
Gesamt	2	157,5; 142,5	—
(6) Radius, größte Breite proximal			
D/I-J	2	33; 32,5	—
H	7	34,5—26,5	29,2
I-J	3	30,5—28,5	29,5
I-J/K	1	28,5	—
I-J/L	1	30	—
L	7	39—29,5	33,7
?	4	37—29	33,5
Gesamt	25	39—26,5	31,5

Tabelle 19 (Fortsetzung)

Schicht	N	Variation	$\bar{x}$
(7) *Radius, Breite der proximalen Gelenkfläche*			
D/I-J	2	32; 30,5	—
H	7	32,5—25	27,6
I-J	4	32—27,5	29,4
I-J/K	1	26,5	—
I-J/L	1	29	—
L	8	35,5—27,5	31,2
?	4	35—27,5	31,6
Gesamt	27	35,5—25	29,8
(8) *Radius, größte Breite distal*			
D/L	1	28	—
H	2	29; 28,5	—
I-J	1	26,5	—
I-J/K	1	30	—
I-J/L	1	28,5	—
L	2	32; 28,5	—
?	1	31	—
Gesamt	9	32—26,5	29,1
(9) *Metacarpus, größte Länge*			
H	2	102,5; 99	—
I-J	5	110—101	105,6
L	5	121,5—110	115,2
?	1	108,5	—
Gesamt	13	121,5—99	108,8
(10) *Metacarpus, größte Breite proximal*			
D/L	1	28,5	—
H	2	24; 22	—
I-J	10	27,5—22	24,2
I-J/K	3	28—24,7	26,9
L	9	29,5—22,5	26,7
?	5	29,5—25	27
Gesamt	30	29,5—22	25,7
(11) *Metacarpus, kleinste Breite der Diaphyse*			
D/L	1	19	—
H	3	16—14	15,2
I-J	9	17—13,7	15,4
I-J/K	2	18,5; 16,3	—
L	9	20,5—15	17,6
?	3	19,5—16,5	17,9
Gesamt	27	20,5—13,7	16,7
(12) *Metacarpus, größte Breite distal*			
D	1	31	—
H	2	28; 27	—
I-J	6	32,5—24,5	28
L	6	31,5—29	30,1
?	2	30; 29	—
Gesamt	17	32,5—24,5	29

Tabelle 19 (Fortsetzung)

Schicht	N	Variation	$\bar{x}$

(13) *Becken, Länge des Acetabulum (einschließlich Labium)*

H	1	30	—
I-J	3	28—26,5	27,2
I-J/L	1	32,5	—
L	2	32; 31,5	—
?	3	33,5—28,5	30,5
Gesamt	10	33,5—26,5	29,9

(14) *Calcaneus, größte Länge*

H	4	58,5—51	54,1
L	1	58	—
?	3	64,5—53,5	59,8
Gesamt	8	64,5—51	56,7

(15) *Talus, Länge lateral*

D	1	25,5	—
D/I-J	1	28,8	—
H	3	26,5—25,7	26,2
I-J	19	33—25,5	29,1
I-J/K	1	32,5	—
I-J/L	1	34,5	—
L	4	33—27,3	31,2
?	8	36—26,5	30,6
Gesamt	38	36—25,5	29,5

(16) *Metatarsus, größte Länge*

D	1	126,5	—
I-J	2	111,5; 107,5	—
L	3	133,5; 120,5	126,5
Gesamt	6	133,5—107,5	120,8

(17) *Metatarsus, größte Breite proximal*

D	1	23	—
D/I-J	1	19,5	—
D/L	1	25	—
I-J	7	23—18	20
I-J/L	1	21,5	—
L	5	33,5—20,5	23,9
?	1	22	—
Gesamt	17	33,5—18	21,8

(18) *Metatarsus, kleinste Breite der Diaphyse*

D	1	16	—
D/I-J	1	11,8	—
D/L	1	15,5	—
I-J	7	13—10,5	11,9
I-J/L	1	11,5	—
L	5	15,7—13	14,1
?	2	14; 13,5	—
Gesamt	18	16—10,5	13,1

Tabelle 19 (Fortsetzung)

Schicht	N	Variation	$\bar{x}$
(19) *Metatarsus, größte Breite distal*			
D	1	27,5	—
G/H	1	24,5	—
H	1	23	—
I-J	3	24,2—20,5	22,2
I-J/L	1	25	—
L	4	29,5—24	26,9
?	1	28,5	—
Gesamt	12	29,5—20,5	25,2
(20) *Phalanx 1, größte Länge der peripheren Hälfte*			
D/L	5	44—35,5	39
H	2	33,5—33	—
I-J	12	43—34,5	39
I-J/L	3	41—34	37,2
L	12	46,3—37,5	40,3
?	4	44—39	41,1
Gesamt	38	46,3—33	39,2
(21) *Phalanx 2, größte Länge*			
D/I-J	1	21,5	—
G/H	1	24	—
H	3	26—24	24,7
I-J	9	27—22	24,3
?	4	26—20,5	22,6
Gesamt	18	27—20,5	23,8

Tabelle 20
Schaf oder Ziege.
Zusammenfassung der größten Breite distal an Tibien

Schicht	N	Variation	$\bar{x}$
D	9	31,5—22,5	28,7
D/L	1	24	—
G/H	1	26	—
H	20	30,5—22	25,6
I-J	56	32,5—23	28,4
I-J/K	3	28,5—27,5	28,0
I-J/L	3	30,5—24	27,7
K	1	30,5	—
L	14	33,5—27	28,5
?	14	32,5—24,5	28,8
Gesamt	122	33,5—22	28,1

Tabelle 21
Schaf, *Ovis aries*, und Ziege, *Capra hircus*. Die wichtigsten Einzelmaße der Knochen
(S = Schaf; Z = Ziege)

(a) *Hornzapfen*

	N 11 [3] (7)	N 12 [2] (3)	N 11 [4] (5)	O 22 (12)	O 24 (13)
1. F					
2. Z	D	D	D	H[1]	H
3. S/Z	Z	Z	Z	Z	Z
4. Umfang an der Basis	(125)	82	—	—	—
5. Großer Durchmesser an der Basis	49	29,5	—	(60)	32
6. Kleiner Durchmesser an der Basis	30	18,5	18	38	21
7. Erhaltene L an der Vorderkante	—	100	—	255	—
8. GL an der Vorderkante	—	(120)	—	(280)	—
9. G	♂	♀	♀	♂	♀

	U 12 [11] (4)	U 12 [9] (3)	U 12 [11] (4)	O 21 NW (2)	O 21 SW (2)	J 11 [3]+[7] (13)	O 20 (2) pit Q
1.							
2.	I-J	I-J	I-J	I-J	I-J[2]	I-J	I-J
3.	Z	Z	Z	Z	Z	Z	Z
4.	—	110	105	—	—	(85)	—
5.	(45)	43	40,5	—	—	31,5	27
6.	28,5	26	27	23	19,5	(18)	—
7.	—	—	—	—	140	—	—
8.	—	—	—	—	(150)	—	—
9.	♂	♂ ad?	♂	♀	♀	♀	♀

	H 18 [1] (4c)	N 12 [1] pit O	U 13 (1)	N 24 [7] (2b)	U 12 (3)	O 10 [2] pit a
1.						
2.	K/L	L	?	?	I-J	I-J
3.	Z	Z	Z	Z	S	S
4.	77	95	82	—	120	(95)
5.	29,5	35,5	31	(30)	(44)	35
6.	19,2	23	18,5	—	30	(20)
7.	—	120	—	—	—	—
8.	—	(130)	—	—	—	—
9.	♀	♂?	♀	♀	♂	♀

	J 11 [3] (5)	U 12 SE (3)	O 21 SE (3)	U 13 (1)
1.				
2.	I-J	I-J	I-J	?
3.	S	S	S	S
4.	80	70	70	70
5.	27,5	27,5	26	25,5
6.	19	16,5	16	16,5
7.	—	—	—	—
8.	—	115	80	—
9.	♀	♀	♀	♀

(b) *Hirnschädel, Schaf*

Z	I-J	I-J	?
GB der Condyli occipitales	48	—	47
GB des Hirnschädels: Euryon-Euryon	—	(65,5)	—

[1] Abb. 5a.
[2] Abb. 5b.

Tabelle 21 (Fortsetzung)

(c) *Oberkiefer, Schaf/Ziege*

Z	I-J	I-J	I-J	I-J	I-J	I-J	L	L	?
L der Backzahnreihe	—	71	69	63,5	—	—	75,5	—	—
L der Molarreihe	49,5	49	46,5	45	(45)	44	50,5	45	48,5
L der Prämolarreihe	—	23,5	23,5	21	—	—	26,5	—	—
Abkauung	+	++	+	+++	++	+++	+	+++	++

(d) *Unterkiefer, Schaf/Ziege*

1. Z	D	D	D	D	D	D	D	D/I-J	G/H
2. L der Backzahnreihe	(78)	(76,5)	76	75	72,5	—	67,5	76,5	76,5
3. L der Molarreihe	(53)	52,5	51	52	50	48	45	50,5	54
4. L der Prämolarreihe	25	23	25	24	21,5	—	22,5	26,5	23,5
5. L des M_3	24,5	24,5	—	23,5	25,5	22,5	22,5	23,5	25
6. B des M_3	8	9,3	—	8	9,2	8,5	8,5	8,5	9,5
7. H hinter M_3	—	—	—	—	36	—	33,5	—	—
8. H vor M_1	20,5	—	21	22,5	23	—	20,5	—	—
9. Abkauung	+	+	+	+	++	++	++	+	+++

1.	G/H	G/H	H	H	H	H	H	I-J	I-J	I-J	I-J
2.	71,5	68,5	(76)	75,5	75,5	72,5	(70)	83	81	81	80
3.	47,5	46,5	54	53	51	49,5	(49)	55	56	55	54,5
4.	24,5	22,5	22,5	23	24,5	23	21	27	24,5	25,5	23,5
5.	—	23	25,5	—	25	23	22,5	24,5	25	—	24
6.	—	8,5	9,5	9,5	9	8,5	8,5	8,8	9	—	8
7.	—	—	—	—	—	—	—	—	—	—	—
8.	—	—	—	25	—	—	21,5	28	24	21	—
9.	++	++	+	+	++	+	++	+	+	+	+
								W?			

1.	I-J	I-J	I-J	I-J	I-J	I-J	I-J	I-J	I-J	I-J	I-J	I-J	I-J
2.	(80)	(79)	78,5	78	77	(76)	76	76	75	(75)	75	74,5	74
3.	54	54	56	54	53,5	54	53	52	53,5	(50)	49,5	50,5	52
4.	25	24,5	23,5	24	23	—	23	25	22,5	(25)	25	24,5	23
5.	23,5	21,5	28!	25	26,5	23,5	25	—	25,5	23	22,5	23	24,5
6.	8	8	9,5	9,5	9,7	8,5	9,7	—	9,5	8	8,5	8,7	9,5
7.	—	—	—	—	—	—	—	37	—	—	—	34,5	—
8.	20	—	25	—	27	—	—	24	—	—	—	23	—
9.	+	+	++	++	++	+	++	++	++	+	+	+	++
			W?										

1.	I-J	I-J	I-J	I-J	I-J	I-J	I-J	I-J³	I-J	I-J	I-J
2.	74	74	(73)	(73)	72,5	(72)	71,5	71	71	(70)	69,5
3.	51	50,5	(49,5)	(48,5)	51	(50)	51	49,5	48	47	48,5
4.	22,5	23,5	24,5	24	22	22	21	21,5	23,5	—	21,5
5.	25	25	23,5	23	24,5	24,3	24	22	24	21	23,5
6.	8,5	9	9	8,5	9,5	9,5	9	9	9	8	10
7.	34,5	—	—	—	—	—	—	—	—	—	40,5
8.	19,5	—	22,5	—	25	—	—	—	—	—	23,5
9.	++	+	++	++	++	++	++	++	++++		+++
	Ziege?										

³ Abb.11 und S. 166.

Tabelle 21 (Fortsetzung)

1.	I-J/K	I-J/K	I-J/K	I-J/K	K	L	L	L	L
2.	76	74,5	72,5	67	66	(79)	78	76	75
3.	54	50	49,5	(45,5)	45	(52)	52,5	52	50,5
4.	22	24,5	23	21,5	20,5	(27,5)	25,5	24	24,5
5.	25,5	23,5	—	—	20	25	26,5	23,5	22,5
6.	9,5	7,8	—	—	7,8	10	9,8	9,5	7,7
7.	36,5	36,5	—	—	36	—	—	37	—
8.	21,5	20	—	—	22,5	21	24	19,5	20,5
9.	++	+	+	+++	+	+	++	+	+
							Ziege?	Ziege?	

1.	L	L	L	?	?	?
2.	(73)	(72)	69,5	81	75	75
3.	(46,5)	—	50	53,5	53	51
4.	(27,5)	21,5	20	27,5	22	25
5.	(22)	—	22,5	25	23	22
6.	8,8	—	9	10,3	9	7,5
7.	—	—	34,5	—	35	38
8.	—	—	20	25	22,5	21
9.	+++	++	++	+++	+	+

(e) *Atlas*

1. Z	H	H	I-J	I-J	I-J	I-J	I-J
2. S/Z	Z	S	S	S	S	S	S
3. GB der kranialen Gelenkfläche	49,5	48	52	50	—	49	47
4. GB der kaudalen Gelenkfläche	—	46,5	49	48	47	44	44
5. GL von der kranialen zur kaudalen Gelenkfläche	44	49	50,5	47,5	50	44	47
6. GB über die Alae	—	65	—	(70,5)	—	63	—
				zu Epistropheus			

1.	?	?	I-J
2.	S	S	S/Z
3.	(52)	50,5	—
4.	—	—	45
5.	49	46	45,5
6.	—	65	—

(f) *Epistropheus*

1. Z	H	I-J	I-J	I-J	I-J	L	H
2. S/Z	Z	Z	Z	Z	Z	Z	S
3. GB der kranialen Gelenkfläche	44,5	52	44	43,5	40,5	—	50
4. KB des Wirbels	24	27,5	22,5	—	23	—	27
5. GL des Corpus einschl. des Dens	—	58	57	—	—	63,5	—

1.	H	I-J	I-J	I-J	?
2.	S	S	S	S	S
3.	40,3	48,5	45,8	41,5	44
4.	23,7	24,7	27,5	23,5	25,2
5.	51	—	—	50,5	58
	zu Atlas				

Tabelle 21 (Fortsetzung)

(g) *Scapula*

Z	D/I-J	H	H	H	I-J	I-J	I-J	I-J	I-J	
S/Z	Z?	Z	Z	Z	Z	Z	Z	Z	Z	
KLH	22	20	18	18	16,5	24,5	22	21,5	20,5	—
GLP	37	34,5	34	(30)	25,5	39,5	36,5	37	34,5	33
LG	29	28	28	—	22,5	30	28	29,5	28,5	27
BG	23,5	24	(22,5)	19,5	18	—	25	24	25,5	23

Z	I-J	I-J	I-J	I-J	I-J	K	L	L	L	L
S/Z	Z	Z	Z	Z	Z	Z	Z	Z	Z	Z
KLH	18,2	18	17,5	17	16	21	24	—	22	22
GLP	30	29	32	28,3	31,5	32,5	40,7	40	38	36,5
LG	24	25	26	23,5	—	26	31	34,5	30,5	30
BG	20	20	20	—	20,5	21	23,5	28,5	24,5	23

Z	L	L	L	L	L	L	L	L	L	?	?
S/Z	Z	Z	Z	Z	Z	Z	Z	Z	Z	Z	Z
KLH	22	21,5	21	20,5	20	20	19,5	—	18,7	20,5	20
GLP	32,5	—	—	32,5	37,5	36	35,5	33	31,5	34,7	32,5
GL	27	—	—	28	29	29,5	28	26	26,5	27,5	(26)
BG	20,5	21,5	(23,5)	23	25,5	23,5	21	23	20	24,3	(21)

Z	D/I-J	G/H	G/H	H	H	I-J	I-J	I-J	I-J	I-J
S/Z	S	S	S	S	S	S	S	S	S	S
KLH	23	19,5	19,5	22,2	20	22,5	21,7	21,5	21	—
GLP	37,5	34,5	34	36,5	32	36,3	37,5	36	36,5	33
LG	29,5	29	27	31	25	28	29,5	27	(28)	27
BG	24	21,5	22	25,5	19,5	23,5	23,3	21,5	22,5	21

Z	I-J	I-J	?	?	?	?	?	H	I-J	?
S/Z	S	S	S	S	S	S	S	S/Z	S/Z	S/Z
KLH	19	18	22,5	21	20,5	19,5	19	22	23	20
GLP	33	37	37,5	38	35	—	36	35,5	36	34
LG	25	29	28,5	29	27,5	27,5	28,5	28,5	30	26,5
BG	19,5	20	23,5	22,5	22,5	21,5	21	23	23	21,5
		im Ver-								
		wachsen								

(h) *Humerus*

Z	I-J	I-J	L	L-	L	L
S/Z	S	S	S	S	S	S/Z
BP	—	—	42,5	41	40	—
TP	51[4]	47	48,5	46	45	45,5

(i) *Radius*

F	U 12 **[1] (8)**	M 20 **[3] (2b)**	U 13 **[4] [3] (7)**	O 24 **(14)** 12	O 21 SW **(2)**	M 20 **[3] (2b)**
Z	H	I-J	H	H	I-J	L
S/Z	Z	Z	S	S	S	S
GL	(142,5)	157,5	152,5	146	180	150
BP	29	—	33	31	(35,5)	34
BGP	27,5	27,5	31,5	28	32	30
KD	—	18	15,7	16	18,5	18,5
BD	28,5	28,5	—	30	32	31,5
				distal offen	W?	

---

[4] GL 168, LC 155, KD 16,5, BD 38,5, BTH 35.

Tabelle 21 (Fortsetzung)

(k) *Metacarpus*

1. F	U 13 [3]—[4] (7)	O 24 (14) 11	O 20 [1] (2)	O 20 [1] (2)	U 13 [4] (4)	J 11 [3] (9)
2. Z	H	H	I—J	I-J	I-J	I-J
3. S/Z	Z	Z	Z	Z	Z	Z
4. GL	102,5	99	110	107	106,5	103,5
5. BP	24	—	23,5	23,5	23,5	22,2
6. KD	15,5	16	16	15,3	15,5	13,7
7. BD	27	28	29	—	28	25,3
8. $I = \dfrac{KD \times 100}{GL}$	15,1	16,2	14.5	14,3	14,6	13,2
9. G	♀	?	♀	♀	♀	♀

1.	U 12 [7] (3)	N 21 (3)	M 20 NW (2a)	N 21 (3a)	M 20 [6] (2b)	
2.	I-J	L	L	L	L	I-J
3.	Z	Z	Z	Z	Z	Z
4.	101	121,5	117,5	117	110	110
5.	22	26,5	(27)	27	(26)	—
6.	14,2	17,2	19,3	16,5	16,5	16,5
7.	24,5	31,2	31,5	30	29	29
8.	14,1	14,2	16,4	14,1	15	15
9.	♀	♂	♂	♂	♀	♀

zusammengehörig

1.	S 24 [6] (1)	U 12 floor G	N 11 [1]—[3] (3)	U 13 (1)	U 13 (1)
2.	?	I-J	I-J	?	?
3.	Z	S	S	S	S
4.	108,5	(130)	117,5	137	121
5.	25,5	—	23,5	24,5	23,5
6.	16,5	—	13	13,5	12
7.	30	27	—	26,7	25,5
8.	15,2	—	11,1	9,9	9,9
9.	?	?	♀	?	♀

(l) *Becken*

F	U 12 [16]—[17] (6)	U 13 NW (2)	O 20 pit A (3b)	N 11 [2] (3)	N 11 [2] (2)	M 20 [3] (2a)
Z	H	I-J	I-J	I-J	I-J/L	L
S/Z	Z	Z	Z	Z	Z	Z
LA	30	28	27	26,5	32,5	32
G	♂	♀	♀	♀	♀	♀

F	M 20 SW (2a)	N 11/12 (1)	X 16 [A] (2)	J 11 [3] (1)	N 12 [1] (3)	U 12 [2] (11)
Z	L	?	?	?	D	H
S/Z	Z	Z	Z	Z	S	S
LA	31,5	33,5	29,5	28,5	32	31
G	♂	♂	♀	♀	♀	♀

F	U 12 [1] (8)	O 21 SW (2)	O 20 pit G (5f)	N 11 [1] (3)	U 12 [12] (4)	N 11 [1]—[3] (3)
Z	H	I-J	I-J	I-J	I-J	I-J
S/Z	S	S	S	S	S	S
LA	29,5	33	32	31	31	30,5
G	♀	♂	♂	♂	♀	♂

Tabelle 21 (Fortsetzung)

F	O 21 SE (3)	U 13 NW (2)	N 11 [3] (2)	H 12 [2] (4c)	M 20 [3] (2b)
Z	I-J	I-J	I-J/L	K/L	L
S/Z	S	S	S	S	S
LA	30,5	29,5	34	33	34,5
G	♂	♀	♂	♂	♂

F	N 21 (4)	M 20 [3] (2b)
Z	L	L
S/Z	S	S
LA	(33)	31
G	♂	♀

(m) *Femur*

1. Z	H	H	I-J	I-J	I-J	I-J	I-J/K	L	I-J	I-J	I-J	I-J/L	I-J/L	?
2. S/Z	Z	Z	Z	Z	Z	Z	Z	Z	S	S	S	S	S	S
3. BP	39,5	—	45,5	36	—	—	38,5	—	49,5	49	46	50	—	—
4. BD	—	37,5	—	—	40	34,5	—	37,5	—	—	—	—	45	39,5

(n) *Tibia*

Z	I-J	I-J	?	I-J	I-J	I-J	?	?	I-J
S/Z	Z	Z	Z	S	S	S	S	S	S/Z
BP	(40)	38[5]	38	46,5	42,5	42	(44)	37,5	49,5

(o) *Os centrotarsale*

Z	D	H	I-J	I-J	I-J	?	I-J	I-J	I-J	I-J	I-J/L
S/Z	Z	Z	Z	Z	Z	Z	S	S	S	S/Z	S/Z
GB	25,5	(20,5)	25,5	25	24	27,5	28	24	23	24,5	22,5

(p) *Talus*

Z	D	D/I-J	H	H	I-J	I-J	I-J	I-J	I-J	I-J	I-J	I-J	I-J	I-J
S/Z	Z	Z	Z	Z	Z	Z	Z	Z	Z	Z	Z	Z	Z	Z
GLl	25,5	28,8	26,5	25,7	33	33	32	31,5	30,5	30,5	30,5	29,5	29,5	29
GLm	24,2	26,8	25	24	30,5	30	28,5	29,5	29,5	29	28	28,5	28	28
Tl	13,8	15,2	14	14,3	17,2	16,3	17	16,5	16	15,5	15,7	16,5	15,5	15,5
BC	17,2	19	16,5	17	21	20,5	21	21	20,7	21	19	19	19	18,5

Z	I-J	I-J	I-J	I-J	I-J	I-J	I-J	I-J	I-J	I-J/K	I-J/L	L	L	L
S/Z	Z	Z	Z	Z	Z	Z	Z	Z	Z	Z	Z	Z	Z	Z
GLl	28,5	28,5	27,5	27,5	27,5	26,5	26,5	26	25,5	32,5	34,5	33	32,5	32
GLm	27,5	27	26,5	26	25,5	25,3	25	24,7	23,5	30,5	32,2	31,5	30	30
Tl	14,5	16	15	14,5	15	14,3	14	13,7	13,8	17	18	18	17	16,2
BC	19,5	20	18,2	17,5	19,5	16,7	17	17	17,5	21	21,5	21,5	21	20,2

Z	L	?	?	?	?	?	?	?	?	D	D/I-J	D/L	D/L	D/L
S/Z	Z	Z	Z	Z	Z	Z	Z	Z	Z	S	S	S	S	S
GLl	27,3	36	34	34	29,5	29,5	28	27,5	26,5	31,5	32	—	31	30,3
GLm	25,7	34,5	32,5	32	27	27	26	25,5	24,5	29	31	29	29	28,5
Tl	15	19	19,5	17,2	15,5	15	15	14,5	14	17,5	18	17,8	17,2	17
BC	18	22,5	20,5	21,5	19	18,5	18	17,5	17,5	(21)	20	18,8	19,5	19

Z	G/H	H	H	H	H	H	H	I-J	I-J	I-J
S/Z	S	S	S	S	S	S	S	S	S	S
GLl	33	33	31,5	31,5	30,5	30	29,5	35	—	34
GLm	31,7	31	29	28,5	28,5	29	28,5	32,5	31,5	31,5
Tl	19	18,2	17,5	17,2	17	17	16,5	(19)	(19)	18
BC	22	21,5	20	20,5	20	18,7	18,5	21,5	—	21,2

[5] GL 199, KD 13,5, BD 23,5.

Tabelle 21 (Fortsetzung)

Z	I-J	I-J	I-J	I-J	I-J	I-J	I-J	I-J	I-J	I-J	I-J
S/Z	S	S	S	S	S	S	S	S	S	S	S
GLl	33,5	33,5	32,5	32	32	31,5	31,5	31,5	31,3	31	31
GLm	31,5	31,5	30,5	31	31	31	31	30,5	30	30	29,5
Tl	18,5	17,7	18,5	18	—	17,5	16,7	16,5	17,5	—	18
BC	22	22	21,7	20,5	20,5	20	20	20	20	21,5	20,3

Z	I-J	I-J	I-J	I-J	I-J	I-J	I-J	I-J	I-J	I-J	I-J	I-J
S/Z	S	S	S	S	S	S	S	S	S	S	S	S
GLl	31	30,2	30	30	30	30	30	30	30	30	(30)	—
GLm	29	28,5	29,5	29	28,5	28,5	28,3	28	28	28	28	27,5
Tl	17	17,8	16,7	17,2	18,5	16,5	16	17,2	16,7	16,7	—	—
BC	21,5	19,7	(18,3)	20	19	19,2	19	19,5	19	19	19	20

F	I-J	I-J	I-J	I-J	I-J	I-J	I-J	I-J	I-J	I-J	I-J	I-J/K
S/Z	S	S	S	S	S	S	S	S	S	S	S	S
GLl	29,7	29	29	29	28,5	28,5	28	28	27,8	27,3	27,3	25,5
GLm	27,5	28,5	27,5	27,2	27,5	27	27	26,5	26,5	25,5	27	25
Tl	16,5	15,5	16,5	16	16	17	16	15,2	15,5	14,5	15,2	14
BC	19,5	18,5	19	18,5	18,2	19	18	18	18,5	18,5	17,5	16,3

F	I-J/L	I-J/L	I-J/L	I-L/J	I-J/L	K/L	K/L	L	L	L	L
S/Z	S	S	S	S	S	S	S	S	S	S	S
GLl	34	33	32,5	32	30	31,5	30,3	32	30	—	29,5
GLm	31,7	31,5	31	31	—	—	29,3	30	29	28,5	28,5
Tl	18,8	18,5	17,7	17,5	17	17,5	17	17,5	16,5	—	16
BC	21	21	21	20	19,3	20,5	19,5	21	19,5	19,5	18,8

F	L	L	?	?	?	?	?	?	?	?	?
S/Z	S	S	S	S	S	S	S	S	S	S	S
GLl	29,5	27,5	34,5	32	32	32	31	31	30,5	29,5	28,5
GLm	28	26,8	33	(30,5)	30	30	29,5	—	29,5	27,5	27,7
Tl	16,5	14,5	19	17,2	18	18	17,2	17	16,5	16,8	17
BC	18	17,2	22	21	21,2	21	19,2	—	18,8	19,5	20

F	D/L	H	I-J	I-J	I-J	I-J	?	?	?
S/Z	S/Z	S/Z	S/Z	S/Z	S/Z	S/Z	S/Z	S/Z	S/Z
GLl	31,5	29,5	30,5	30	29,5	26,5	34,5	29	26
GLm	29,5	28,5	28	28	28,3	25,5	31,5	27,5	—
Tl	16,7	16	(16,5)	16	16	15	17,2	15	13,5
BC	19	19	19,5	18,7	19	18,2	21,3	19	—

(q) *Metatarsus*

F	O11SE(4b)	O21(2a)	U12[7](3)	M20NW(2a)	M20[3](2b)	M20[3](2b)	O22[8](10a)
Z	D	I-J	I-J	L	L	L	H
S/Z	Z	Z	Z	Z	Z	Z	S
GL	126,5	111,5	107,5	133,5	(125,5)	120,5	140,5
BP	23	19	18	33,5	21,5	20,5	22,5
KD	16	12,7	10,7	15,7	15	13,3	12,5
BD	27,5	—	22	29,5	27,5	24	26,5
$I = \dfrac{KD \times 100}{GL}$	12,6	11,4	10	11,8	12	11	8,9

Tabelle 21 (Fortsetzung)

F	O 11 NE (4b)	U 12 [1] (8)	O 21 (2a)	U 13 [3]−[4] (5)	O 21 (6)	O 20 pit A (3b)
Z	H	H	I-J	I-J	I-J	I-J
S/Z	S	S	S	S	S	S
GL	129	126	154	134,5	127,5	126
BP	19	21,2	23	21,5	21	20
KD	11	12,5	12,5	13,5	12	11,2
BD	23	—	27	24,5	24,5	24,3
I	8,5	9,9	8,1	10	9,4	8,9

F	M 20 NW (2a)	M 20 [3] (2b)	M 20 SW (2b)	J 11 [3] (1)	U 13 (1)	U 13 (1)
Z	L	L	L	?	?	?
S/Z	S	S	S	S	S	S
GL	141,5	(137)	129	162	133	131
BP	22	20,5	—	25	19,5	20
KD	13	12,5	12,3	14,5	10,7	11
BD	26,5	24	26,5	28,5	24	24,5
I	9,2	9,1	9,5	9	8	8,4

(r) *Phalanx 1*

Z	D/L	D/L	D/L	D/L	D/L	H	H	H	I-J	I-J	I-J	I-J
S/Z	Z	Z	Z	Z	Z	Z	Z	Z	Z	Z	Z	Z
GLpe	44	40	38,5	37	35,5	33,5	33	43	43	42	41	40,5
BP	14,5	14	12,3	11,7	12,5	13,2	10,5	14,5	14,5	14	14	13
KD	12,3	12,5	10	9	10	11,5	8,5	12,2	12	10,5	11	10,7
BD	14,5	14	12	11,8	12	13	10	14,5	13	13	13,7	13

Z	I-J	I-J	I-J	I-J	I-J	I-J	I-J	I-J/L	I-J/L	I-J/L	L	L
S/Z	Z	Z	Z	Z	Z	Z	Z	Z	Z	Z	Z	Z
GLpe	39,5	39,5	38,5	36,5	35	35	34,5	41	36,5	34	46,3	45
BP	14,5	13	—	11,7	12,7	12,5	11,5	14	13	12,5	15	14,5
KD	12	11	10	9	9,7	11	9,8	10,3	11	10,5	12,5	13
BD	14	12,2	12	11	12,8	12	11	13	12,5	12	16	16

Z	L	L	L	L	L	L	L	L	L	L	?	?
S/Z	Z	Z	Z	Z	Z	Z	Z	Z	Z	Z	Z	Z
GLpe	41,5	40,5	39,5	39,5	39	39	39	39	37,5	37,5	44	41
BP	15,5	14,3	14,5	13	14,5	13,5	13	12,5	14	12,5	14	13,5
KD	13	11,7	13	10,5	12,5	11	11	10,5	12,2	10,5	11,5	9,5
BD	15	14,5	15	14	14	13,5	12,5	13,5	14	12,5	13	12,5

Z	?	?	D	D/L	H	H	H	H	I-J	I-J	I-J	I-J
S/Z	Z	Z	S	S	S	S	S	S	S	S	S	S
GLpe	40,5	39	31,5	38	39	38,5	38	35,5	47	43	42	42
BP	14	14,5	9,3	13,3	14,5	14,5	13	13	15	13	14,5	13,5
KD	11,2	12	7,5	11	12	10,7	11	10,5	11,7	11	10,5	10,7
BD	13,5	14	9	13	13	13,2	12,5	12,5	15	11,5	13	13

Z	I-J	I-J	I-J	I-J	I-J	I-J	I-J	I-J	I-J	I-J	I-J	I-J
S/Z	S	S	S	S	S	S	S	S	S	S	S	S
GLpe	39,5	39,5	39	39	39	39	38,5	38	38	38	(37,5)	37,5
BP	13	12,5	14,5	13,5	13	12,7	—	15	13,5	12,5	(14)	13
KD	10,7	10	12	11	11	10,5	12	11,5	10,5	10,5	11	10,5
BD	12,5	11,7	13,5	13	12,3	13	13,5	13,5	12,5	12	12,3	12,5

Tabelle 21 (Fortsetzung)

Z	I-J	I-J	I-J	I-J	I-J	I-J	I-J	I-J	I-J	I-J	I-J	I-J
S/Z	S	S	S	S	S	S	S	S	S	S	S	S
GLpe	37,5	36,5	36	36	35,5	35,5	34,5	34,5	34	34	34	33,5
BP	13	13,5	12,2	—	12,5	12	12	11,5	14	13	11,7	11
KD	10,5	10,5	9,5	8,8	10	9,3	10	9	9	10	9	9
BD	12,5	12,5	11	10,8	12	11,5	12	11	11,5	11,5	11	11 kalziniert!

F	K	K/L	K/L	L	L	L	L	L	?	?	?	?
S/Z	S	S	S	S	S	S	S	S	S	S	S	S
GLpe	33	35,5	33,5	41	40,5	39	39	37,5	41	39	38,5	38,5
BP	—	13,3	12,7	13	13	13	12,5	13,7	14,5	13	—	12,5
KD	—	10	9,5	11	10,5	10	9,7	11,2	12	10	10,3	9,8
BD	(11,5)	12	11	12,5	12,2	12	11,5	13,5	13,5	12	12	12

F	?	?	?	?	?
S/Z	S	S	S	S	S/Z
GLpe	37	35	34,5	35,5	41,5
BP	13,3	13	11	12,5	15
KD	10,5	10,5	9	10	12,7
BD	12	12,7	11	11,2	15

(s) *Phalanx 2*

Z	D/I-J	G/H	H	H	H	I-J	I-J	I-J	I-J	I-J	I-J
S/Z	Z	Z	Z	Z	Z	Z	Z	Z	Z	Z	Z
GL	21,5	24	26	24	24	27	26,5	25,5	24,5	24,5	23,5
BP	10	10	13,5	14	13,7	12,5	14	13,3	15	12	13,7
KD	7	7,5	10,5	9,2	10	8,5	10,5	9,5	11,5	8,5	9,8
BD	8	8,3	11,5	10	11	9,5	12	9,8	12,8	9	11

Z	I-J	I-J	I-J	?	?	?	?	H	H	I-J	I-J
S/Z	Z	Z	Z	Z	Z	Z	Z	S	S	S	S
GL	23,5	22	22	26	22,5	21,5	20,5	23	22,5	26	25
BP	13,2	11,5	10,5	12	13,5	11,2	12	12	12	13	13
KD	9,5	8,5	7,7	8,5	10	9,2	9,2	9	8,3	8,5	10,5
BD	10,7	8,7	8,5	10	—	9,5	10	9,3	9,5	9,7	11

Z	I-J	I-J	I-J	I-J	I-J	I-J	I-J	I-J	I-J	I-J	I-J
S/Z	S	S	S	S	S	S	S	S	S	S	S
GL	24	24	24	23,5	23,5	23,5	23	23	22,5	22	22
BP	14	12,5	12,2	13	12,5	12	14	11,3	13	12,5	12
KD	10,5	8,5	8,7	9,5	8,7	8,5	10	7,8	9,5	9	8,2
BD	11,3	9,5	9,5	10,5	9,5	9,5	11	8,5	10,5	9,5	8,5

F	I-J	I-J	I-J	I-J	I-J/K	I-J/K	I-J/K	I-J/K	L	?	?
S/Z	S	S	S	S	S	S	S	S	S	S	S
GL	22	22	20,5	20	21,5	21,5	20,5	23	24,5	28	25,5
BP	11	11	11,3	12	13	11,8	12,5	12,5	12,3	13	14
KD	8,3	8	8	9	9,5	8,5	8,7	9,5	9	9,5	9,5
BD	8,7	8,2	—	9,5	—	9,5	9,7	10	9,5	11,2	10

Tabelle 21 (Fortsetzung)

F	D	H	I-J								
S/Z	S/Z	S/Z	S/Z								
GL	25	25	22								
BP	13,7	13	12								
KD	10	9	9								
BD	11,5	—	—								

(t) *Phalanx 3*

Z	I-J	I-J	L	D/L	D/L	I-J	I-J	I-J	I-J	L	I-J
S/Z	Z	Z	Z	S	S	S	S	S	S	S	S/Z
DLS	37	33	42	35,5	33,5	35,5	34	32,5	31,5	33	31

Berechnung der Widerristhöhe

Die Relation der Länge der Röhrenknochen zur Widerristhöhe bei der Ziege untersuchte Schramm (1967).

In der Tabelle 16 sind die Widerristhöhen, die sich aus den Röhrenknochen der Ziege vom Korucutepe errechnen ließen, zusammengestellt. Insgesamt konnten 2 Radien, 13 Metacarpen und 6 Metatarsen zur Berechnung herangezogen werden. Betrachten wir die auf Grund der Röhrenknochen ermittelten Widerristhöhen nach Schichten getrennt, so zeigt sich auch hier die unterschiedliche Größe der Ziegen der Schichten D bis I-J einerseits und der Schicht L andererseits. Während sich für die bronzezeitlichen Ziegen des Korucutepe Widerristhöhen von 57 cm bis 68 cm, durchschnittlich knapp 60 cm ergaben (N = 12), reichte die Widerristhöhe der Seldschukenziegen nach 9 Funden von 63 bis 71 cm, durchschnittlich gut 65 cm. Wie bei allen derartigen Höhenangaben geben uns diese Zahlen nur eine ungefähre Vorstellung. Außerdem ist die Variation wegen der geringen Fundzahlen sicherlich noch nicht annähernd erfaßt.

Gesamtbeurteilung der Schafe und Ziegen vom Korucutepe

Die Schafe waren klein bis mittelgroß und mittelkräftigem Wuchs. Ihre Widerristhöhe betrug wohl etwa 55 bis mindestens 75 cm. Für das Schaf ist weder eine Zunahme noch eine Abnahme der Größe während der verschiedenen Besiedlungsphasen des Tepes festzustellen. Die Widder trugen mittelstarke bis schwache, mehr oder weniger deutlich ammonsförmige Hornzapfen. Die Mutterschafe hatten kleinere, in ihrer Gestalt recht vielfältige Hörnchen oder sie waren hornlos. Die festgestellte Größe der Schafe scheint in Anatolien während der Bronzezeit weithin verbreitet gewesen zu sein.

Die Ziegen waren von mittlerer Größe und mittelbreitem Wuchs. Im Gegensatz zum Schaf stellten wir einen Größenunterschied zwischen den Ziegen, die in der Bronzezeit (D, H und I-J) gehalten wurden, und den Ziegen der letzten Besiedlungs-

phase fest. Die bronzezeitlichen Ziegen des Korucutepe waren am Widerrist sicherlich etwa 55 cm bis 70 cm hoch, durchschnittlich um 60 cm. Die Seldschukenziegen
waren gut 5 cm größer. Die Ziegen waren alle behornt. Böcke mit mittelstarken,
priscaartig bis zu einer Schraube gedrehten Hörnern gehörten zu Geißen mit schwächer priscaartig gedrehten oder säbelartig gebogenen Hörnern. Gelegentlich kamen
auch säbelhörnige Böcke vor.

4. Kamel, *Camelus spec.*

Der einzige Knochen eines Kamels kommt aus der Seldschukenzeit (H 17 **(3b)** over
H). Es handelt sich um eine Phalanx 2 (Abb. 13) mit den folgenden Maßen: GL
68,5 mm, BP 34,3 mm, TP 28 mm, KD 27,8 mm und BD 40,5 mm. Ob es sich um
das Kronbein einer Vorder- oder einer Hintergliedmaße handelt, ist schwer zu sagen.
Die hinteren Phalangen sind schlanker und kleiner als die vorderen. Die wenigen
Vergleiche, die wir durchführen konnten, lassen eher an einen Knochen von der
Vorderextremität denken.

Wir sind nicht in der Lage, die Artzugehörigkeit des Knochens zu bestimmen. Da
das Hochland von Ostanatolien von Trampeltieren (*Camelus bactrianus*) ebenso wie
von Dromedaren (*Camelus dromedarius*) durchzogen wurde, kommen auch kultur-
geschichtlich von vornherein beide Arten in Betracht. In den warmen Steppengebie-
ten der Südosttürkei werden heute Dromedare gehalten.

5. Hausschwein, *Sus (scrofa) domesticus*

Stammvater der Hausschweine ist *Sus scrofa*, von dem es zahlreiche Unterarten gibt
(Kelm 1939). Die Haustierwerdung des Schweines geht in Vorderasien und im äußer-
sten Südosten Europas zumindest bis in das 7. Jahrtausend v. Chr. zurück (Reed 1961:
S. 31ff, 1969: S. 371; v. Müller und Nagel 1968: S. 18). Bei fragmentären Knochenfunden, wie sie Siedlungsabfälle liefern, trägt die Beurteilung der Größe des letzten
Molaren ausschlaggebend zum Nachweis der Domestikation bei. Die Größenentwicklung an den M_3 vor- und frühgeschichtlicher europäischer Hausschweine und
an deren Extremitätenknochen verfolgten Møhl (1957: Fig. 7), Boessneck (1958a:
S. 94ff, 116f, 1963: Tab. 9, 1964: Tab. 10), Opitz (1958: S. 26ff) und andere, die
Größenreduktion der M_3 der Hausschweine des Vorderen Orients im Vergleich mit
ihren Wildvorfahren stellten Flannery (1960) und Reed (1961: S. 31) dar.

Ein Unterkiefer von einem Hausschwein aus J 12 [7] **(3)** wird vom Ausgräber
als einziger Tierknochenfund in die Zeit von 4000—3000 v. Chr. datiert. Der M_3 dieses
Unterkiefers war noch nicht durchgebrochen, M_1 und M_2 zeigen geringgradige Abreibung. Die Zuordnung zum Hausschwein ließ sich nach der Größe der Molaren ohne
jeden Zweifel vornehmen. Der Unterkiefer ist von einem größeren Hausschwein.
Dieser Einzelfund aus dem 4. Jahrtausend ist in den Fundstatistiken der vorliegenden
Arbeit nicht berücksichtigt.

Das Hausschwein ist mit 1656 Knochen (Tab. 22) bzw. 9,6% am Gesamtfundkomplex beteiligt. Es macht 10% der Haustierknochen aller Schichten aus. In den einzelnen Schichten und Einheiten beträgt sein Anteil an den Haustierknochen: D: 7,3%, D/I-J: 8,0%, D/L: 2,8%, G/H: 5,0%, H: 10,6%, I-J: 13,5%, I-J/K: 4,3%, I-J/L: 3,7%, K: 1,5%, K/L: 0,4%, L: 0,6%, „?": 7,9%. Schweineknochen fanden sich

Tabelle 22
Hausschwein, *Sus domesticus*.
Verteilung der Knochen aus den einzelnen Schichten auf die Regionen des Skeletts

	D	D/I-J	D/L	G/H	H	I-J		I-J/K	I-J/L	K	K/L	L	?		Gesamt
Oberschädel	3	—	—	1	16	106	5	5	4	—	—	1	9	1	151
Mandibula	6	2	1	1	17	89	5	2	2	—	—	—	24	2	151
Lose Zähne	3	—	—	1	11	128	—	3	—	—	—	1	20	—	167
Wirbel, Kreuzbein	1	1	—	1	15	45	81	3	—	—	—	—	3	19	169
Rippen	23	5	6	3	20	176	80	8	6	—	1	2	19	12	361
Vorderextremität bis Carpus	5	4	2	1	27	140	39	2	4	—	—	2	26	4	256
Hinterextremität bis Tarsus	9	5	2	1	24	165	36	6	3	1	—	—	26	7	285
Metapodien	2	4	—	—	2	44	14	1	—	—	—	—	8	3	78
Phalangen	2	—	—	—	7	17	1	3	—	—	—	—	4	4	38
Insgesamt	54	21	11	9	139	910	261	33	19	1	1	6	139	52	1656
						1171							191		
MIZ	5	1	1	1	12	53		3	2	1	—	2	10		91

demnach in allen Schichten. Nach diesen Prozentzahlen sieht es so aus, als ob das Schwein von Schicht D über Schicht H bis Schicht I-J an Bedeutung zugenommen hätte — der Abfall in der Zwischenschicht G/H wiegt bei der geringen Fundmenge nicht, denn die Zufallsabhängigkeit ist zu groß. Der Anteil des Schweins erhöht sich von 7,3% in D auf 10,6% in H und 13,5% in I-J. Dem ist aber entgegenzuhalten, daß in Schicht I-J allein 261 Knochen von 8 neugeborenen Ferkeln eines Wurfes gefunden wurden (s. unten). Läßt man sie unberücksichtigt, machen die Hausschweinknochen in Schicht I-J nur noch 10,9% der Haustierknochen aus. Somit dürfte die Bedeutung der Schweinehaltung in der Hethiterzeit nicht zugenommen haben. In Schicht K, der fundärmsten Schicht des Fundkomplexes, kam ein einziger Schweineknochen zutage. Welche Rolle die Schweinehaltung in dieser Zeit spielte, bleibt unklar. Ein deutlicher Rückgang des Anteils der Schweineknochen erfolgt jedoch in Schicht L (0,6%). Er zeichnet sich auch in den Mischfunden D/L, I-J/L und K/L ab und läßt erkennen, daß das Schwein in der Seldschukenzeit höchstens noch vereinzelt gehalten wurde. Diese Beobachtung deckt sich mit der religiösen Einstellung seit sich der Islam durchgesetzt hat. Inwieweit das Verbot des Verzehrs von Schweinefleisch schon damals allgemeingültig war bzw. allgemein befolgt wurde, muß dahingestellt bleiben. Die 6 Schweineknochen der Schicht L geben keine Auskunft darüber, ob noch bestimmte Bevölkerungsteile Schweine hielten. Sie könnten genausogut aus unerkannten Störungen und damit nicht aus der Zeit sein.

Mindestindividuenzahlen, Alters- und Geschlechtsverteilung

Auch vom Schwein fanden sich wie bei Esel, Hund, Schaf und Ziege mehrere Teilskelette. Auf sie wird kurz eingegangen:

(1) Aus J 11 [3] (11) (Schicht I-J) liegen 261 Knochen von 8 neugeborenen Ferkeln vor (s. Spalte I-J der Tab. 22). Die Knochen der einzelnen Extremitätenabschnitte entsprechen sich in der Größe, so daß wir annehmen dürfen, es handelt sich um Tiere eines Wurfes, die tot geboren wurden oder gleich nach der Geburt verendet sind. Diese 8 Individuen werden in der unten aufgeführten Altersverteilung nicht mit berücksichtigt, weil sie einen Zufallsbefund darstellen, der nichts mit der Schlachtung der Schweine zu tun hat.

(2) Aus der in der Zeitstellung fraglichen Fundstelle N 12 little pit North of AAG liegen 52 Reste eines jungen Schweines vor (s. Spalte ,,?" der Tab. 22). Die M_1 des Unterkiefers sind in Reibung getreten, die M_2 fehlen noch. Das Tuber scapulae, die Epiphysen von Humerus, Radius, Ulna, Femur und Tibia sind noch nicht verwachsen. Die proximalen Epiphysen der 1. und 2. Phalangen fehlen ebenso wie die distalen Epiphysen der Metatarsen. Auch die Fugen zwischen den drei Beckenknochen und zwischen den Wirbelscheiben und den Wirbelkörpern sind noch offen. Das Schwein war zum Zeitpunkt seines Todes etwa $^3/_4$ jährig. In der folgenden Zusammenstellung der Altersverteilung wird dieses Tier mit berücksichtigt.

Die 1656 Knochen repräsentieren mindestens 91 Schweine. Ohne Berücksichtigung der Knochen der oben erwähnten 8 neugeborenen Ferkel ergeben sich aus den Kiefern und den Extremitätenknochen 83 Schweine. 80 Schweine können allein auf Grund der Kiefer nachgewiesen werden (Tab. 23, ausgenommen die Schädelreste der 8 neugeborenen Ferkel!). Zu den 4 Tieren, die nach Kieferresten aus Schicht D belegt sind, kommt noch ein noch nicht einjähriges Jungtier, das nur durch eine Scapula vertreten ist. Die Kiefer sind alle von über einjährigen Tieren. Das Individuum der Schicht K repräsentiert ein Tibiaschaftstück eines Schweines unbestimmten Alters. In Schicht L erhöht sich die Mindestindividuenzahl auf 2 Tiere, weil eine 2. Scapula eines erwachsenen Schweines keine Entsprechung bei den Kiefern hat.

Das Alter der Schweine wurde nach den Kiefern aufgeschlüsselt (Tab. 23). Daraus wollen wir Rückschlüsse auf die Haltungsdauer ziehen. Bezüglich der absoluten Altersangaben, die in der Tabelle 23 gemacht werden, gilt dasselbe wie beim Rind (s.

Tabelle 23

Hausschwein, *Sus domesticus*. Altersverteilung der Ober- und Unterkiefer (die Zahlen sind Mindestindividuenzahlen)

	D		D/I-J	D/L	G/H	H		I-J		I-J/K		I-J/L		L	?		Gesamt MIZ	Alter in Jahren (etwa)
	sup	inf	inf	inf	sup	sup	inf	sup	inf	sup	inf	sup	inf	sup	sup	inf		
M1 noch nicht durchgebrochen, Pd 2—4 vorhanden	—	—	1	—	—	—	2	3	3	—	—	—	—	—	—	—	6	unter $\frac{1}{2}$
M1 im Durchbruch	—	—	—	—	—	—	—	2	3	—	—	—	—	—	—	3	6	um $\frac{1}{2}$
M1 in Reibung, M2 noch nicht durchgebrochen	—	—	—	—	—	1	1	2	9	—	—	1	1	—	—	1	12	$\frac{1}{2}$—1
M2 im Durchbruch	—	—	—	—	—	—	—	2	2	—	—	—	—	—	1	—	3	um 1
M2 in Reibung, M3 noch nicht durchgebrochen	—	2	—	—	1	3	2	2	8	—	1	—	—	—	—	1	15	1—1$\frac{1}{2}$
M3 im Durchbruch	1	1	—	1	—	—	1	3	7	—	—	—	—	—	1	2	12	1$\frac{1}{2}$—1$\frac{3}{4}$
M3 geringgradig abgerieben	—	1	—	—	—	2	2	6	6	—	—	—	—	1	—	2	12	2—3
M3 mittelgradig abgerieben	—	—	—	—	—	1	3	5	3	1	—	1	—	—	1	3	11	über 3
M3 hochgradig abgerieben	—	—	—	—	—	—	—	—	2	—	1	—	—	—	—	—	3	
Summe	1	4	1	1	1	7	11	25	43	1	2	2	1	1	3	12		
MIZ	4		1	1	1	12		45		3		2		1	10		80	

S. 38 f). Wie bei den anderen Tierarten auch ist die Fundbasis für die Beurteilung der Altersverteilung in den einzelnen Schichten und Einheiten gering. Die Häufigkeit des Auftretens der verschiedenen Altersstufen ist daher vom Zufall stark abhängig. Nach der Verteilung auf die einzelnen Altersgruppen im Gesamtmaterial ist $\frac{1}{3}$ des Schweinebestandes im ersten Jahr geschlachtet worden, das zweite Drittel im 2. Jahr. Die Hälfte des Restbestandes kam im 3. Jahr zur Schlachtung. Nur $\frac{1}{6}$ des Schweinebestandes wurde älter als 3 Jahre (Tab. 48). Aber auch von dieser letzten Gruppe scheinen wiederum nur wenige Tiere über 3$\frac{1}{2}$ Jahre alt geworden zu sein. Die Epiphysen mancher Extremitätenknochen — Humerus und Tibia proximal, Radius distal, Ulna und Femur proximal und distal — schließen sich beim Schwein erst mit 3$\frac{1}{2}$ Jahren. Zu diesem Zeitpunkt ist das Gebiß schon 1$\frac{1}{2}$ Jahre lang voll durchgebrochen. Von den Extremitätenknochen deutet nun sehr selten einer auf ein Tier von über 3$\frac{1}{2}$ Jahren hin (s. auch Maßtab. 26). Demnach wurden wohl auch die auf „über 3jährig" eingestuften Schweine in der Mehrzahl bald geschlachtet. Dieser Befund steht im Einklang damit, daß der Nutzen der Schweine erst mit ihrer Schlachtung beginnt. Nur um den Bestand zu erhalten, sind erwachsene Sauen notwendig. Sie können auch von subdaulten Ebern gedeckt werden.

Die beschriebene Altersverteilung im Gesamtmaterial ist jedoch das Resultat aus zwei unterschiedlichen Komponenten (Diagramm 9). In Schicht I-J, die mehr als die Hälfte der Funde stellt, machen die im ersten Jahr geschlachteten Schweine knapp 40 % aus und die über 3jährigen 12 %, in den übrigen Einheiten zusammengenommen die bis zu 1jährigen Schweine nur 27 % und die über 3jährigen 24 % (Tab. 48). In alter Zeit wurden bei einfacher bäuerlicher Lebensweise gewöhnlich im ersten Jahr nur wenige Schweine geschlachtet, ein großer Teil des Bestandes dann im 2. und 3. Jahr (vgl. z. B. Teichert 1969). Nur in Zeiten hoher Kultur und Zivilisation, wie z. B. der Römerzeit, verschiebt sich der Befund in Richtung auf das 1. Jahr. Falls der Befund für Schicht I-J nicht rein zufällig ist, könnte er demnach mit verfeinerten Bräuchen in der neuhethitischen Zeit erklärt werden.

Die Berechnung des Zahlenverhältnisses zwischen ♂♂ und ♀♀ geschieht auf Grund von Ober- und Unterkiefern, bei denen der Oralteil mit dem Caninus erhalten ist, und auf Grund vorliegender loser Ober- und Unterkiefercanini. Auch hier ist, wie die Tabelle 24 zeigt, die Materialausbeute gering. Die Mindestindividuenzahlen nach den Canini liegen noch weit unter denen nach den Kiefern. Das hat seinen Grund darin, daß die Vorderenden der Kiefer abbrechen oder abgeschlagen werden, dann leichter zerbröckeln und die Canini aus der Alveole herausfallen und eher verloren gehen. Unter den etwas zahlreicheren Eckzähnen der Schicht I-J befinden sich mehr von Jungebern als von jungen Sauen (Tab. 24). Dies deutet möglicherweise darauf hin, daß Eber vermehrt im jugendlichen Alter geschlachtet wurden. Hält man sich das Haltungsziel des Schweines vor Augen, so kann es auch gar nicht anders sein.

Tabelle 24
Hausschwein, *Sus domesticus.*
Geschlechtsverteilung auf Grund der Canini. (Die Zahlen sind Mindestindividuenzahlen)

	D		H	I-J		I-J/L	?	
	inf	sup	inf	sup	inf	inf	sup	inf
(1) Männlich								
Juvenil	2	—	—	1	8	1	2	—
Adult	—	—	3	4	7	—	—	2
MIZ	2		3		15		4	
(2) Weiblich								
Juvenil	1	1	1	—	4	—	—	—
Adult	—	—	3	3	7	—	1	4
MIZ	1		4		11		4	

Zur Größe der Schweineknochen

Bei der Beurteilung der Größe der Schweine muß man davon ausgehen, daß die meisten vermessenen Knochen von subadulten Schweinen stammen, die das volle Breitenwachstum ihrer Knochen noch nicht ganz abgeschlossen haben. Diese Situation ist aber in allen vor- und frühgeschichtlichen Fundorten die gleiche. Daher sind Meßergebnisse an Schweineknochen untereinander vergleichbar.

Die Länge des 3. Unterkiefermolaren der Schweine vom Korucutepe variiert in weiten Grenzen. Der größte M_3 des Fundguts aus dem hethitischen Imperium ist 39,5 mm lang. Er fällt in den Grenzbereich zwischen Wild- und Hausschwein. Der nächstkleinere M_3, aus fraglicher Zeit, ist 37 mm lang. Bei ihm ist die Zugehörigkeit zum Hausschwein sicher. In die Zeit des Neuhethitischen Reiches datiert ist der kleinste M_3 des Fundgutes. Er ist nur 23,5 mm lang (Tab. 26c).

Tabelle 25

Hausschwein, *Sus (scrofa) domesticus.*

Zusammenfassung der häufigeren Knochenmaße

Schicht	N	Variation	$\bar{x}$
(1) *Oberkiefer, Länge des M³*			
H	1	30,5	—
I-J	9	30,5—27,5	29
I-J/K	1	31,5	—
Gesamt	11	31,5—27,5	29,4
(2) *Oberkiefer, Breite des M³*			
H	1	17,5	—
I-J	9	18—16	16,8
I-J/K	1	18,5	—
Gesamt	11	18,5—16	17
(3) *Unterkiefer, Länge der Molarreihe*			
H	3	67—58	63
I-J	5	(68,5)—56,5	63,2
?	2	65; 57	—
Gesamt	10	(68,5)—56,5	62,7
(4) *Unterkiefer, Länge des M_3*			
H	4	34—26,5	31,4
I-J	(11) 10	(39,5) 32,5—23,5	(30,9) 30,1
I-J/K	1	30	—
?	4	37—27	30,6
Gesamt	(20) 19	(39,5) 37—23,5	(30,9) 30,4
(5) *Unterkiefer, Breite des M_3*			
H	4	15—14	14,5
I-J	(11) 10	(15,3) 15—12,5	14,4
I-J/K	1	14,5	—
?	4	15—13	13,8
Gesamt	(20) 19	(15,3) 15—12,5	14,3

Tabelle 25 (Fortsetzung)

Schicht	N	Variation	$\bar{x}$
(6) Scapula, kleinste Länge am Hals			
D/I-J	1	21,5	—
H	4	21,5—17,5	19,6
I-J	16	23,5—18	21,5
L	1	21,5	—
?	2	(21,5); 20	—
Gesamt	24	23,5—17,5	21,1
(7) Humerus größte Breite distal			
H	2	34; 33,5	—
I-J	8	36,5—33	35,1
?	2	34,5; 33,5	—
Gesamt	12	36,5—33	34,7
(8) Radius, größte Breite proximal			
H	1	(28)	—
I-J	6	29—25,3	27
Gesamt	7	29—25,3	27,1
(9) Becken, Länge des Acetabulum (auf dem Kamm)			
H	2	31,5; 29	—
I-J	7	31—26	27,9
Gesamt	9	31,5—26	28,4
(10) Becken, Länge des Acetabulum (einschließlich Labium)			
H	2	34; 32,5	—
I-J	7	34—28	30,2
Gesamt	9	34—28	30,9
(11) Tibia, größte Breite distal			
D	1	26	—
I-J	9	29—24,5[1]	27,3
?	2	29; 26,5	—
Gesamt	12	29—24,5[1]	27,3
(12) Talus, größte Länge lateral			
D	1	35	—
D/L	1	40,5	—
H	1	(34,5)	—
I-J	8	42—35,5	38,1
Gesamt	11	42—(34,5)	37,7
(13) Talus, größte Länge medial			
D	1	32,7	—
D/L	1	36,5	—
H	1	30,5	—
I-J	9	36,5—31	34,7
Gesamt	12	36,5—30,5	34,3

[1] distal im Verwachsen.

Tabelle 26
Hausschwein, *Sus (scrofa) domesticus.* Einzelmaße der wichtigsten Knochen

(a) Hirnschädel

Z	I-J	I-J	I-J	I-J	?
KB zwischen den Lineae temporales	29	—	24	24	26,5
GB der Condyli occipitales	—	47,5	45,5	—	—

(b) Oberkiefer

Z	I-J	I-J	I-J	I-J	?
L von P^1 bis M^3 (Alveolenmaß)	—	—	—	—	101
L von P^2 bis M^3 (Alveolenmaß)	98	—	—	—	93,5
L der Molarreihe (Alveolenmaß)	62	60	58	—	59,5
L von P^1 bis P^4 (Alveolenmaß)	—	—	—	43,5	42,5
L von M^3	30,5	30,5	28	—	—
B von M^3	16,5	16,5	16	—	—
Abkauung	+	++	+	+	++
G	?	?	?	♂	♀

(c) Unterkiefer

Z	H	H	I-J	I-J	I-J	I-J	I-J	I-J	?	?
L vom Hinterrand des M_3 bis zum Hinterrand des C (Alveolenmaß)	123[1]	112,5	131[2]	—	—	—	—	—[3]	—	—[4]
L von P_1 bis M_3 (Alveolenmaß)	116	107,5	—	(120)	117	—	—	—	—	98
L von P_2 bis M_3 (Alveolenmaß)	101	92	(104)	107	108	96	97	—	—	88
L der Molarreihe (Alveolenmaß)	67	58	(68,5)	—	65	63,5	62,5	56,5	—	57
L von P_1 bis P_4 (Alveolenmaß)	48,5	—	—	—	43	—	—	—	44	—
L von P_2 bis P_4 (Alveolenmaß)	33,5	—	36	—	31,5	32,5	—	—	32,5	31
L von M_3	33,5	26,5	32,5	—	31,5	30	29,6	23,5!	—	27
B von M_3	15	14	15	—	15	14,5	14	12,5	—	13
Abkauung	++	++	+	—	++	+++	+	+	+	++
G	♀	♀	♂	♂	♀	?	♀	?	♀	♀

(d) Atlas

Z	I-J	I-J	I-J
GB (Flügelbreite)	—	—	66
GL	—	—	40,5
GB der kranialen Gelenkfläche	58	51	49
GB der kaudalen Gelenkfläche	52	43,5	44
GL von der kranialen zur kaudalen Gelenkfläche	41	38	37

(e) Epistropheus

Z	I-J
L des Corpus einschließlich des Dens	35,2
B der kranialen Gelenkfläche	43,7
KB des Wirbels	28

[1] M_3 Hinterrand bis Infradentale 164, H vor M_1 43,5 mm.
[2] P_1 fehlt.
[3] H hinter M_3 40,5 mm.
[4] H vor M_1 37,5 mm, H hinter M_3 42 mm.

Tabelle 26 (Fortsetzung)

(f) *Scapula*

Z	D/I-J	H	H	I-J	I-J	I-J	I-J	I-J	?
KLH	21,5	20,5	17,5	23	22,5	22	22	—	21
LPA	32	32	29	34	34,5	34	32,5	32	33,5
LG	28	26	24	27,5	29	27,5	28	26	27,5
BG	20,5	(20,5)	19,5	22	22	20	(21)	22	22

(g) *Humerus*

Z	H	H	I-J	I-J	I-J	I-J	I-J	I-J	I-J	I-J	?	?
KD	—	—	—	15	—	16,5	—	—	—	14	—	—
BD	34	33,5	36,5	36	36	35,5	35	34,5	(34)	33	34,5	33,5

(h) *Radius*

Z	D
BD	27,5

(i) *Ulna*

Z	H	H	H	I-J	I-J	I-J	I-J	I-J	I-J	I-J	I-J	?	?	?	?
BPC	21	20	18,5	21	21	20	19,5	19,5	18,5	18	17	20,5	19,5	19,5	18
TPA	33,5	—	31	34	32	—	—	33	32,5	—	29,5	34	(36)	30,5	—
KTO	—	—	—	27	—	—	—	—	—	—	22,5	—	—	—	—
			ad?			ad?	ad?		ad?	ad?		ad!	Tuber offen!		

(k) *Becken*

Z	H	H	I-J	I-J	I-J	I-J	I-J	I-J	I-J
LA (Kamm)	31,5	29	31	30,5	29,5	26	26	26	26
LA (Labium)	34	32,5	34	32,5	31,5	28,5	28,5	28,5	28

(l) *Tibia*

Z	D	I-J	I-J	I-J	I-J	I-J	I-J	I-J	I-J	I-J	?	?
KD	—	16,3	—	18	—	(18)	17	—	18,5	15,3	21	17,5
BD	26	29	(29)	28,5	28	27	27	(27)	(26)	24,5	29	26,5
	distal im Ver- wachsen, verkohlt	distal im Ver- wachsen				prox. offen!			distal im Ver- wachsen			

(m) *Calcaneus*

Z	I-J
GL	73

(n) *Talus*

Z	D	D/L	H	I-J	I-J	I-J	I-J	I-J	I-J	I-J	I-J	I-J
GLl	35	40,5	(34,5)	42	—	38,5	(38)	(38)	38	38	37	35,5
GLm	32,7	36,5	30,5	36,5	36,5	35	35,5	35	34	34	34,5	31

(o) *Metapodien*

Z	D	H	I-J	I-J	I-J	I-J	I-J	?	?
Strahl	Mt IV	Mc IV	Mc III	Mc III	Mc III	Mt III	Mt III	Mc III	Mt III
GL[5]	75,5	69	68	61,5	(57,5)	69,5	67,5	61,5	69
BD	15,2	16,5	16	15	14,5	14,5	14,5	15	14

---

[5] Beim Metatarsus ohne den „Sporn".

Tabelle 26 (Fortsetzung)

(p) *Phalanx 1*

Z	H	I-J	I-J	I-J/K	?
GLpe	30	31[6]	29,5	31,5	31
BP	16	14,5	15	15	17
KD	12,5	12	12	11,5	12,5
BD	14	13,5	13,2	13,5	15

(q) *Phalanx 2*

Z	I-J	I-J	I-J	I-J	I-J	I-J	I-J	?
GL	21,5	21	21,5	21,5	20,5	19,5	19	20
BP	15	—	15	14	14,5	15	15,5	14,5
KD	12,5	—	12	11,7	12	12,5	13	12,5
BD	13	—	12,5	—	13	(13,5)	14	14

(r) *Phalanx 3*

Z	H	H	I-J	I-J	I-J/K	?
DLS	30,5	28,5	28	23,7	28,5	26,5

[6] Proximale Epiphysenfuge im Verwachsen.

Insgesamt sind die Schädelreste wie auch die Extremitätenknochen der Schweine von Korucutepe bis auf das „wildschweinverdächtige" Unterkieferbruchstück aus I-J (Tab. 25/4) von kleinen Schweinen. Größenunterschiede zwischen den Schweinen der einzelnen Zeitabschnitte sind schon wegen des spärlichen Materials nicht festzustellen. Die Tiere entsprechen in der Größe den kleinen Keltenschweinen aus dem Oppidum von Manching, dem umfangreichsten Fundgut aus Europa (vgl. Tab. 25 mit Boessneck u.a. 1971: Tab. 158). Es waren schlankwüchsige kleine Lauf-Schweine. In der Bronzezeit waren die Schweine in Mitteleuropa größer als in der späteren Eisenzeit (Boessneck 1958a: S. 94ff, 1958a: S. 292; Teichert 1969: S. 260ff), und als um den Korucutepe. Im vorderen Orient, wo das Schwein schon eine längere Zeit im Hausstand gehalten wurde, scheint die Größe schon während der Bronzezeit ihr Minimum erreicht zu haben, wobei das trockenere Klima nicht zuletzt eine Rolle gespielt haben wird. Es fehlen hierüber aber Untersuchungen größerer Serien aus den einzelnen Abschnitten des vor- und frühgeschichtlichen Vorderasien.

Aus der frühbronzezeitlichen Siedlung von Yarıkkaya (Boessneck und Wiedemann, im Druck: Tab. 6) liegen Funde vom Schwein vor, die gleich groß und größer sind. Wenn auch die Serien klein sind und deshalb keinen sicheren Schluß zulassen, so hat es doch den Anschein, als seien diese Schweine im Durchschnitt größer gewesen als die Schweine aus der hethitischen Zeit Anatoliens. Keine erhebliche Abweichung von dem Größenbefund der hethitischen Schweine unseres Fundorts zeigen die Hausschweine aus dem gleichzeitigen Boğazköy (Vogel 1952: S. 135ff). Aber auch von hier liegen nur wenige auswertbare Knochen vor. Ebensowenig lassen die spärlichen Kieferreste aus hethitscher Zeit von Alişar Hüyük, die Patterson (1937: S. 308) vermaß, Größenunterschiede zu den Schweinen vom Korucutepe erkennen, während der Unterkiefer aus chalkolithischer Zeit größer ist.

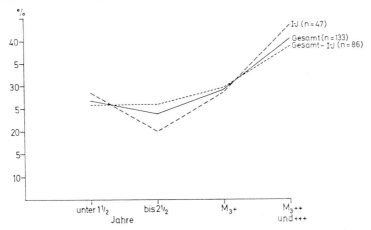

Diagramm 7. Rind, *Bos taurus*. Altersgruppierung auf Grund der Unterkiefer

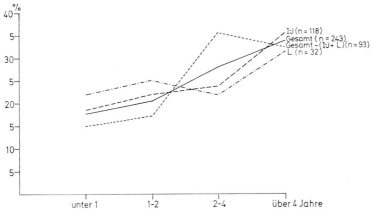

Diagramm 8. Schaf, *Ovis aries*, und Ziege, *Capra hircus*. Altersgruppierung auf Grund der Unterkiefer

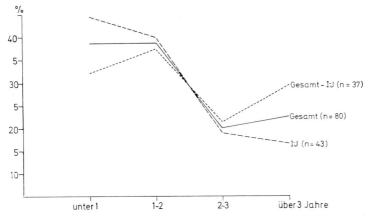

Diagramm 9. Schwein, *Sus domesticus*. Altersgruppierung auf Grund der Unterkiefer

6. Hund, *Canis familiaris*

Allgemeines

Der Hund ist in Nord- und Mitteleuropa seit dem Mesolithikum und etwa gleichzeitig seit dem präkeramischen Neolithikum im Vorderen Orient und in Südosteuropa als Haustier nachweisbar (z.B. Boessneck 1962: S. 31; Degerbøl 1962; Lawrence 1967; v. Müller und Nagel 1968: S. 17; Reed 1969: S. 369ff). Schon bald treten weithin große, mittelgroße und kleine Hunde auf, die aber alle von Unterarten des Wolfes, *Canis lupus*, abstammen.

Tabelle 27

Hund, *Canis familiaris*. Verteilung der Knochen aus den einzelnen Schichten auf das Skelett

	D	I-J	D/L	G/H	H	I-J	I-J/K	I-J/L	K	L	Welpe	?	Adultes Teilkelett	Gesamt
Oberschädel	1	—	—	1	—	4	10	1	—	—	—	1	1	19
Mandibula	3	—	—	—	—	3	7	2	—	—	1	5	—	21
Lose Zähne	—	—	—	—	—	—	14	—	—	—	—	1	—	15
Hyoid	—	—	—	—	—	1	—	—	—	—	—	—	—	1
Vert. cervicales	—	—	—	6	—	—	6	—	—	—	4	2	—	18
Vert. costales	—	—	—	—	—	—	2	—	1	—	2	1	—	6
Vert. lumbales	—	—	—	2	—	2	5	—	—	—	4	5	—	18
Sacrum	—	—	—	1	—	—	—	—	—	—	—	—	—	1
Vert. caudales	—	—	—	10	—	—	—	—	—	—	—	—	5	15
Costae	1	1	1	4	—	1	2	—	1	—	19	1	1	32
Sternum	—	—	—	1	—	—	—	—	—	—	—	1	—	2
Scapula	—	—	—	1	—	—	—	—	—	—	—	—	—	1
Humerus	—	—	—	1	—	—	9	1	2	1	2	3	—	19
Radius	—	—	—	1	—	1	2	1	—	1	1	1	1	9
Ulna	—	—	—	2	—	1	3	—	—	1	2	1	1	11
Carpalia	—	—	—	5	—	—	—	—	—	—	3	—	2	10
Metacarpus	1	—	—	5	—	—	—	1	—	—	4	—	1	12
Pelvis	—	—	—	2	—	2	2	—	—	—	2	1	1	10
Femur	—	1	—	2	—	—	2	—	—	—	2	2	1	10
Tibia	1	—	—	1	1	2	7	—	—	—	1	1	1	15
Fibula	1	—	—	2	—	—	1	—	—	—	2	—	1	7
Talus	—	—	—	1	—	—	2	—	—	—	—	1	1	5
Calcaneus	1	—	—	1	—	—	1	—	1	—	1	1	1	7
Andere Tarsalia	—	—	—	3	—	—	—	—	—	—	—	—	1	4
Metatarsus	1	1	—	4	2	2	2	2	—	—	6	3	8	31
Phalangen	2	—	—	4	—	—	3	1	—	—	3	—	7	20
Penisknochen	1	—	—	—	—	—	—	—	—	—	—	—	—	1
Insgesamt	13	3	1	60	3	18	81	9	4	2	59	30	35	320
MIZ	3		1		3		8	1	1	1	4			22

D/L + G/H: 61. — Welpe + ? + Adultes Teilkelett: 124.

In den Funden vom Korucutepe ist der Hund mit 320 Knochen beteiligt. Sie machen 1,8 % der Gesamtfundmenge aus. Diese 320 Knochen stammen von mindestens 22 Hunden. In den einzelnen Schichten und Fundeinheiten beträgt der Anteil des Hundes an den Haustierknochen: D: 1,8 %, D/I-J: 1,1 %, D/L: 15,5 %, G/H: 1,7 %, H: 1,4 %, I-J: 0,9 %, I-J/K: 1,2 % I-J/L: 0,8 %, K: 3,0 %, L: 0,2 %, ?: 5,2 %. Der hohe Anteil der Hundeknochen in den Einheiten D/L und „?" ist durch das eine bzw. die beiden Teilskelette bedingt, die in diesen Einheiten gefunden wurden (Tab. 27). Er entspricht nicht dem wirklichen Anteil der Hunde an der Gesamtheit. Geht man davon aus, daß die Hundeskelette außer den drei Teilskeletten dem gleichen Schwund unterworfen waren wie die übrigen Haustierskelette, darf man annehmen, daß die Hunde 1—2 % der Haustiere in der Siedlungsfolge auf dem Korucutepe ausmachten.

Die 3 Teilskelette, die allein mit 154 Knochen, also annähernd der Hälfte der gefundenen Hundeknochen vertreten sind, erklären die relativ niedrige Gesamtmindestindividuenzahl von 22 Hunden. Das erste Teilskelett fand sich unter den Fundbezeichnungen N 12 [1] (1) und [1] (2). Nach Angabe des Ausgräbers lag in diesen oberflächennahen Schichten des Quadrates [1] von N 12 sowohl Keramik aus der Frühen Bronzezeit II als auch Keramik aus der Seldschukenzeit (= D/L). Das Skelett ist daher nicht datierbar. Wie sich die 60 gefundenen Knochen dieses Hundes über das Skelett verteilen, geht aus der Tabelle 27 hervor. Vom Schädel liegt nur ein unbedeutender Rest des Gesichtsschädels vor. Das Tier war jungadult: Die Epiphysen von Scapula, Radius, Ulna, Tibia, Fibula, Calcaneus, den Metapodien und Phalangen sind verwachsen; am Humerus und an den Femora erkennt man, daß die proximalen Epiphysen erst frisch angewachsen waren. Die Crista ilica war noch nicht angewachsen, die Crista ischiadica im Verwachsen. Der Hund hatte die Größe eines Deutschen Schäferhundes (s. u.). In der Tabelle 28 werden die Knochen dieses Skeletts durch eine hochgestellte 4 gekennzeichnet.

Das zweite Teilskelett eines adulten Hundes kommt aus den Bereichen Y 21 [5] (6), [5] (7) und [6] (7). Die Funde dieser Region waren vom Ausgräber auf Grund der Keramik zunächst in die Zeit von 2000—1600 v. Chr. datiert worden. Wir fanden aber im Verlauf der Untersuchung der Tierknochen bei Schaf und Rind Zusammenhänge zwischen Knochen dieser Fundstellen und der Fundstelle Y 21 pit G, bei der der Verdacht besteht, sie enthalte rezente und mittelalterliche Einmischungen. Dieser Verdacht, daß die Funde nicht aus der alten Zeit sind, dehnt sich nun gezwungenermaßen auch auf das Hundeskelett aus. Die 35 von diesem Hund gefundenen Knochen sind im einzelnen in der Tabelle 27 aufgeführt. Vom Schädel liegt nur ein wertloses Fragment des Neurokraniums und ein rechter Oberkiefercaninus vor. Alle postkranialen Skeletteile lassen erkennen, daß dieser Hund volladult war. Er war mittelgroß (s. u.). Die Maße sind in der Tabelle 28 unter einer hochgestellten 5 zu finden.

Tabelle 28
Hund, *Canis familiaris*. Maße der Knochen

(a) *Oberschädel*[1]

1. F	U 12 (3)	O 20 pit G (5d)	O 21 NE (2) pit B	O 21 NE (2) pit B	O 21 SE (4)	Rezenter Oberschädel aus Icme, Murat
2. Z	I-J	I-J	I-J	I-J	I-J	
3. Totallänge: Vom aboralsten Punkt der Crista occipitalis = Akrokranion—Prosthion	(195)	—	(185)	—	—	227
4. Basallänge: Basion—Prosthion	(175)	—	(165)	—	—	199
5. Condylobasallänge: Hinterrand der Condylen—Prosthion	(185)	—	(172)	—	—	210
6. GB über die Condyli occipitales	(40)	37	34,5	—	—	41,5
7. B der Hinterhauptregion = Fossotemporale—Fossotemporale	68	—	—	—	—	76,5
8. B über den Ohröffnungen	(64)	—	63	—	—	75
9. Größte Hirnschädelbreite = Euryon—Euryon	(60)	—	58	—	—	65
10. Stirnbreite = GB über die Processus supraorbitales	—	—	52	—	—	62,5
11. Schädellänge: KB hinter den Processus supraorbitales = B der postorbitalen Einschnürung	—	—	40	—	—	40,5
12. Schädelhöhe: Basion—höchster Punkt des Schädeldachs, in Projektion	57,5	—	53	—	—	67
13. KB zwischen den Orbitae	—	—	35,5	—	—	43,5
14. Gaumenlänge: Vom Hinterrand des M² —Prosthion (in der Medianen)	—	—	(96)	—	—	105
15. L vom Hinterrand der Alveole des M² zum Hinterrand der Alveole des C	(70)[2]	—	—	68[2]	—	75

[1] Zur Definition der Meßpunkte s. Duerst (1926).
[2] Die Maßnahme erfolgte auf der linken Seite.

Tabelle 28 (Fortsetzung)

16. L von P^1 bis M^2 (Alveolenmaß)	(66)[2]	—	64[2]	64[2]	—	70,5
17. L von P^1 bis P^4 (Alveolenmaß)	50[2]	—	—	49,5[2]	—	52
18. L der Molarreihe (Alveolenmaß)	(19)[2]	—	(20)[2]	18,5[2]	—	25,5
19. L des P^4	18,5[2]	—	19[2]	19[3]	—	22
20. B des P^4 (ohne den oro-medialen Vorsprung)	8,5[2]	—	8,5[2]	—	—	8,3
21. L des M^1	13,5[2]	—	14[2]	—	12	—
22. B des M^1	15[2]	—	16,5[2]	—	14	—
23. L des M^2	7,5[2]	—	—	—	—	8,3
24. B des M^2	11[2]	—	—	—	—	12
25. Abkauung	+ zu Unterkiefer	—	+ zu Unterkiefer, Atlas u. Epistropheus	Zähne fehlen	+	++

(b) *Caninus*

F	U 12 (2)	O 20 pit A (4)	U 12[10](4)	O 21 SW (2)	Y 21[5][6](7)	N24[6](1)
Z	I-J	I-J	I-J	I-J	?	?
inf/sup	sup	sup	inf	sup	sup	inf
H (Sehnenmaß)	41	39,5	38,5	(38)	42	(41) zu Unterkiefer

[3] Alveolenmaß.
[5] Zusammengehörig.

Tabelle 28 (Fortsetzung)

(c) *Unterkiefer*
1. F
2. Z
3. L vom Processus angularis bis zum Infradentale
4. L vom Processus condyloideus bis zum Infradentale
5. L vom Einschnitt zwischen dem Processus angularis und dem Processus condyloideus bis zum Infradentale
6. L vom Hinterrand der Alveole des M_3 zum Hinterrand der Alveole des C
7. L von P_1 bis M_3 (Alveolenmaß)
8. L von P_2 bis M_3 (Alveolenmaß)
9. L der Molarreihe (Alveolenmaß)
10. L von P_1 bis P_4 (Alveolenmaß)
11. L von P_2 bis P_4 (Alveolenmaß)
12 L des M_1
13. B des M_1
14. L der Reißzahnalveole
15. H hinter M_3
16. H vor M_1
17. H zwischen P_3 und P_4
18. D des Corpus mandibulae
19. H des Ramus mandibulae
20. Abkauung
21. Basallänge nach Brinkmann: Maß Nr. 3 multipliziert mit 1,21
22. Basallänge nach Dahr: Maß Nr. 7 multipliziert mit 2,9, vermindert um 44 mm

	O 11 SW (3)	N 11 central balk (4)	O 23 NE (2)	O 11 SE (3b)	N 24 [2] (3)	U 12 (3)	O 21 NE (2) pit B	K 12 (3c)[7]
2.	D	D	H^4	H	H	I-J	I-J	I-J
3.	(142)	126	—	129,5	—	—	134	—
4.	(143)	125	—	127,5	—	140	134,5	—
5.	134,5	120	—	123	—	134,5	128	—
6.	81,5	72	81	74,5	—	80	77	—
7.	74	67	75	68,5	—	75	74	—
8.	—	62,5	—	—	—	69,5	68,5	—
9.	36	33,5	35,5	35,5	—	37	38	—
10.	40	35	39	(35,5)	—	40	37	—
11.	—	31	34,5	—	—	34	31,5	—
12.	22	21,5	23	22	20,5	23	23,5	23
13.	8,7	8	8,5	8,5	8,2	8,7	9,5	9,5
14.	21,7	—	22,5	21	—	22	—	—
15.	30	23,5	25,5	—	—	37	26,5	—
16.	23,5	17	22	21	—	20,5	19,5	—
17.	23,5	15,5	21	19	—	20,5	19	—
18.	12,5	11,5	13	11,7	—	—	—	—
19.	59,5	48,3	—	—	—	—	53,5	—
20.	++	?	++	++	++	+	+	++
21.	171,8	152,5	—	156,7	—	—	162,1	—
22.	170,6	150,3	173,5	154,6	—	173,5	170,6	—
				P_2 fehlt		zu Oberschädel	zu Oberschädel, Atlas u. Epistropheus	

---

[4] Abb. 10, S. 133.

Tabelle 28 (Fortsetzung)

(c) *Unterkiefer*

1. F
2. Z
3. L vom Processus angularis bis zum Infradentale
4. L vom Processus condyloideus bis zum Infradentale
5. L vom Einschnitt zwischen dem Processus angularis und dem Processus condyloideus bis zum Infradentale
6. L vom Hinterrand der Alveole des M_3 zum Hinterrand der Alveole des C
7. L von P_1 bis M_3 (Alveolenmaß)
8. L von P_2 bis M_3 (Alveolenmaß)
9. L der Molarreihe (Alveolenmaß)
10. L von P_1 bis P_4 (Alveolenmaß)
11. L von P_2 bis P_4 (Alveolenmaß)
12. L des M_1
13. B des M_1
14. L der Reißzahnalveole
15. H hinter M_3
16. H vor M_1
17. H zwischen P_3 und P_4
18. D des Corpus mandibulae
19. H des Ramus mandibulae
20. Abkauung
21. Basallänge nach Brinkmann: Maß Nr. 3 multipliziert mit 1,21
22. Basallänge nach Dahr: Maß Nr. 7 multipliziert mit 2,9, vermindert um 44 mm

	O 20 pit G (5g)	U 12 (2)	O 21 NW (2c)	U 12 (2)	O 20 [2] (2)	H 18 [1] (5)	N 24 [6] (1)	N 24 [1] (1)
1.								
2. I-J	I-J	I-J	I-J	I-J	I-J	?	?
3. —	130	123	—	—	—	—	—
4. —	—	123,5	—	—	—	—	—
5. —	125	117	—	—	—	—	—
6. —	78	72	—	—	—	79	—
7. —	71	67,5	—	—	—	75	—
8. —	66	—	—	—	—	71	—
9. —	36	31	—	35	—	39	—
10. 36	37,5	37,5	—	—	—	38	—
11. 32	31,5	32	—	—	—	35	—
12. —	22,5	—	18	21,3	20,5	—	19,5
13. —	9	—	8	8,3	8,7	—	(8,5)
14. —	—	18	—	—	—	23	—
15. —	27,5	24	—	28,5	—	24	—
16. —	21	20,5	—	—	—	20,5	—
17. 18,3	19	19	—	—	—	17	—
18. —	12	11,3	—	—	—	11,8	—
19. —	—	51	—	—	—	52,5	—
20. ?	++	+	?	+	0	+	?
21. —	157,3	148,8	—	—	—	—	—
22. —	161,9	151,6	—	—	—	173,5	—
					zu Oberkiefer, Jungtier	zu Caninus	

Tabelle 28 (Fortsetzung)

(d) *Atlas*

F	N 12⁴ [1] (2)	O 21 NE (4)	O 21 NE (2) pit B
Z	D/L	I-J	I-J
GB über die Alae	86	—	—
GB der kranialen Gelenkfläche	43,5	41	36
GB der kaudalen Gelenkfläche	37	34,5	27,5
GB von der kranialen zur kaudalen Gelenk-fläche	33	32	27,5
GL	42	—	—
			zu Oberschädel, Unterkiefer u. Epistropheus

(e) *Epistropheus*

F	N 12⁴ [1] (2)	O 21 NW (2a)	O 21 NE (2) pit B
Z	D/L	I-J	I-J
L des Körpers einschließlich des Dens	59	45	44,5
GB der kranialen Gelenkfläche	35	29,5	27,5
KB des Wirbels	26	19,5	—
B über die Processus articulares caudales	32,5	26,3	—
GB der Facies terminalis caudalis	19,5	17	—
L des Processus spinalis einschließlich der Processus articulares caudales	57,5	—	—
			zu Oberschädel, Unterkiefer und Atlas

(f) *Halswirbel des Skeletts aus* N 12 [1] (2) = D/L⁴

Segment	H₃	H₄	H₅	H₆
L des Körpers zentral	32	30	27	23,5
L von den Processus articulares craniales zu den Processus articulares caudales	46	46	39,5	34,5
B über die Processus articulares craniales	32,7	37,5	37,5	37,5
B über die Processus articulares caudales	34	35	35	34

(g) *Kreuzbein des Skeletts aus* N 12 [1] (2) = D/L⁴

GB über die Alae	(51)
L des Körpers zentral	43

(h) *Scapula des Skeletts aus* N 12 [1] (2) = D/L⁴

L vom distalsten Punkt des Gelenkfortsatzes zum Angulus thoracicus	150
L vom distalsten Punkt des Gelenkfortsatzes zum höchsten Punkt der Spina	158
KL am Hals	30
L des Processus articularis	33
L der Gelenkfläche	29,5
B der Gelenkfläche	20,5

Tabelle 28 (Fortsetzung)

(i) *Humerus*

F	N 12⁵ [1] (2)	O 20 (4) pit A	U 12 [8] (3b)	O 20 pit Q (2)	O 20 pit G (5g)	O 21 SW (2)
Z	D/L	I-J	I-J	I-J	I-J	I-J
GL	206	—⁶	—	—	—	—⁶
GLC	199	—	—	—	—	—
BP	34	—	—	—	—	—
TP	47	—	—	—	—	—
KD	14	—	12,5	—	—	—
BD	36,5	33	30,5	29	27	24

(k) *Radius*

F	N 12⁵ [1] (2)	O 11 NE (4b)	O 21 [13] (7)	N 2î [A] (6)	N 11/12 (1)
Z	D/L	H	I-J	K	?
GL	207	—	164,5	—	—
BP	21	—	17,2	—	15,5
KD	14	—	11,8	>12,5	11
BD	28,5	23,7	23	23	—

(l) *Ulna*

F	N 12 [1] (2)⁵	O 24 (15) (16) (17)	O 21 NW (5)
Z	D/L	H	I-J
GL	244	—	—
TPA	28,5	—	23
KTO	24	—	19,5
BPC	20	14	16

(m) *Becken*

F		N 12 [1] (2)⁵	O 11 SW pit 5	Y 21 [5] (6)⁷	X/Y [15/ 16]¹
Z		D/L	H	?	?
GL (ohne Crista ilica)		169	—	—	—
LA		26	26	21,5	27,5
KB des Darmbeinkörpers		—	9	—	—
KHD		—	20,5	—	—

(n) *Femur*

F	N 12 [1] (2)⁵		N 24 [6] (1)	Y 21 [5] (7)⁷	X 22 (1)
Z	D/L		?	?	?
GL	220	220,5	—	—	—
BP	45	46,5	42,5	—	—
KD	13	13	—	—	—
BD	38,5	38	—	32	32
	links	rechts			

(o) *Tibia*

F	O 11 SE (5)	N 12 [1] (1)⁵	U 12 (2b)	O 20 Q-U (2)	Y 21 [5] (7)⁷
Z	D	D/L	I-J	I-J	?
GL	—	228	—	—	187,5
BP	35,5	39,5	37	32,3	32
KD	—	14	—	—	12
BD	—	16	—	—	23,5

⁶ s. S. 165.
⁷ Zusammengehörig.

Tabelle 28 (Fortsetzung)

(p) Calcaneus

F	O 11 SW (3)	N 12 [1] (1)[5]	O 20 pit G (5c)	Y 21 [5] (7)[7]
Z	D	D/L	I-J	?
GL	43,5	55,2	52	46,5
GB	—	22,2	21	18,5

(q) Talus

F	N 12 [1] (1)[5]	O 20 Pit G (5d)	U 12 [8] (3)	W 23 [1] (1)
Z	D/L	I-J	I-J	?
H	31,5	25	25	25

(r) Metapodien

F	N 11 [1] (4)	N 12 [1] (2)[5]					O 9 [7] (5)	O 23 SE [3] (4)	O 21 NW (2c)	Y 21 [5] (7)[7]	
Z	D/I-J	D/L					G/H	H	I-J	?	
Strahl	MtII	McV	MtII	MTIII	MTIV	MtV	MtV	MtII	MtV	MtII	MtIII
GL	69	69,5	82	89,5	92	82	59	58	65,5	67,5	76
BD	8,2	10,5	10	10,3	10	9,2	6,5	8	7	8,5	9,5

Aus demselben Bereich kommen 59 Teile eines wenige Tage alten Welpen (Tab. 27). Auch dieses Skelett ist demnach undatiert.

Die Mindestindividuenzahlen errechneten sich in der Regel aus Unterkieferfunden. Ausnahmen davon bilden die beiden adulten Teilskelette, deren Unterkiefer nicht gefunden wurden, das adulte Tier aus Schicht K, das durch einen Humerus und einen Radius belegt ist, und der juvenile Hund aus Schicht L, der durch einen Calcaneus ohne Tuber repräsentiert wird.

Die meisten Unterkiefer stammen von adulten Hunden, und zwar, soweit sie noch Zähne enthalten, von Tieren mit gering- und mittelgradig abgeriebenen Backzähnen. Die Extremitätenknochen, die eine weniger hohe Mindestindividuenzahl ergeben, passen zu diesem Befund.

Neben dem genannten Junghund aus Schicht L ist ein weiterer Junghund durch ein Oberkieferstück und einen Unterkiefer aus der Einheit I-J/K (H 18 [1] (5)) repräsentiert. Bei ihm waren P^4 und M_1 noch nicht voll durchgebrochen, die Incisivi und die Canini befanden sich im Wechsel. Demnach war dieser Hund zum Zeitpunkt seines Todes noch nicht ganz $1/2$ Jahr alt. Die Reißzähne haben wir trotzdem gemessen (Tab. 28c). Zu diesem Schädel könnte ein Humerus aus der gleichen Einheit gehören, dessen proximale und distale Epiphysenfugen noch nicht geschlossen waren.

Außer dem Welpenskelett aus Y 21 ist ein zweiter Welpe durch eine Unterkieferhälfte und einen Radius nachgewiesen. Er soll aus der Zeit von 1400—1200 v. Chr. sein (I-J).

Von den mindestens 22 Hunden, die die Knochen belegen, waren 18 erwachsen, 2 juvenil und 2 neonat bis infantil.

Zur Größe und zum Wuchs der Hunde

1. Oberschädel

Nur zwei Oberschädel sind annähernd ganz erhalten. Beide kommen den Fundumständen nach aus der Zeit des Neuhethitischen Reichs.

(a) U 12 **(3)**. Der Schädel wurde vor seiner Bergung durch Leimenguß konserviert. Die rechte Hälfte des Gesichtsschädels ist jedoch abgebrochen und liegt nur noch in Teilen vor. Infolge der Konservierung hat sich die Gesichtspartie geringgradig nach links verzogen und die Stirnpartie rechts aufgewölbt. Deshalb konnte eine Reihe von Breitenmaßen nicht abgenommen werden. Die abnehmbaren Strecken und der Gesamteindruck lassen jedoch erkennen, daß der Schädel weder breit noch besonders schlankwüchsig war. Er fällt mitten in den Bereich, den vor- und frühgeschichtliche Hunde in der Wuchsform gewöhnlich einnehmen. Der Schädel ist auch in dem üblichen Grade am Übergang von der Stirn- zur Nasenpartie eingesattelt, die Sinus frontales sind nicht auffallend ausgeprägt, die Crista sagittalis externa tritt nicht besonders hervor. Alle für die Altersbestimmung bedeutsamen Schädelnähte sind verwachsen, die Zähne geringgradig abgerieben. Mit einer Basallänge von etwa 175 mm paßt der Schädel in der Größe zu kleineren Deutschen Schäferhunden (Wagner 1930: S. 96f; Stockhaus 1965: S. 245) und mittelgroßen Dingos (Wagner 1930: S. 122f). Über die weiteren Maße des Schädels orientiert die Tabelle 28a.

Zu diesem Oberschädel liegt auch der Unterkiefer vor (Tab. 28c). Aus dessen Länge der Backzahnreihe von 75 mm errechnet sich nach der Methode von Dahr (1937) eine Basallänge von 173,5 mm. Dieses Ergebnis kommt der tatsächlichen Basallänge des Schädels also recht nahe.

(b) O 21 NE **(2)** pit B. In dieser Grube fand sich der Oberschädel mit dem Unterkiefer, Zungenbeinteilen und den ersten beiden Halswirbeln eines Hundes. Der Gesichtsschädel war vom Hirnschädel abgebrochen und wurde, so weit es ging, angeleimt. Manche Längenmaße ließen sich aber nur annähernd rekonstruieren (Tab. 28a). Die Crista sagittalis externa und die Sinus frontales sind schwächer ausgebildet als bei dem zuerst beschriebenen Schädel. Der Schädel ist um etwa 1 cm kürzer als dieser. Er kommt dem Schädel des Canis familiaris intermedius Woldřich in Größe und Typ nahe, der eine Totallänge von 184 mm und eine Basallänge von 164 mm hat (Woldřich 1877: S. 74). Mehr als eine Vorstellung über die Größe und den Wuchs soll und kann dieser Vergleich nicht vermitteln. Es wäre falsch, Abstammungsvorstellungen damit zu verbinden. Verglichen mit rezenten Hunden, entspricht der Schädel kleinen Dingos in der Größe (Wagner 1930: S. 122f; Werth 1944: Abb. 2; Stockhaus 1965: S. 258) und mittelgroßen Parias (Werth 1944: Abb. 2).

Die Zahnreihe des Unterkiefers dieses Schädels ist verhältnismäßig lang. Nach Dahrs Methode ergibt sie eine Basallänge von 170,6 mm. Demgegenüber errechnet sich aus der Totallänge der Mandibula nach Brinkmann (1924) nur eine Basallänge von 162,1 mm.

Von einem dritten, etwa gleichgroßen Schädel liegt aus derselben Grube ein Teil des Gesichtsschädels vor (Tab. 28 a).

Die Maße von drei P⁴ gruppieren sich um die Reißzahnmaße der erwähnten Oberschädel:

F	O 23 NE [2] (3)	H 18 [1] (5)	U 13 (1)
Z	H	I-J/K	?
L des P⁴	20	17	(18,5)
B des P⁴	8,5	7,5	—
Abkauung	+	0	?
		Jungtier, zu Unterkiefer	

2. Unterkiefer

Nachdem die Oberschädel mit den dazugehörigen Unterkiefern in der Größe festgelegt sind, fällt die Einordnung der restlichen Unterkiefer nicht schwer. Die Größe der Unterkiefer (Tab. 28 c) ist recht einheitlich. Wir fanden Backzahnreihenlängen von 67—75 mm, N = 9, $\bar{x} = 71,9$. Aus diesen und den Totallängen der Kiefer ergeben sich nach den Methoden von Brinkmann und Dahr Basallängen von nicht ganz 150 bis annähernd 175 mm. Vielleicht hätten diejenigen Unterkiefer, die diese Maße nicht abnehmen ließen, die Variationsbreite nach unten noch erweitert, denn mehrere Reißzähne fallen in ihren Maßen unter die Minima der M₁ der besser erhaltenen Kiefer (Tab. 28 c). Aber auch in diesem Falle bleibt die Einheitlichkeit des Materials erhalten. Die Hunde waren mittel- bis über mittelgroß, bei nur etwa 3 cm Variation der Basallänge. Ausgesprochen kleine und ausgesprochen große Hunde fehlen. Dieselbe Beobachtung macht man bei Parias sowie bei züchterisch kaum beeinflußten Hundepopulationen in einfacher Haltung. Sie stellen sich um eine Mittelgröße ein.

3. Extremitätenknochen

Die Beurteilung der Größe der Hunde vom Korucutepe an Hand der Extremitätenknochen erleichtern die beiden adulten Teilskelette, vor allem das Skelett aus N 12, weil sie die Maße der verschiedenen Skeletteile aufeinander beziehen lassen.

Wir wollen zuerst eine Vorstellung von der Größe des Hundes aus N 12 gewinnen. Koudelka (1885) ermittelte eine durchschnittliche Relation zwischen der Länge der Röhrenknochen und der Skeletthöhe. Die Längenmaße, von denen er ausgeht, werden für die Hundeskelette nicht genauer definiert, es waren aber an der lateralen Seite gemessene Längen, die an aufgestellten Skeletten abgenommen werden können. Die Methode hat noch eine ganze Reihe weiterer Mängel, scheint aber trotzdem vor allem bei größeren Hunden eine ganz gute Vorstellung von der Größe der Tiere zu vermitteln. Boessneck u.a. (1971: S. 91) erörtern die Problematik und begründen, weshalb man zur Abschätzung der Widerristhöhe auch von der größten Länge der einzelnen Röhrenknochen ausgehen kann. Die einzelnen Extremitätenknochen des Skeletts aus N 12 ergeben dann folgende Widerristhöhen: Scapula 64,1 cm, Humerus 69,4 cm, Radius 66,7 cm, Ulna 65,1 cm, Femur 66,3 cm, Tibia 66,6 cm. Die gefundene Widerristhöhe von etwa 66 cm fällt in den oberen Grenzbereich der Größenvariation des Deutschen Schäferhundes. Werden die Knochenlängen unmittelbar mit solchen von Deutschen Schäferhunden verglichen (Wagner 1930: S. 140ff), ergibt sich, daß sie in die obere Hälfte der Variation dieser Rasse fallen. Wie hoch die von Wagner vermessenen Hunde waren, ist nicht bekannt; auch der Rassestandard liegt nicht streng fest, weshalb nicht unbedingt unsere Berechnung zu hoch ausgefallen sein muß.

Die Extremitätenknochen und die Wirbel dieses Hundes sind mit Ausnahme eines Acetabulums fraglicher Zeitstellung (Tab. 28m) die größten postkranialen Hundeknochen vom Korucutepe. Die meisten anderen sind deutlich kleiner, von mittelgroßen Hunden, größer als Torfhunde. Sie entsprechen den Unterkiefern. Aus einem ganz erhaltenen Radius, der in die Neuhethitische Zeit datiert ist, errechnet sich eine Widerristhöhe von 53 cm und aus der Tibialänge des zweiten Teilskeletts eine Höhe von 54,8 cm (Tab. 28 k, o).

Unter den Röhrenknochen sind mehrere verhältnismäßig schlankwüchsig; die meisten aber ordnen sich im mittleren Bereich der Wuchsformvariation vor- und frühgeschichtlicher Hunde ein, soweit das an nicht ganz erhaltenen Knochen überhaupt feststellbar ist.

4. Ergebnis

Die Hunde vom Korucutepe waren mittelgroß bis groß. Sie fallen in den Variationsbereich von Parias aus der Türkei (Werth 1944: Abb. 2 u. S. 229ff). Der größte nachgewiesene Hund ist Rüden des Deutschen Schäferhundes vergleichbar, die kleinsten entsprechen Mittelschnauzern. Heutzutage ist die Variation in der Größe der Hunde im Gebiet der Altınova größer. Die Maße des Oberschädels eines großen rezenten Hundes aus der Gegend sind in Tabelle 28a zum Vergleich mit aufgeführt. Über das Äußere des Tieres ist nichts bekannt.

Auf Hunde entsprechender Größe und von gleichem Wuchs wie die Hunde vom Korucutepe weisen Funde aus hethitischer Zeit vom Alişar Hüyük (Patterson 1937: S. 296ff) und von Boğazköy (Vogel 1952: S. 131f) hin. Funde aus Osmankayası belegen zum Teil größere, zum Teil gleichgroße Hunde (Herre und Röhrs 1954/58: Tab. 18—20). Aus einer frühbronzezeitlichen Siedlung nordöstlich von Yarıkkaya kommt ein Unterkiefer, der den mittelgroßen Hunden in der Größe entspricht, während 4 weitere Hundeknochen von kleineren, torfhundgroßen Tieren sind (Boessneck und Wiedemann, im Druck). Auch die vorgeschichtlichen Hunde von Troja waren mittelgroß und klein (Gejvall 1946).

„Zu welchem Zweck die Hunde gehalten wurden, etwa als Jagd-, Hirten- oder allein Wachhunde, lassen die Knochen nicht erkennen. Es ist durchaus möglich, daß die Tiere ohne engere Bindung zu bestimmten Menschen oder deren Anwesen herumstrichen, den Parias ähnlich, deren Größe sie aufweisen". Diese Feststellung (Boessneck und Wiedemann, im Druck) ist auf den Befund für den Korucutepe übertragbar.

7. Haushuhn, *Gallus gallus domesticus*

Der Wildvorfahre des Haushuhns ist das gewöhnliche Wildhuhn oder Rote Dschungelhuhn, *Gallus gallus*. Von den mindestens vier geographischen Rassen (Zeuner 1967: S. 370) scheint das vorderindische Wildhuhn, *Gallus gallus murghi* Robinson *et* Kloss, vornehmlich an der Stammvaterschaft beteiligt zu sein (Gandert 1953: S. 70). Die Domestikation fand wohl sicher in Vorderindien statt, und zwar im 3. Jahrtausend v.Chr. (vgl. Conrad 1966/68: S. 67 ff bzw. 238 ff).

Der älteste Beleg für das Haushuhn kommt aus einer Fundstelle mit Resten der althethitischen Zeit (U 12 NE-SE (7)). Es ist ein Humerus eines juvenilen Tieres. Für das Vorkommen des Haushuhns in Anatolien in dieser frühen Zeit spräche auch ein Beleg aus Zentralanatolien, den Boessneck und Wiedemann (im Druck) aus dem frühbronzezeitlichen Yarıkkaya beschreiben. Dennoch sei dahingestellt, ob diese beiden Einzelfunde ausreichen, die Hühnerhaltung in dieser Zeit für Anatolien annehmen zu dürfen.

In der Schicht I-J werden die Hühnerknochen dann häufiger. Hier wurden fast die Hälfte aller 32 Hühnerknochen gefunden. Die höheren Fundzahlen stellen die Hühnerhaltung während der Neuhethitischen Zeit außer Zweifel.

Die 32 Hühnerknochen verteilen sich wie folgt auf die einzelnen Schichten und Einheiten:

Schicht	Knochenstücke			MIZ
	Juvenil	Subadult	Adult	
D/I-J	1 Coracoid	—	—	1
D/L	1 Humerus	—	—	—
H	1 Humerus	—	—	1
I-J	3 Humeri	—	1 Humerus	3
	1 Coracoid	—	1 Coracoid	—
	1 Ulna	—	1 Scapula	—
	1 Radius	—	1 Tibiotarsus	—
	1 Tibiotarsus	—	—	—
	2 Tarsometatarsen	—	—	—
	1 Becken	—	—	—
I-J/K	—	—	1 Ulna	—
I-J/L	1 Coracoid	1 Humerus	1 Scapula	3
	1 Humerus	1 Tarsometatarsus	—	—
	1 Tibiotarsus	—	—	—
K/L	—	—	1 Humerus	1
	—	—	1 Tibiotarsus	—
L	—	—	1 Humerus	2
	—	—	2 Tibiotarsen	—
„?"	1 Tarsometatarsus	—	1 Tibiotarsus	—
	—	—	1 Femur	—
Summe	17	2	13	11

Die Knochen ergeben mindestens 11 Individuen, von denen 5 juvenil, 1 subadult (und männlich) und 5 adult waren.

Die Hühnerknochen wurden zur Absicherung der Diagnose mit dem Skelettmaterial an Waldhühnern, Fasanen und Haushühnern unserer Sammlung verglichen,

Tabelle 29
Haushuhn, *Gallus gallus domesticus*. Maße der Knochen (Meßstrecken s. Erbersdobler 1968)

(a) *Humerus*

F	N 11 [1] (3)	N 11 [1] (3)	N 11 [4] (7d)	O 23 SW (2)
Z	I-J	I-J	I-J/L	L
GL	—	—	—	60,2
BP	17,3	—	—	—
KS	6	5,8	5,7	5,3
BD	—	12,8	12,6	12,2

(b) *Femur*

F	Y 21 [5] (7)
Z	?
BP	13,2
DP	8,8
KS	5,5

(c) *Tibiotarsus*

F	N 11 [1] (3)	N 21 (3a)	N 21 pit 1 (3)
Z	I-J	I-J	I-J
KS	6,4	(5,5)	5,2
BD	11,6	10,7	10,0

(d) *Tarsometatarsus* ♂

F	N 11 [7] (7b)
Z	I-J/L
GL	84,5
BP	15
KS	7
BD	14,2
	subadult

außerdem auf die Merkmale hin geprüft, die Erbersdobler (1968) zusammenstellte. In allen Fällen bestätigte sich die Zuordnung zum Haushuhn.

Da zahlreiche Knochen von Jungtieren und die Reste der adulten Hühner meist zerbrochen sind, ist die Ausbeute an Maßen nicht groß (Tab. 29). Die Hühnerknochen sind im Rahmen vor- und frühgeschichtlicher Hühner gesehen von kleinen bis mittelgroßen Tieren. Der kleine, in der Länge erhaltene Humerus aus der Seldschukenzeit findet nur in mittelalterlichen Funden Entsprechungen (z. B. Klumpp 1966/67: S. 133). Demgegenüber fällt der Tarsometatarsus eines Hahnes mitten in das Variationsfeld römerzeitlicher Hähne (z. B. Müller 1966/67: S. 107 u. Diagramm VI) und erreicht bereits den unteren Grenzbereich der Variation rezenter europäischer Legerassen (z. B. Schweizer: Tab. 2).

C. Wildtiere

a. Säugetiere

1. Rothirsch, *Cervus elaphus*

Der Rothirsch wird in der Türkei durch die Unterart *Cervus elaphus maral* vertreten. Seine Verbreitung weist heute große Lücken auf, dürfte aber in früherer Zeit alle Waldgebiete der Halbinsel umfaßt haben (vgl. Kumerloeve 1967: S. 384ff). Am besten hat sich der Maral noch in Nordanatolien gehalten. In der näheren Umgebung des Korucutepe kommt der Rothirsch heute nicht mehr vor.

Der Rothirsch ist, genau so wie es allgemein in vorgeschichtlichen Funden auf dem europäischen Festland zu beobachten ist, das häufigste Wildtier unter den Funden vom Korucutepe. Insgesamt wurden 342 Hirschknochen bestimmt, die knapp die Hälfte der Wildtierfunde und 2% aller Tierknochenfunde ausmachen (Tab. 43). Der Maral hat an dem Tierknochenmaterial (Haus- und Wildtiere) in den einzelnen Einheiten und Schichten folgenden Anteil: D = 11,7%, D/I-J = 3,4%, D/L = 7,3%, G/H = 2,1%, H = 2,5%, I-J = 1,0%, I-J/K = 0,5%, I-J/L = 3,1%, L = 0,8%, ? = 1,5%.

Aus den Prozentzahlen geht hervor: Der Rothirsch ist in Schicht D weit häufiger vertreten als in allen folgenden Schichten. Sein Anteil geht von über 10% bis in die Seldschukenzeit auf unter 1% zurück. Die Hirschjagd war demnach in der Frühen Bronzezeit nicht unbedeutend. Wir können aus diesem Befund auf eine damals strekkenweise noch weitgehend unberührte wildreiche Landschaft in der Umgebung des Korucutepe schließen. Später, und zwar offenbar schon während der althethitischen Zeit, wurde durch seine Verfolgung und die zunehmende Kultivierung der Landschaft der Rothirsch mehr und mehr zurückgedrängt und immer seltener zur Jagdbeute des Menschen.

Mindestindividuenzahlen und Altersverteilung

In Schicht D sind Knochen von mindestens 6 Rothirschen gefunden worden (s. Tab. 30). Von ihnen waren 4 adult (4 Tibien von 4 verschiedenen Tieren) und 2 juve-

Tabelle 30
Rothirsch, *Cervus elaphus.*
Verteilung der Knochen aus den einzelnen Schichten auf das Skelett

	D	D/I-J	D/L	G/H	H	I-J	I-J/K	I-J/L	L	?	Gesamt
Geweih	15	1	—	1	7	12	1	3	2	6	48
Oberschädel	6	1	—	—	3	4	—	2	—	—	16
Dentes superiores	1	4	—	—	1	2	1	—	—	1	10
Mandibula	1	—	1	—	2	2	—	—	—	1	7
Dentes inferiores	3	—	1	—	—	4	—	—	1	1	10
Vert. cervicales	1	—	—	—	3	3	—	—	—	2	9
Vert. costales	2	—	1	—	—	2	—	—	—	—	5
Vert. lumbales	3	—	—	—	—	1	—	—	—	—	1
Costae	12	1	3	1	—	5	—	1	—	5	28
Scapula	1	1	2	—	—	3	—	—	—	—	7
Humerus	4	—	3	—	3	5	—	—	2	1	18
Radius	7	1	2	—	1	7	—	—	—	1	19
Ulna	7	—	—	—	2	—	—	1	—	—	10
Carpalia	1	—	1	—	—	—	—	—	—	—	2
Metacarpus	4	1	3	2	2	10	—	1	1	2	26
Pelvis	4	—	2	—	1	—	—	—	—	—	7
Femur	5	—	—	—	—	6	1	3	—	2	17
Tibia	9	—	4	—	2	5	—	1	1	4	26
Talus	1	—	1	—	—	1	1	1	1	1	7
Calcaneus	4	—	3	—	1	3	—	—	1	2	14
Andere Tarsalia	1	—	1	—	—	—	—	—	—	1	3
Metatarsus	2	—	3	—	2	11	—	2	—	5	25
Phalanx 1	4	—	1	—	3	3	—	1	—	1	13
Phalanx 2	3	—	—	—	—	4	—	—	—	1	8
Phalanx 3	—	—	—	—	1	1	—	1	—	—	3
Insgesamt	101	10	32	4	34	94	4	17	9	37	342
MIZ	6	1	2	1	3	4	—	1	2	1	21

nil. Die Jungtiere sind durch einen Metacarpus, 3 Radien, denen die distalen, 2 Femora, denen die proximalen und distalen Epiphysen fehlen, und eine Phalanx 2, der die proximale Epiphyse fehlt, vertreten. Ein hochgradig abgeriebener M³ weist ein altes Tier aus. Die 10 bzw. 32 Knochen der Einheiten D/I-J und D/L können zum größten Teil zu den Tieren der Schichten D, I-J und L gehören. Aber einige Funde sind darunter, die weder in der Größe noch im Alter zu den erwähnten Individuen der Schichten D, I-J und L passen. Deshalb müssen zusätzlich noch 3 Hirsche gezählt werden, ein adulter für die Einheit D/I-J und ein adulter und ein juveniler — Metatarsus distal offen, in der Größe nicht zu dem erwähnten Metacarpus des Jungtiers aus Schicht D passend — aus D/L.

Die 4 Knochen aus der Einheit G/H vertreten mindestens einen Hirsch, der ebenfalls adult war, und die 34 Knochen der Schicht H weitere mindestens 3. Diese letzte Zahl beruht auf 2 Hirnschädeln von männlichen Tieren — einem sehr starken Hirsch und einem etwas jüngeren Hirsch (s. unten) — und einem Unterkieferrest eines Hirschkalbes. Der Unterkiefer besitzt nur geringgradig abgeriebene Milchprämolaren.

Schicht I-J lieferte Knochen von mindestens 4 Individuen. Auf Grund der Extremitätenknochen waren 3 davon adult, und zwar, wie 3 Kieferreste mit geringgradig abgeriebenen Backzähnen zeigen, jünger adult. Das 4. Individuum war wiederum jung. Die 4 Knochen der Einheit I-J/K könnten zu den aufgeführten Tieren gehören. Aber unter den Funden aus I-J/L befinden sich Knochen, die keine Entsprechung mit denen der anderen Einheiten haben, und die noch mindestens einen adulten Hirsch zusätzlich belegen.

Die Schicht L bringt Nachweise für 2 adulte Hirsche.

Wenn auch viele der Maralreste aus der Einheit „?" zu den Tieren der besprochenen Einheiten und Schichten gehören könnten, so finden doch einige Knochen keine Entsprechungen bei diesen. Mindestens ein ausgewachsener Hirsch ist noch auf Grund dieser Knochen nachgewiesen.

Die Masse der nachgewiesenen Rothirsche war demnach adult. Nur 5 Jungtiere stehen 16 ausgewachsenen Rothirschen gegenüber. Wie sich die Geschlechter verteilen, ist schwer zu sagen, weil die Geschlechtsbestimmung mit Ausnahme am Schädel nur subjektiv auf Grund der Größe der Knochen erfolgt. Hirnschädelreste und schädelechte Geweihe liegen nur wenige vor (s. unten). Nach den Breitenmaßen der Knochen liegen anscheinend mehr Reste ♂♂ als ♀♀ Hirsche im Fundgut vor (s. Tab. 32). Dieser Befund entspricht dem Bild, das auch für vor- und frühgeschichtliche Siedlungen Mitteleuropas gewonnen wurde (z.B. Jéquier 1963: S. 102; Blome 1968: S. 21), aber nicht dem natürlichen Verhältnis der Geschlechter in einer Wildtierpopulation. Blome (1968: S. 22) meint „sicherlich wurde der mehr Fleisch liefernde Hirsch, der auch gleichzeitig das als Rohstoff wichtige Geweih lieferte, bevorzugt verfolgt."

Geweih und Hirnschädel

Von den Geweihen liegen oft nur kleine Stücke vor. Nur wenige Geweihe sind so gut erhalten, daß ihre Größe beurteilt werden kann.

Aus Schicht D kommen 7 größere Geweihstücke von 7 Hirschen. Bei jenen ist aber nicht zu entscheiden, ob sie Abwürfe oder schädelecht sind. Diese Geweihstücke konnten deshalb nicht als Grundlage für die Berechnung der Mindestindividuenzahl dienen. 4 davon sind von starken Hirschen. Unter ihnen befindet sich eine Krone mit 3 Kronenenden aus O 11 SW **(5)**. Von einem mittelstarken Hirschgeweih kommt ein Geweihstück aus der Gegend der Rose aus N 11 **[3] (7)**. Es handelt sich um ein schädelechtes Geweih, dessen Rosenumfang 200 mm und dessen Umfang proximal der Rose 130 mm beträgt.

Abb. 7. Rothirsch, *Cervus elaphus maral*. Schaufelkrone (Schicht L, N 12 **[2]** pit D). (s. S. 126)
Fig. 7. Red deer, *Cervus elaphus maral*. Palmated crown of the antlers (stratum L, N 12 **[2]** pit D)
(see p. 126)

Abb. 8. Rind, *Bos taurus*, und Ur, *Bos primigenius*. Phalangen 1 ant. periph. Links (a): Hausrind (Schicht D/L, N 12 **[1] (2)**); rechts (b): Ur (Schicht H, S 24 **[6] (4)**). GLpe 47,5 und 68,5 mm (s. S. 130 und Tab. 33 d)
Fig. 8. Cattle, *Bos taurus*, and aurochs, *Bos primigenius*. Phalanges 1 ant. periph. Left (a): domestic cattle (stratum D/L, N 12 **[1] (2)**); right (b): aurochs (stratum H, S 24 **[6] (4)**). GLpe 47.5 and 68.5 mm (see p. 130 and table 33 d)

Aus der Schicht H sind 2 Hirnschädel erwähnenswert. Der eine Hirnschädel aus U 12 [1] (7) besitzt eine starke Geweihbasis, die leider weitgehend zerstört ist, aber auf einen kapitalen Hirsch schließen läßt. Der zweite Schädelrest aus O 24 (10) hat schwächere Rosenstöcke. Er ist von einem jüngeren Tier, denn die Occipital- und die Frontalnähte sind noch weitgehend offen. Die Maße, die an dem Schädel abgenommen werden konnten, deuten dennoch auf einen starken Hirsch hin (vgl. Tab. 32 a mit Jéquier 1963: S. 74).

Aus der Schicht I-J kommen wieder 3 bemerkenswerte Partien von Geweihen: Ein Stangenende von etwa 12,5 cm Länge (U 13 [3] (3)) kommt von einem mittelstarken Hirsch. Ein 3 cm langes Geweihstück eines stärkeren Hirsches aus O 20 pit G (5f) ist handwerklich bearbeitet. Von einem starken Maral stammt ein Geweih in Teilen aus N 11 [2] (3).

Schließlich ist noch aus Schicht L (N 12 [2] pit D) eine schaufelartige Geweihkrone eines kapitalen Hirsches zu erwähnen. Aus der Schaufel, die an beiden Seiten abgeschliffen ist, so daß sie elchartig wirkt, gehen 3 Enden ab (Abb. 7). Die Innenstruktur der Platte ist spongiös. Nach Hilzheimer (Brehm 3. Aufl. 13: S. 139) kann sich beim Maral die hintere Hälfte der Krone schaufelartig verbreitern.

Aus der Einheit „?" gibt es eine mittelstarke Abwurfstange (H 18 (1)) und 2 dünne Geweihstücke, offenbar von einem Junghirsch (N 12 (1)).

Zusammenfassend ist zu sagen, daß die schlecht erhaltenen Reste vom Korucutepe immerhin erkennen lassen, daß manche der Trophäen von sehr stattlichen Tieren kommen.

Die übrigen Knochen

Die stattliche Größe der Maralhirsche vom Korucutepe bestätigen die Extremitätenknochen. Um diese Größe zu verdeutlichen, bringen wir in Tabelle 31 einen Vergleich der Extrem- und Mittelwerte von Rothirschknochen aus den neolithischen Siedlungen Burgäschisee-Süd in der Schweiz (Jéquier 1963: Tab. 10) und Polling in Oberbayern (Blome 1968: Tab. 12) mit den entsprechenden Maßen der Hirsche vom Korucutepe. Die neolithischen Rothirsche aus Burgäschisee-Süd und Polling sollen die großen Rothirsche vertreten, die in vor- und frühgeschichtlicher Zeit in Mittel- und Osteuropa lebten. Die Durchschnittswerte aus Polling liegen noch ein wenig höher als die Werte aus Burgäschisee-Süd. Die Maße der Hirsche vom Korucutepe fallen in die Variationsbereiche dieser beiden Hirschpopulationen. In manchen Fällen werden aber deren Maximalwerte noch überschritten. Die Mittelwerte aus den Funden von Korucutepe liegen, von 2 sicher zufälligen Ausnahmen bei den Pollinger Funden abgesehen, über denen der mitteleuropäischen Vergleichsstationen. Der ganze Metacarpus aus Schicht H, der eine größte Länge von 291 mm aufweist (Tab. 32 f), läßt auch als Längenmaß erkennen, welche enorme Größe die anatolischen Marale erreichten. Auf Grund dieser Metacarpuslänge errechnet sich mittels des Durchschnittsquotienten, den Godynicki (1965) für ♂♂ Hirsche ermittelte, eine Widerristhöhe von

Tabelle 31
Vergleich der wichtigsten Maße der Rothirschknochen vom Korucutepe mit den Maßen
der Hirschknochen aus Burgäschisee-Süd/Schweiz (Jéquier 1963: Tab. 10)
und aus Polling/Oberbayern (Blome 1968: Tab. 12)

| | Burgäschisee-Süd | | | Polling | | | Korucutepe | | |
	N	Variation	$\bar{x}$	N	Variation	$\bar{x}$	N	Variation	$\bar{x}$
Scapula									
KLH	32	29,5—44	35,6	30	30—46	37,0	2	36,5; 38,5	—
BG	42	35,5—53,5	42,2	33	35—52,5	41,5	3	40—50	44
Humerus									
BD	87	49,5—72	59,1	27	56—69	63,7	3	56,5—65,5	61
BTH	87	47,5—60	54,8	43	51—61,5	56,9	4	53—61	57,3
Radius									
BD	55	44—58,5	51,6	11	47—58	54,4	3	52—57	55,3
Metacarpus									
BP	66	35—46,5	41,1	5	41—69	43,7	3	(46,5)—50,5	48,3
BD	56	36,5—47	42,2	12	37—47	42,0	5	43—51	48,2
Tibia									
BD	110	44—56,5	50,9	36	44—57	52,0	8	50—59,5	54,8
Talus									
GLl	147	48—62,5	56,9	95	54—62,5	57,8	6	60—64,5	61,4
GLm	148	45—60,5	53,3	87	50—59	54,5	7	53,7—58,5	56,3
Tl	148	26,5—34	30,8	96	27—35	31,5	7	(30,5)—35,3	33
BC	147	31—40	35,5	83	32—40	36,6	7	35—40	39,3
Calcaneus									
GL	66	98—136	120,1	12	117—134	124,8	3	119—131	126,3
Metatarsus									
BD	51	36—49	42,6	5	41—48	45,2	2	45; 45,7	—
Phalanx 1									
GLpe	175	50,5—67	58,7	30	56—66,5	60,5	13	55—66,5	60,7
BP	214	17—24,5	20,9	31	19—24	22,1	12	21,5—27,5	23,5
KD	177	13,5—20	16,9	30	16—19,5	17,8	12	17,0—21	18,8
BD	223	16,5—23,5	20,0	28	18,5—23,5	20,8	13	21—24	22,3
Phalanx 2									
GL	163	37—49	43,2	42	40—50	45,3	7	40,7—47,5	44,5
BP	175	17—22,5	20,4	42	19—25	21,4	4	23—25	23,8
KD	162	12—18	15,1	42	14—18,5	16,0	5	16,5—19,5	17,8

Tabelle 32
Rothirsch, *Cervus elaphus*. Einzelmaße der Knochen

(a) *Hirnschädel*

Z	H
GB über die Condyli occipitales	80
Größte Hirnschädelbreite = Euryon−Euryon	111
KB des Schädels hinter den Geweihbasen	106
B über den Ohröffnungen	144

(b) *Unterkiefer*

Z	D
L der Prämolarreihe	59
Abkauung	+++

(c) *Scapula*

Z	D/I-J	I-J	I-J
KLH	−	38,5	36,5
GLP	−	59	56
LG	−	46,5	43
BG	50	42	40
G	♂	♀	♀

(d) *Humerus*

Z	H	I-J	I-J	L	L
KD	−	32,5	−	−	−
BD	−	−	61	65,5	56,5
BTH	57,5	−	57,5	61	53
G	?	♂	?	♂	♀

(e) *Radius*

Z	D	D	I-J	I-J
BP	62	−	−	−
BGP	56,5	−	−	−
BD	−	57	57	52

(f) *Metacarpus*

Z	D/L	H	H	I-J	I-J	I-J	I-J
GL	−	291	−	−	−	−	−
BP	(46,5)	50,5	−	48	−	−	−
KD	−	28,5	−	−	−	−	−
BD	−	51	43	−	50	49	48
G	♂	♂	♀	♂	♂	♂	♂

(g) *Femur*

Z	D	D
BD	79	74

(h) *Tibia*

Z	D	D	D	D	H	I-J	L	?
BD	59,5	55	(53)	51,5	59	50	57	53,5
G	♂	?	?	♀	♂	♀	♂	?
							zu Talus	

(i) *Talus*

Z	D	D/L	I-J	I-J/K	I-J/L	L	?
GLl	62	60	−	64,5	60,3	60,5	61
GLm	57,5	56,5	53,7	58,5	56	55,5	56,5
Tl	(33)	32	(30,5)	35,3	33	34,5	33
Tm	35,5	−	−	36	33,5	34,5	33
BC	40	39	35	42,3	40	40	39
G	♂	♂	♀	♂	♂	♂	♂

Tabelle 32 (Fortsetzung)

(k) *Calcaneus*

Z	D	I-J	L
GL	129	131	119
GB	42,5	43	(36)
G	♂	♂	♀

(l) *Os centrotarsale*

Z	D	D/L
GB	(56)	50,5

(m) *Metatarsus*

Z	D/L	I-J/L	?
BP	38	—	—
KD	(23)	—	—
BD	—	45,7	45
G	♀	?	?

(n) *Phalanx 1*

Z	D	D	D	D/L	H	H	H
GLpe	59,5	58,5	57,5	61,5	(66)	63,5	58,5
BP	22	21,5	21,5	25	—	26	22,5
KD	18,5	17	17,5	19	—	21	17,8
BD	22	21	21	22,5	24	23,5	22
G	?	?	♀	♂	♂	♂	?

Z	I-J	I-J	I-J/L	?	?	?
GLpe	59	55	60	66,5	62	61
BP	25	21,5	(23)	27,5	24,5	22,5
KD	20	18	18	20	19,5	19,5
BD	21,7	19,5	22	24	23,5	23
G	♂	♀	♂	♂	♂	♂

(o) *Phalanx 2*

Z	D	D	D/L	I-J	I-J	I-J	?
GL	47,5	43	(45)	47	46,5	40,7	42
BP	24	23	—	—	25	23	—
KD	18,5	17	—	—	19,5	17,5	16,5
BD	21,2	19	—	20	21,5	19,5	(19,5)
G	♂	?	♂	♂	♂ zu Phalanx 3	♀	♀

(p) *Phalanx 3*

Z	H	I-J	I-J/L
DLS	54,5	56	50
DL	51	50,7	—
		zu Phalanx 2	kalziniert

1,36 m. Auch das Proximalende einer Tibia mit 90 mm Breite (Schicht D) findet in seiner Größe keine Entsprechung bei mitteleuropäischen Hirschen. Die Rothirsche vom Korucutepe waren demnach im Durchschnitt noch größer als die stattlichen mitteleuropäischen Hirsche der vorgeschichtlichen Zeit. Die volle Maralgröße erreichten aber die vorgeschichtlichen Hirsche der großen Waldgebiete Osteuropas (Necrasov und Haimovici 1963: S. 132ff).

Ebenso stattliche Hirsche wie auf dem Korucutepe hat Vogel (1952: S. 130) für
Boğazköy bezeugt. Die Funde von Ališar Hüyük (Patterson 1937: S. 296), Alaca
Hüyük (Dilgimen 1944: S. 184) und Yarıkkaya (Boessneck und Wiedemann, im
Druck) bilden dagegen kaum eine wertvolle Ergänzung.

2. Ur, *Bos primigenius* (?)

Die Unterscheidung von Knochen des Ures und des Hausrindes in Schlachtabfällen
aus vorgeschichtlicher Zeit wird auf Grund der Größe der Knochen und eventuell
ihrer Kompaktheit und Profilierung vorgenommen. Wenn nicht größere Teile der
Stirnpartie oder von Hornzapfen von Urstieren vorliegen, ist jedoch eine sichere Bestimmung der Knochen des Wildvorfahren unserer Hausrinder meist nicht möglich.
Schwierigkeiten entstehen weiterhin, indem der Wisent (Bison bonasus) vertreten
sein könnte. Aber nicht ein einziger Fund ließ einen speziellen Verdacht in dieser
Hinsicht aufkommen.

12 Rinderknochen fallen in ihrer Größe derart aus dem Rahmen, daß wir glauben,
sie dem Ur zuordnen zu müssen:

Schicht	Knochenstücke	MIZ
D	1 Phalanx 3	1
H	1 Dens superior	2
	1 Scapula	
	1 Humerus	
	1 Metacarpus	
	1 Metatarsus	
	3 Phalangen 1	
I-J	1 Unterkiefer	1
	1 Ulna	
	1 Femur	
Summe	12	4

Darüber hinaus gibt es unter den beim Hausrind besprochenen Funden einige, die
durchaus auch vom Ur sein könnten (Tab. 9—11). Sie verbinden die ausgesonderten
Knochen mit den übrigen und machen ihre Herausstellung problematisch. Groß sind
die Lücken zu den übrigen Funden bei dem Distalteil eines Humerus (Tab. 33 b) und
bei dem größten Fesselbein, von dem nur die Länge zu ermitteln ist (Tab. 33 d). Die
in dieser Tabelle aufgeführte Phalanx 1 mit 68,5 mm Länge der peripheren Hälfte
(Abb. 8 b) ist dagegen nicht groß. Da sie aber kalziniert ist und deshalb ursprünglich
größer war, darf ihre Herkunft von einem Ur schon angenommen werden. Von der
Phalanx 3 (Tab. 33 e) hätte man vielleicht auch noch die nächstkleineren mit aus-
sondern sollen (Tab. 11 n). Dagegen ist das Unterkieferstück mit dem M_3 von 44 mm
Länge (Tab. 33 a) kaum von den nächstkleineren abgesetzt (Tab. 9/1 und S. 45 ff) und

Tabelle 33
Ur, *Bos primigenius*, (?). Maße der Knochen

(a) M_3		(b) *Humerus*		(c) *Metatarsus*	
F	U 12 **[8] (3)**	F	O 24 **[B] (2)**	F	U 12 **[1] (7)**
Z	I-J	Z	H	Z	H
L	44	BD	102	BD	69
B	19,5	BTH	92		im Verwachsen
Abkau-ung	+				

(d) *Phalanx 1*			(e) *Phalanx 3*	
F	O 24 **(15) (16) (17)**	S 24 **[6] (4)**	F	O 10 **[1] (16)**
Z	H	H[1]	Z	D
GLpe	(75)	68,5	DLS	96
BP	—	31		
KD	—	26		
BD	—	30,5		
		a, pe		
		kalziniert!		

[1] Abb. 8 b.

die Bestimmung wegen der bekannten größeren Beharrlichkeit in der Gebißgröße noch schwieriger. Trifft die Zuordnung der Knochen zum Ur zu, so wurden nur schwächere bis mittelgroße Ure nachgewiesen (vgl. z. B. Stampfli 1963: S. 175 ff). Auch die auf Grund ihrer Größe ausgesonderten nicht meßbaren Knochenstücke ändern daran nichts.

Auch die Berechnung der Mindestindividuenzahl des Ures ist wegen der Unsicherheiten problematisch. Die ausgesonderten Knochen der Schicht H stammen von mindestens zwei Tieren, denn ein nicht näher zu bestimmender Oberkiefermolar ist mittelgradig abgerieben, an dem Metatarsus dieser Schicht befindet sich demgegenüber die Epiphysenfuge erst im Verwachsen.

3. Wildschaf, *Ovis ammon* und Wildziege, *Capra aegagrus*

Die Bezoarziege ist nach Kumerloeve (1967: S. 395) in manchen Gebieten Anatoliens heute noch „gut und gelegentlich auch sehr gut" vertreten. Auch in den Bergen der Umgebung von Elâziğ wurde sie beobachtet (*ebd.*: S. 396). Im Gegensatz zur Ziege ist das Verbreitungsgebiet des Wildschafes in Anatolien bereits stärker eingeschränkt. Um Elâziğ kommt es heute nicht mehr vor (*ebd.*: S. 399).

Unter den Funden vom Korucutepe sind beide Arten mit Sicherheit belegt. Sie können mit Hilfe der Arbeiten von Gromova (1953) und Boessneck, Müller und Teichert (1964; auch Boessneck 1969) bestimmt werden. Die Knochen der Wildziege überwiegen (Tab. 34). Die Trennung der Wildschaf- und Wildziegenknochen von den Hausschaf- und Hausziegenknochen erfolgte, wie schon erwähnt, auf Grund

Abb.9. Wildschaf, *Ovis ammon.* Hornzapfen
(Schicht D/I-J, N 11 **[4] (3)**). Umfang an der
Basis (190) mm (s. S. 136 und Tab. 35a)
Fig.9. Wild sheep, *Ovis ammon.* Horn cores
(stratum D/I-J, N 11 **[4] (3)**). Circumference at
the base (190) mm (see p. 136 and table 35a)

Abb. 10. Hund, *Canis familiaris*. Unterkieferhälfte eines großen Hundes (Schicht H, O 23 NE **(3)**). Länge der Backzahnreihe 75 mm (s. Tab. 28 c)

Fig. 10. Dog, *Canis familiaris*. Half of lower jaw of large dog (stratum H, O 23 NE **(2)**). Length of the tooth row 75 mm (see table 28 c)

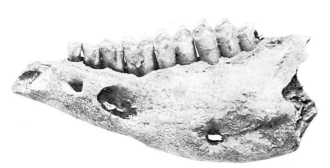

Abb. 11. Schaf/Ziege, *Ovis aries/Capra hircus*. Aufgetriebene Unterkieferhälfte mit Fistelkanälen (Schicht I-J, K 12 **[3] (11)**). Länge der Backzahnreihe 71 mm (s. S. 166)

Fig. 11. Sheep/goat, *Ovis aries/Capra hircus*. Swollen half of a lower jaw with fistulas (stratum I-J, K 12 **[3] (11)**). Length of the tooth row 71 mm (see p. 166)

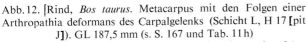

Abb. 12. [Rind, *Bos taurus*. Metacarpus mit den Folgen einer Arthropathia deformans des Carpalgelenks (Schicht L, H 17 [pit J]). GL 187,5 mm (s. S. 167 und Tab. 11 h)

Fig. 12. Cattle, *Bos taurus*. Metacarpus showing the results of Arthropathia deformans of the carpal joint (stratum L, H 17 [pit J]). GL 187.5 mm (see p. 167 and table 11 h)

ihrer Größe, bei den Hornzapfen nach der Größe und der charakteristischen Form. Die meisten der aussortierten Knochen sind deshalb von männlichen Tieren. Sicherlich befinden sich unter den Knochen der kleinen Hauswiederkäuer noch unerkannte Wildtierknochen von weiblichen und von jungen Tieren (s. S. 64).

In den einzelnen Schichten und Einheiten sind folgende Mindestindividuenzahlen ermittelt worden (vgl. Tab. 34):

D: Knochen eines adulten Widders und eines adulten Ziegenbockes.

D/I-J: Der starke Hornzapfen eines Widders (Tab. 35a) könnte von dem gleichen Tier wie die Knochen der Schicht D sein.

H: Der Calcaneus und der Metatarsus eines erwachsenen Widders und der Humerus einer Wildziege, deren Geschlecht nicht zu ermitteln ist, belegen ein Tier von jeder Art in dieser Schicht.

Tabelle 34
Wildschaf, *Ovis ammon* (S), und Wildziege, *Capra aegagrus* (Z).
Verteilung der Knochen aus den einzelnen Schichten auf das Skelett

	D			D/I-J	D/L		H		I-J			I-J/K	I-J/L	K		?			Gesamt		
	S	S/Z	Z	S	S	Z	S	Z	S	S/Z	Z	Z	Z	S/Z	Z	S	S/Z	Z	S	S/Z	Z
Hornzapfen	—	—	—	1♂	—	—	—	—	—	1	—	—	—	—	—	—	—	1	1	1	1
Oberschädel	—	—	—	—	—	—	—	—	—	—	1	—	1♂	—	—	—	—	—	—	—	2
Mandibula	—	1	—	—	—	—	—	—	—	2	—	—	—	—	—	—	—	—	—	3	—
Vert. cervicales	—	—	—	—	—	—	—	—	1	—	—	1♂	—	—	—	—	—	—	1	—	1
Costae	—	—	—	—	—	—	—	—	1	—	—	—	—	—	—	1	—	—	2	—	—
Scapula	—	—	—	—	—	—	—	—	1	—	1	—	1	—	—	—	—	—	1	—	3
Humerus	—	—	—	—	—	—	—	1	1	1	1	—	1	—	—	—	—	1	1	1	4
Radius	—	—	1	—	1	—	—	—	1	1	1	—	1	—	—	2	1	—	2	1	5
Ulna	—	—	—	—	—	—	—	—	—	—	1	—	—	—	—	—	—	1	—	—	2
Metacarpus	2	—	—	—	—	1	—	—	1	—	—	—	—	—	—	—	—	—	3	—	1
Pelvis	—	—	—	—	—	—	—	—	1♂	—	—	—	—	—	—	2♂	1	—	—	—	2
Femur	—	—	—	—	—	—	—	—	—	—	2	—	—	—	—	1	—	2	1	—	2
Tibia	—	—	—	—	—	—	—	—	—	—	2	—	—	1	—	—	—	1	—	1	2
Talus	—	—	—	—	—	—	—	—	—	—	—	—	—	1	—	—	—	1	—	1	—
Calcaneus	—	—	—	—	—	—	1	—	—	—	—	—	—	—	—	—	—	1	1	—	—
andere Tarsalia	—	—	—	—	—	—	—	—	—	—	—	—	1	—	—	—	—	1	—	—	2
Metatarsus	1	—	—	—	—	1♂	—	1	—	—	—	—	—	—	—	—	—	3	—	—	—
Phalanx 1	—	—	—	—	—	—	—	1	—	2	—	—	—	—	—	—	—	1	—	—	2
Insgesamt	3	1	1	1	1	1	2	1	8	5	10	1	4	1	1	2	1	9	17	8	28
		5			2		3			23					2		12			53	
MIZ	1♂		1♂	—		—	1♂	1	1♂		1♂	—	1♂		—	1♂	?—		1♂	3	6

Tabelle 35
Wildschaf, *Ovis ammon* (S), und Wildziege, *Capra aegagrus* (Z). Maße der Knochen

(a) *Hornzapfen*

F	N 11 **[4]** **(3)**	N 11 **[3]** **(2b)**
Z	D/I-J	I-J/L
S/Z	S²	Z¹
Umfang an der Basis	(190)	185 185
Großer Durchmesser an der Basis	(67)	72 74
Kleiner Durchmesser an der Basis	(54)	50 49
G	♂	♂

(b) *Atlas/Z♂*

F	U 13 **[2]** **(3)**
Z	I-J
GB der kaudalen Gelenkfläche	63
GL von der kranialen zur kaudalen Gelenkfläche	62,5

(c) *Scapula/Z*

F	O 21 SE **(2)**	X 16 **[1]** **(3)**
Z	I-J	?
KLH	25,5	27,5
LPA	–	43
LG	–	35
BG	30	30

(d) *Humerus/Z, wohl ♂*

F	O 21 SW **(3)**	N 11 **[2]** **(2)**	N 21 **[A]** **(6)**
Z	I-J	I-J/L	K
BD	42	(41)	(42)
BTH	39,5	–	39,5

(e) *Radius/Z*

F	N 11 **[4]** **(5)**	K 12 **[3A]** **(5)**
Z	D	I-J
BP	45,5	(43)
BGP	42	(41)
G	♂	–

(f) *Metacarpus/Z*

F	N 11 **[4]** **(2)**
Z	D/L
BP	30,5
KD	(23)

(g) *Becken/S♂*

F	K 12 **[3D]** **(10)**
Z	I-J
LA	36

(h) *Femur/S*

F	K 12 **[3D]** **(10)**
Z	I-J
BP	(61)

(i) *Tibia*

F	O 20 **(5)** pit G	U 12 lot 55
Z	I-J	?
S/Z	Z	S
KD	–	21,2
BD	(36)	34,5
G	♂	?

(k) *Os centrotarsale/Z*

F	N 11/12 **(1)**
Z	?
GB	33

(l) *Metatarsus/S♂*

F	N 11 central balk	U 13 **[4]** **(3)**
Z	D	H
GL	–	180
BP	28,5	25
KD	–	15

(m) *Phalanx 1*

F	K 12 **[3D]** **(10)**	J 12 **[6]** **(7)**
Z	I-J	I-J
S/Z	S	Z
GL	51,5	51
BP	15	18,7
KD	12	14,6
BD	13,5	17,5

¹ GB der Hornzapfenbasen über den Orbitae 110 mm, GB der Hornzapfenbasen aboral der Orbitae 115 mm.

² Abb. 9.

I-J: Knochen von mindestens einem männlichen Wildschaf (z.B. Becken) und von mindestens einem Ziegenbock (z.B. Atlas).

I-J/L: Die 4 Knochen aus dieser Einheit ergeben noch zusätzlich einen erwachsenen Wildziegenbock (s. unten).

K: Aus Schicht K kommt ein Humerus einer Wildziege (Geschlecht ♂?, Tab.35d).

„?": Diese Einheit lieferte Knochen von mindestens einer weiteren Wildziege. Soweit die Reste es erkennen lassen (z.B. Becken), handelt es sich auch hier um einen Bock.

20 der 53 aussortierten Reste von Wildschafen und Wildziegen konnten vermessen werden (Tab.35). Hervorzuheben sind ein Widderhornzapfen aus D/I-J und ein Kalottenstück von einem Ziegenbock aus I-J/L.

An dem Widderhornzapfen beträgt der Basisumfang etwa 190 mm (Tab.35a). Der Zapfen ist in einer Länge von rund 230 mm erhalten geblieben (Abb.9), war aber ursprünglich noch um $^1/_3$ länger. Der Querschnitt an der Basis bildet ein abgestumpftes Dreieck. Es ähnelt demjenigen des gleichstarken Hornzapfens aus der präkeramischen Schicht der Argissa-Magula (Boessneck 1962: S. 30), ist jedoch kürzer und breiter (*ebd.*: S. 86). Dem Querschnitt an der Basis entsprechend ist die Vorderseite des Zapfens abgerundet. Er ist genau wie der Fund von der Argissa-Magula (Boessneck 1962: Taf. 12, 3) nur allmählich gebogen. Anscheinend war die Behornung dieses Widders derjenigen des von Kumerloeve (1967: Abb.32) abgebildeten, im Kilikischen *Taurus* erlegten Widders vergleichbar.

Das Kalottenstück von einem Ziegenbock besteht aus der Region beider Hornzapfenbasen (Tab.35a). Die Basisumfänge der Hornzapfen betragen 185 mm. Daß es sich um den Rest eines Bezoarziegenbockes und nicht um denjenigen eines starken Hausziegenbockes handelt, erweisen die Gestalt und der Verlauf der Hornzapfen. Der Querschnitt an der Basis ist linsenförmig, wobei die Außenseite etwas stärker konvex gewölbt ist als die Innenseite. Vorn am Zapfen läuft eine scharfe Kante entlang. Die Hornzapfen ziehen nach oben und hinten und neigen sich ganz leicht auswärts. Nach etwa 10 cm sind sie abgebrochen. Es liegen aber noch zahlreiche Einzelstücke vor.

In der Tabelle 17, die die Maße der Unterkiefer von Schaf und Ziege zusammenfaßt, sind zwei Unterkiefer als wildverdächtig herausgestellt. Bei dem einen davon ist zwar die Backzahnreihe besonders lang, der M_3 aber nicht größer als bei vielen anderen Funden (Tab.21d), bei dem anderen ist der M_3 sehr groß, die Prämolarreihe aber kurz und dadurch fällt auch die Länge der Backzahnreihe nicht aus dem Rahmen (Tab.21d).

4. Wildschwein, *Sus scrofa*

Die Wildschweinknochen wurden auf Grund ihrer Größe aus den Schweineknochen ausgesondert. Da die Hausschweine vom Korucutepe von Anfang an klein waren, machte die Trennung von Haus- und Wildtiermaterial keine großen Schwierigkeiten.

Tabelle 36
Wildschein, *Sus scrofa*. Verteilung der Knochen aus den einzelnen Schichten auf das Skelett

	D	D/I-J	D/L	H	I-J	I-J/K	I-J/L	L	?	Gesamt
Oberschädel	—	—	—	—	2	—	—	—	—	2
Dentes superiores	—	—	—	—	3	—	—	—	1	4
Mandibula	1	—	1	—	1	—	—	—	—	3
Dentes inferiores	—	—	—	1	2	—	—	3	—	6
Vert. cervicales	—	—	—	—	1	—	—	—	—	1
Vert. costales	—	—	—	—	2	—	—	—	—	2
Sacrum	—	—	—	—	1	—	—	—	—	1
Costae	—	—	—	—	—	—	—	1	—	1
Scapula	—	1	—	—	—	1	—	—	—	2
Humerus	1	—	—	—	—	—	—	1	—	2
Radius	—	—	1	—	1	—	—	—	—	2
Carpalia	—	—	—	—	1	—	—	—	—	1
Metacarpus	—	—	—	—	3	2	—	—	—	5
Pelvis	—	—	—	—	1	1	—	—	—	2
Femur	—	—	—	—	—	—	1	—	—	1
Tibia	—	—	—	—	1	—	—	—	—	1
Fibula	—	—	—	—	1	—	—	—	—	1
Talus	—	—	—	—	—	—	—	—	1	1
Calcaneus	—	—	—	—	—	—	—	—	1	1
Metatarsus	—	—	—	—	1	—	—	—	1	2
Phalanx 1	—	—	—	—	1	—	1	—	2	4
Plalanx 2	—	—	—	—	2	—	—	—	—	2
Phalanx 3	—	—	—	1	1	—	—	—	—	2
Insgesamt	2	1	2	2	25	4	2	5	6	49
MIZ	1	—	1	1	2	1	—	1	—	7

Wir müssen aber darauf hinweisen, daß die Knochen juveniler und infantiler Wildschweine sich nur dann von Haustieren unterscheiden lassen, wenn Kieferteile mit Zähnen vorliegen. Postkraniale Skeletteile von jungen Wildschweinen sind von denen primitiver Hausschweine sicherlich oft nicht zu trennen.

Nur in einem Fall, dem Unterkieferbruchstück aus der Schicht I-J mit dem M_3 von 39,5 mm Länge (Tab. 25/4), sind wir uns nicht sicher, ob der Fund von einem Hausschwein oder einem Wildschwein stammt (s. hierzu S. 102).

Aus den insgesamt 49 Wildschweinknochen ergibt sich eine Mindestindividuenzahl von 7 Tieren. Da Jungtiere wohl meist nicht erkannt werden konnten, sind die Knochen alle, von einer Ausnahme abgesehen, von erwachsenen Tieren. Die Ausnahme bildet eine Phalanx 2 aus der Schicht I-J, deren (proximale) Epiphysenfuge im Verwachsen war (Tab. 37h). Nachweise für Bachen gibt es in dem spärlichen Material nicht. Dagegen liegen einige lose Canini von Keilern vor.

Tabelle 37
Wildschwein, *Sus scrofa*. Maße der Knochen

(a) *Atlas*				(b) *Scapula*	
F		U 12 **[10] (4)**		F	N 11 **[4] (3)**
Z		I-J		Z	D/I-J
GB der kranialen Gelenkfläche		(65)		KLH	33

(c) *Humerus*		(d) *Radius*			(e) *Talus*	
F	M 20 **[3] (2a)**	F	N 11 **[4] (2)**	O 20 pit G **(2c)**	F	X 15 **[B] (1)** + **(2)**
Z	L	Z	D/L	I-J	Z	?
KD	18,5	BP	39,5	39,5	GLl	55
BD	48				GLm	49

(f) *Metacarpus III*		(g) *Phalanx 1*				
F	H 18 **[1] (6)**	F	N 11 **[3] (2)**	U 12 SW **(1)**	N 11/12 **(1)**
Z	I-J/K	Z	I-J	?	?
GL	97	GLpe	–	44	42,5
BD	23,5	BP	–	22	20,5
		KD	–	17	16
		BD	21	19,5	18,5

(h) *Phalanx 2*			(i) *Phalanx 3*		
F	U 12 **(2)**	N 11 **[1] (3)**	F	S 24 **[6] (4)**	N 11 **[2] (3)**
Z	I-J	I-J	Z	H	I-J
GL	30	33,5	DLS	47,5	(40)
BP	16	22,5		kalziniert	
KD	12	17,5			
BD	14	19,5			
	prox.				
	im Verwachsen				

Folgende Mindestindividuenzahlen sind in den einzelnen Einheiten ermittelt worden:

D: Ein adultes Tier. Das in dieser Schicht gefundene Unterkieferstück ließ keine nähere Alters- und Geschlechtsangabe zu.

D/L: Ein Tier mittleren Alters (M_3 ++ abgerieben).

H: Ein adulter Keiler.

I-J: 2 Tiere, davon eines ein adulter Keiler, eines ein juveniles Wildschwein (Phalanx 2, s. oben).

I-J/K: Die Metacarpen aus dieser Einheit, die nicht zu den Metacarpen aus der Schicht I-J gehören können, belegen ein weiteres adultes Tier unbekannter Geschlechtszugehörigkeit.

L: Ein adulter Keiler.

Vergleicht man die Maße der Wildschweinknochen vom Korucutepe (Tab. 37) mit denen vor- und frühgeschichtlicher Wildschweine aus Mitteleuropa (z. B. Boessneck

1963: S. 61 ff; Luhmann 1965: Tab. 34; Blome 1968: S. 32 ff; Hornberger 1969/70:
S. 93 ff), so findet man, daß jene in den unteren und mittleren Bereich der Variation
der großen mitteleuropäischen Wildschweine fallen.

5. Wolf, *Canis lupus*

6 besonders große Canidenknochen fallen aus dem üblichen Rahmen der Haushundknochen. Es sind dies ein 3. Halswirbel aus althethitischer Zeit (U 12 [7] (3)), ein
Becken aus U 12 [12] (4), 3 Rippen aus I 11 [6] (2) und [3] (5) aus dem Neuhethitischen Reich und ein undatierter Epistropheus (U 12 lot 55). Liegen keine Schädel
oder ganzen Extremitätenknochen vor, ist die Bestimmung, ob es sich um Reste
großer Hunde oder solche von Wölfen handelt, äußerst schwer. In Ostanatolien
hält man heute wolfsgroße Hirtenhunde. Da es aber im Material vom Korucutepe
keine Knochen gibt, die Übergangsgrößen zwischen diesen großen Knochen und
den größeren Haushundknochen aufweisen, glauben wir, daß hier die Reste von Wölfen vorliegen. Zudem stimmen die folgenden Maße der beiden Halswirbel und des
Beckens gut mit denen eines starken Wolfsrüden aus dem fränkischen Reihen-
gräberfeld in Kleinlangheim überein (vgl. Boessneck und von den Driesch 1967:
S. 204, 206).

Epistropheus
GL im Bereich des Körpers, median, einschließlich des Dens	68,5
GB der kranialen Gelenkfläche	38,7
KB des Wirbels	29,5
B der Processus articulares caudales	37

3. Halswirbel
Physiologische L des Körpers	37
GL von den Processus articulares craniales zu den Processus articulares caudales	53
GB über die Processus articulares craniales	36
GB über die Processus articulares caudales	40,5
GB der Facies terminalis cranialis	21,5
GH der Facies terminalis cranialis	15

Becken
LA	32
KHD	27,5

6. Fuchs, *Vulpes vulpes*

Im ganzen wurden 14 Knochen vom Fuchs bestimmt, der heute noch ganz Anatolien
bewohnt (z. B. Kumerloeve 1967: S. 352). Sie stammen unter Berücksichtigung der
Schichtzugehörigkeit von mindestens 5 Tieren.

Schicht	Knochenstücke	MIZ
D	1 Tibia	1
G/H	1 Unterkiefercaninus	1
I-J	1 Atlas	1
	2 Humeri	
	1 Tibia	
	1 Calcaneus	
I-J/L	1 Scapula	1
	1 Femur eines Jungtieres	
L	1 Oberkiefer	1
	1 Unterkiefer	
	1 Humerus	
	1 Femur	
„?"	1 Tibia	
Summe	14	5

Einige Knochen ließen Maße abnehmen (Tab. 38). Die vermessenen Kieferreste, die vom gleichen Tier stammen, sind im Vergleich mit denen rezenter mitteleuropäischer Füchse auffallend klein (vgl. Tab. 38a, b mit Degerbøl 1933: Tab. IB/C und Boessneck 1958a: S. 53f). Sie passen zu den kleinen Füchsen aus dem Neolithikum Mitteleuropas (z. B. Jéquier 1963: S. 34ff). Im Neolithikum waren die Rotfüchse in unseren Breiten allgemein kleiner als spätere vor- und frühgeschichtliche und rezente Tiere

Tabelle 38
Fuchs, *Vulpes vulpes*. Maße der Knochen

(a) *Oberkiefer*	
F	H 17 pit N
Z	L
L vom Hinterrand der Alveole des M² bis zum Hinterrand der Alveole des C	50,5
L von P¹ bis M² (Alveolenmaß)	48,5
L von P¹ bis P⁴ (Alveolenmaß)	36,5
L der Molarreihe (Alveolenmaß)	13
L des P⁴ (buccal)	12,8
B des P⁴ (ohne den oramedialen Vorsprung)	5,3
L des M¹	8,8
B des M¹	11
L des M²	5,2
B des M²	8,5
	zu dem
	Unterkiefer

(b) *Unterkiefer*

	H 17 pit N
F	
Z	L
L vom Processus angularis zum Infradentale	92,3
L vom Processus condyloideus zum Infradentale	93,3
L vom Einschnitt zwischen dem Processus angularis und dem Processus condyloideus zum Infradentale	89,5
L vom Hinterrand der Alveole des M_3 zum Hinterrand der Alveole des C	57,5
L von P_1 bis M_3 (Alveolenmaß)	54,5
L von P_2 bis M_3 (Alveolenmaß)	50,5
L der Molarreihe	25
L von P_1 bis P_4	30
L von P_2 bis P_4	26
L des M_1	14,7
B des M_1	6,5
L der Reißzahnalveole	14,5
H hinter M_3	13,5
H vor M_1	11,5
H zwischen P_3 und P_4	10
	zu dem Oberkiefer

(c) *Atlas*

	U 13 **[4] (3b)**
F	
Z	I-J
B der kranialen Gelenkfläche	27
B der kaudalen Gelenkfläche	20,5
L von der kranialen zur kaudalen Gelenkfläche	20,5

(d) *Humerus*

F	O 20 pit G **(5d)**	U 12 **[5] (2B)**	M 20 SE **(2B)**
Z	I-J	I-J	L
GL	—	—	126,5
GLC	—	—	124
BP	—	18,5	—
TP	—	25	25
KD	—	—	8
BD	19	—	20

(e) *Femur*

F	M 20 SE **(2B)**
Z	L
BD	21

(f) *Tibia*

F	U 13 **(1)**
Z	?
GL	134
BD	22
KD	7,5
BD	14

(Jéquier 1963: S. 37, mit weiteren Literaturangaben). Von einem etwas größeren Schädel als die beiden Kiefer vom Korucutepe, aber keineswegs von einem großen Tier, stammt der Unterkiefer eines Fuchses aus einer hethitischen Schicht von Alişar Hüyük (Patterson 1937: S. 295).

Der ganz erhaltene Humerus (Tab. 38 d) aus der Seldschukenzeit ist im Gegensatz zu den Schädelteilen von einem größeren Tier. Mit einer größten Länge von 126,5 mm paßt er zu mittelgroßen rezenten Füchsen aus Mitteleuropa (Boessneck 1958 a: S. 54). Von den zwei Humerusstücken aus der Schicht I-J ist der eine von einem gleichgroßen Tier, der andere nur wenig kleiner. Die undatierte Tibia mit einer größten Länge von 134 mm ist verglichen mit rezenten mitteleuropäischen Füchsen klein. 13 Fuchs-skelette aus unserer Institutssammlung weisen Tibialängen von 131,5—156 mm, durchschnittlich 142,5 mm auf.

Die wenigen Knochen lassen vermuten, daß die Füchse in der Größe stärker va-riiert haben, sicher nicht zuletzt durch den Geschlechtsdimorphismus.

7. Bär, *Ursus arctos*

Die insgesamt 15 Bärenknochen würden ohne Berücksichtigung der Schichtzugehörig-keit von mindestens 2 Tieren stammen, weil 2 verschieden große Ulnae und 2 Meta-tarsen, die nicht von einem Tier sein können, vorliegen. Die MIZ erhöht sich jedoch um ein Tier, wenn man die unterschiedliche Zeitstellung der Funde berücksichtigt.

Schicht	Knochenstücke	MIZ
D	1 Zungenbein 1 Metacarpus II 2 Phalanges 3	1
I-J	1 Caninus 1 Unterkiefermolar 1 Ulna 1 Os carpi radiale et intermedium 1 Becken 2 Metatarsen (I + III) 1 Phalanx 3	2
I-J/K	1 Radius 1 Ulna	—
?	1 M^1	—
Summe	15	3

Die wenigen Knochen lassen erkennen, daß die Bären, wie überall, in der Größe stark variierten. Die vermessenen, zusammengehörigen Unterarmknochen aus I-J/K (Tab. 39 b, c) sind von einem starken Bären, während die nicht meßbare Ulna aus I-J (O 21 NE **(2)** pit B) von einem schwachen Tier ist. Der Metatarsus III (Abb. 14a) kommt von einem mittelgroßen bis größeren Tier, der Metatarsus I (Abb. 14b) von einem schwächeren Individuum (Tab. 39 e). Eine der 3 Phalangen 3 (O 22 **(5)**) ist schmal und gestreckt (Abb. 16).

Die Zahl der Bären nimmt ebenso wie die der Wölfe in Anatolien heute schnell ab (Kumerloeve 1967: S. 352 ff).

Tabelle 39
Braunbär, *Ursus arctos.* Maße der Knochen

(a) M^1		(b) *Radius*		(c) *Ulna*	
F	H 18 **(1)**	F	H 18 **[7] (5)**	F	H 18 **[7] (5)**
Z	?	Z	I-J/K	Z	I-J/K
L	21	BP	(44)	BPC	50,5
B	16,5	BD	51,5		zu Radius
		TD	39		
			zu Ulna		

(d) *Becken*		(e) *Metatarsus* (Abb. 14)		
F	U 13 **(3)**	F	O 21 SW **(2)**	K 12 **[3D] (10)**
Z	I-J	Z	I-J	I-J
LA	53	Strahl	III	I
		GL	80	61,3
		BD	22	14,8
		KD	14,2	9

8. Mauswiesel, *Mustela nivalis*

Ein Gesichtsschädel (U 12 **(2b)**) und eine Unterkieferhälfte (O21 NE **(5)**) aus Schicht I-J von einem Wiesel sind verglichen mit mitteleuropäischen Mauswieseln groß und gedrungen gebaut (Abb. 21, 22), gehören aber zweifellos zu dieser Art (*Mustela nivalis = M. vulgaris*), denn das Hermelin (*Mustela erminea*) kam damals in Kleinasien sicher ebensowenig vor wie heute. Es ist bekannt, daß die südeuropäischen Mauswiesel größer sind als die mitteleuropäischen (z. B. Gaffrey 1953: S. 93; Reichstein 1957). Der gedrungene Bau im Verein mit der Größe und der weit vorgezogenen Crista sagittalis (Abb. 21) sprechen für die Zugehörigkeit zu männlichen Tieren oder einem männlichen Tier (vgl. Reichstein 1957: S. 161 ff). Ein gleichartiger Fund lag uns aus Yazilikaya vor (Boessneck, im Druck b).

Nachstehend die Maße der beiden Funde vom Korucutepe.

Oberschädel

Stirnbreite = GB über die Proc. supraorbitales	13,4
Stirnenge = KB hinter den Orbitae	9,6
Interorbitalbreite = KB zwischen den Orbitae (dorsal)	10,5
KB zwischen den For. infraorbitalia	11,5
GB zwischen den Außenrändern der P4-Alveolen	14,8
B über die C-Alveolen	9,8
L: M^1-Hinterrand—Prosthion	13,7
L: M^1-Hinterrand—Vorderrand C-Alveole	12,3
L von P^4 ohne den oromedialen Vorsprung	4,5

Unterkiefer

L vom Hinterrand des Condylus (lateral) zum Infradentale	24
L: M_2-Hinterrand—Infradentale	14,5
L: M_2-Hinterrand—Vorderrand C-Alveole	14
L von M_1	4,8
B von M_1	1,9
Höhe des Ramus mandibulae.	11,7

---

9. Wildkatze, *Felis silvestris*

Einer der 3 Wildkatzenknochen vom Korucutepe ist in die Zeit des Neuhethitischen Reichs datiert (U 13 [2] (3)). Es handelt sich um einen Radius von einem Jungtier, dessen proximale Epiphyse noch nicht geschlossen war. Aus unbestimmter Zeit (U 13 (1)) liegen ein Calcaneus und ein Talus mit folgenden Maßen vor:

Calcaneus		*Talus*	
GL	39,2	GL	21,4
		GB	15,2

Die beiden Knochen sind vom gleichen Tier. Sie stimmen in ihrer Gestalt mit denen der Wildkatze überein, sind aber viel größer als die Fußwurzelknochen der Wildkatzen unserer Sammlung. Die Rohrkatze (*Felis chaus*) konnte mit Sicherheit im unmittelbaren osteologischen Vergleich ausgeschieden werden. Die beiden in Frage kommenden Knochen der Rohrkatze, insbesondere der Calcaneus, sind plumper als die Knochen der Wildkatze, außerdem ist das Tuber calcanei bei der Rohrkatze breiter ausgezogen. Auf Grund der Größe der beiden Fußwurzelknochen ist anzunehmen, daß das Tier, dem sie gehörten, ein starker Kuder war.

Über die Verbreitung der Wildkatze in den anatolischen Waldgebieten berichtet zusammenfassend Kumerloeve (1967: S. 367ff).

10. Luchs, *Lynx lynx*

Vom Luchs, der ursprünglich über alle Waldgebiete Kleinasiens verbreitet war (Kumerloeve 1967: S. 373ff), wurde ein einziger Knochen gefunden, ein nicht meßbarer Distalteil eines Humerus aus Schicht III (O 24 (16)). Der Knochen stammt von

einem erwachsenen Tier und unterscheidet sich in der Größe nicht von Humeri mittel-
und nordeuropäischer Luchse.

11. Feldhase, *Lepus europaeus*

Vom Hasen wurden 32 Knochen gefunden, die sich wie folgt auf die einzelnen Schichten und Einheiten verteilen:

Schicht	Knochenstücke	MIZ
D	1 Humerus 1 Radius 1 Metatarsus	1
I-J	1 Lendenwirbel 1 Kreuzbein 1 Humerus 1 Becken 1 Tibia	1
G/H	1 Radius	1
I-J	1 Ober kiefer 3 Lend enwirbel 2 Ripp n 1 Scapua 2 Humeri 1 Femur 2 Tibien 4 Metatarsen	2
I-J/K	1 Femur 1 Calcaneus 1 Phalanx 1	—
K/L	1 Rippe	1
?	1 Hirnschädel 1 Becken 1 Femur	—
Summe	32	6

Die 32 Knochen, die mindestens 6 Tiere belegen, stammen, soweit es zu beurteilen
ist, alle von ausgewachsenen Hasen.

Die wenigen Knochen lassen die Größe der Hasen vom Korucutepe kaum abschätzen, weil die großen Extremitätenknochen nur Breitenmaße abnehmen ließen (Tab.
40). Die Maße in der Tabelle 40 liegen an der Untergrenze und im unteren Bereich
der Variation vorgeschichtlicher und rezenter mitteleuropäischer Hasen (vgl. z. B.
Gaffrey 1961: S. 85; Ehret 1964; S. 43ff; Hornberger 1969/70: S. 119ff).

In zentralanatolischen Ausgrabungen fanden sich Hasenknochen in Alişar Hüyük
(Patterson 1937: S. 296) und in Yarıkkaya (Boessneck und Wiedemann, im Druck).
Der Hase ist über ganz Anatolien verbreitet (z. B. Osborn 1964: S. 574f).

Tabelle 40
Feldhase, *Lepus europaeus*. Maße der Knochen

(a) *Hirnschädel*			(b) *Oberkiefer*	
F	Z 21		F	O 21 SE (2)
Z	?		Z	I-J
GB über den Ohröffnungen	37,3		L der Backzahnreihe	17,5
GB über die Condyli occipitales	17			

(c) *Humerus*				(d) *Becken*	
F	N 11 **[1] (4)**	N 11 **[7] (9)**		F	O 20 **[1] (1)**
Z	D/I-J	I-J		Z	?
BP	(17)	–		LA	12
TP	18,3	–			
BD	–	12			

(e) *Femur*					(f) *Tibia*			
F	O 21 SE (2)	H 18 **[1] (5)**	Z 21		F	N 11 **[1] (4)**	U 12 **[5] (2b)**	O 21 SE (3)
Z	I-J	I-J/K	?		Z	D/I-J	I-J	I-J
BD	20	20	19,5		BP	19	–	–
KD	–	–	10		KD	(8)	–	7
			verkohlt		BD	–	15	14,5

(g) *Calcaneus*			(h) *Metatarsus*		
F	O 20 **[2] (2)**		F	J 11 **[3] + [7] (12)**	U 12 **[8] (3)**
Z	I-J/K		Z	I-J	I-J
GL	32,5		Strahl	III	V
			GL	57,5	52
			BD	6	5,5
			KD	4	–

12. Eichhörnchen, *Sciurus anomalus*

Den einzigen Nachweis für das Eichhörnchen bringt eine kranial abgebrochene Beckenhälfte (Abb. 19), die in Schicht I-J eingestuft ist (O 21 SE (2)). Im Vergleich mit unserem Vergleichsmaterial von mitteleuropäischen Eichhörnchen ist sie kurz und breit.

Die Eichhörnchen Anatoliens gehören zur Art *Sciurus anomalus* (z.B. Osborn 1964: S. 576 ff).

13. Biber, *Castor fiber*

Der Unterkieferbackzahn eines Bibers aus Schicht I-J (O 21 (2)) belegt das ehemalige Vorkommen dieses Großnagers an den Flußarmen des Altınovabeckens. Auch in den noch nicht veröffentlichten Funden vom benachbarten Norṣuntepe ist der Biber nachgewiesen. Ein weiterer Fund aus dem Hethiterreich liegt aus Alıṣar Hüyük in Zentralanatolien vor (Patterson 1937: S. 296 f). von Oppenheim (1931: S. 142), Moortgat (1955: S. 74 u. Taf. 65 a) und Brentjes (1964) machten das Relief eines Bibers auf einer steinernen Wandplatte aus dem Tell Halaf im türkisch-syrischen Grenzbereich bekannt, das aus dem 9. Jahrhundert v. Chr. stammt. Schließlich erwähnt Reed sein Vorkommen unter den Funden aus der Shanidarhöhle in Nordirak am Oberlauf des Großen Sab für Shanidar B: „Its presence, on zoogeographic grounds, is no great surprise, although the animal is otherwise unrecorded from Iraq" (Reed und Braidwood 1960: S. 170; auch Perkins 1964). Der Biber ist erst in jüngster Zeit in Anatolien ausgestorben (Kumerloeve 1967: S. 346 f).

14. Hausratte, *Rattus rattus*

Ein Femur (Abb. 20), der seiner Fundstelle nach (J 11 **[3] (3)**) in die Zeit von 1400—1200 v. Chr. datiert wäre, zeigt bei *Rattus rattus* die beste Übereinstimmung, nachdem Herr Dr. G. Storch (Frankfurt/Main) für uns Meriones ausscheiden konnte. Die distale Epiphyse liegt lose vor. Die ganze Länge vom Caput aus mißt 27,5 mm.

15. Sandratte, *Meriones spec.*

Einen zerfallenen Nagerschädel aus Schicht L (O 23 SW **(2)**) erkannte Dr. G. Storch (Frankfurt/Main) als Rest einer Sandratte. Die Artzugehörigkeit blieb unbestimmt.[1]

16. Blindmaus, *Spalax leucodon*

Eine Ulna von *Spalax*, die in ihrer charakteristischen Form nicht zu verwechseln ist, kommt aus einer Lage des Neuhethitischen Reichs mit Einmischungen aus der Frühen Eisenzeit (H 18 **[1] (5)**). Sie war nicht zu vermessen.

Blindmäuse, die auch zur heutigen Fauna der Altınova gehören, leben metertief unterirdisch. Die Ulna könnte demnach auch aus späterer Zeit sein.

Nach Ellerman und Morrison-Scott (1966: S. 555) gehören die Blindmäuse Ostanatoliens zu *Spalax leucodon* (vgl. auch von Lehmann 1966: S. 270 ff).

17. Igel, *Erinaceus europaeus*

Der einzige Igelknochen unter den Tierresten vom Korucutepe ist ein Humerus, dessen proximale Epiphyse noch nicht angewachsen war und verloren gegangen ist (Abb. 18). Die Länge des Humerus ohne die proximale Epiphyse beträgt 43 mm, die kleinste Breite der Diaphyse 4 mm und die größte Breite distal 12,2 mm. Der Fund kommt aus N 11 **[1] (2)** mit einer zeitlichen Einstufung I-J/L.

In der nomenklatorischen Bezeichnung richteten wir uns nach Wettstein (1941: Taf. XIII), Osborn (1965: S. 554) und von Lehmann (1969: S. 300 f), wonach der ostanatolische echte Igel zu *Erinaceus europaeus* zu rechnen ist.

---

[1] Wir danken Herrn Dr. Storch für seine liebenswürdige Hilfe.

Abb. 13. Kamel, *Camelus spec.* Phalanx 2 (Schicht L, H. 17 **(3b)** over H). GL 68,5 mm (s. S. 97)
Fig. 13. Camel, *Camelus spec.* Phalanx 2 (stratum K, H 17 **(3b)** over H). GL 68.5 mm (see p. 97)

Abb. 14. Bär, *Ursus arctos.* Metatarsen aus Schicht I-J. (a): Strahl III (O 21 SW **(2)**, b), Strahl I (K 12 **[3D] (10)**). GL 80 und 61,3 mm (s. S. 143 und Tab. 39e)
Fig. 14. Bear, *Ursus arctos.* Metatarsi from stratum I-J. (a): row III (O 21 SW **(2)**, b), row I (K 12 **[3D] (10)**). GL 80 and 61.3 mm (see p. 143 and table 39e)

Abb. 15. Bär, *Ursus arctos.* Zungenbeinast (Schicht D, N 11 **[5]** cent. balk)
Fig. 15. Bear, *Ursus arctos.* Part of the hyoid bone (stratum D, N 11 **[5]** cent. balk)

Abb. 16. Bär, *Ursus arctos.* Phalanx 3 (Schicht I-J, O 22 **(5)**). GL 42,5 mm (s. S. 143)
Fig. 16. Bear, *Ursus arctos.* Phalanx 3 (stratum I-J, 0 22 **(5)**). GL 42.5 mm (see p. 143).

Abb. 17. Wildkatze, *Felis silvestris.* (a) Calcaneus und (b) Talus, zusammengehörig (Datierung ?, U 13 **(1)**). GL des Calcaneus 39,2 mm (s. S. 144)
Fig. 17. Wild cat, *Felis silvestris.* (a) calcaneus and (b) talus, belonging together (date ?, U 13 **(1)**). GL of the calcaneus 39.2 mm (see p. 144)

Abb. 18. Igel, *Erinaceus europaeus.* Humerus (Schicht I-J/L, N 11 **[1] (2)**). GL ohne die fehlende proximale Epiphyse 43 mm (s. S. 147)
Fig. 18. Hedgehog, *Erinaceus europaeus.* Humerus (stratum I-J/L, N 11 **[1] (2)**). GL without the lacking proximal epiphysis 43 mm (see p. 147)

Abb. 19. Eichhörnchen, *Sciurus anomalus.* Beckenhälfte (Schicht I-J, O 21 SE **(2)**) (s. S. 146)
Fig. 19. Squirrel, *Sciurus anomalus.* Half of the pelvis (stratum I-J, O 21 SE **(2)**) (see p. 146)

Abb. 20. Hausratte, *Rattus rattus.* Femur (Schicht I-J, J 11 **[3] (3)**). GLC 27,5 mm (s. S. 147).
Fig. 20. Roof rat, *Rattus rattus.* Femur (stratum I-J, J 11 **[3] (3)**). GLC 27.5 mm (see p. 147)

Abb. 21. Mauswiesel, *Mustela nivalis.* Gesichtsschädel eines männlichen Tieres (Schicht I-J, U 12 **(2 B)**) (s. S. 143)
Fig. 21 Weasel, *Mustela nivalis.* Facial part of the skull of a male animal (stratum I-J, U 12 **(2B)**) (see p. 143)

Abb. 22. Mauswiesel, *Mustela nivalis.* Unterkieferhälfte eines männlichen Tieres (Schicht I-J, O 21 NE **(5)**). GL 24 mm (s. S. 143)
Fig. 22. Weasel, *Mustela nivalis.* Half of the lower jaw of a male animal (stratum I-J, O 21 NE **(5)**). GL 24 mm (see p. 143)

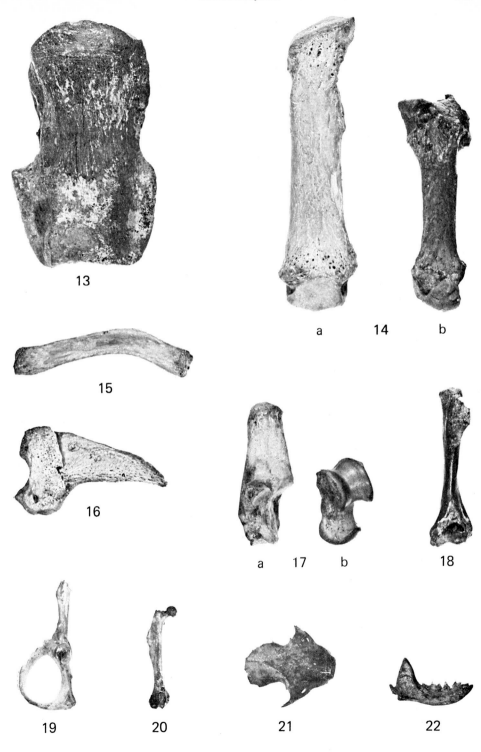

13

a 14 b

15

16

a 17 b 18

19 20 21 22

b. Vögel

1. Kormoran, *Phalacrocorax carbo*

Der einzige Beleg für das Vorkommen des Kormorans ist ein undatierter Proximal-
teil eines Humerus (Z 21 **(1)**, Abb. 23). Das Mündungsgebiet des aus der Altınova
kommenden Munzur in den Murat bildet heute noch in der Zugzeit günstigen
Lebensraum für diese große Scharbe.

2. Bläßgans, *Anser albifrons*

Bei einer proximalen Radiushälfte (J 11 **[3] (3)**) und einer ersten Phalange des zweiten Fingerstrahls (O 20 **[2](2)**), beide in die Zeit von 1400—1200 v. Chr. eingestuft,
von einer kleineren Gans vermuteten wir ursprünglich die Zugehörigkeit zur Rost-
gans (*Casarca ferruginea*), die im östlichen Kleinasien an größeren Seen und Lagunen
in steppenartigem Gelände häufig vorkommt. Die beiden Knochen sind aber zu groß
für diese Art. Sie passen zur Bläßgans, die damals sicher ein gewöhnlicher Durchzugs-
gast in der Gegend war. Die größte Länge der Phalange mißt 32,5 mm. Diese Größe
spricht für die Zugehörigkeit zu einem weiblichen Tier.

3. Stockente, *Anas platyrhynchos*

Die Stockente muß in der Gegend ein häufiger Vogel gewesen sein, denn sie ist der
einzige in den Funden zahlreicher nachgewiesene Wasservogel. Von den 6 Knochen
ist die proximale Hälfte einer Ulna aus D/L (N 12 **[1] (2)**), 4 Kranialteile von Scapulae sind aus H und ein Humerus (Abb. 25) kommt aus L (N 21 **(3)** pit 1). Merk-
würdig, aber sicherlich zufällig ist das Vorliegen von 4 linken Scapulae aus Fundeinheiten der Neuhethitischen Zeit. Diese Schulterblätter wurden an ganz verschiedenen Stellen gefunden: K 12 **[3] (9)**; N 11 **[1] (3)**; O 20 pit G **(5h)**; O 21 NE **(3)**.

Die erhaltenen Maße der Stockentenknochen sind: Scapula, BP 13 und 11,8 mm;
Humerus, GL 92,5; BP 21; KS 7; BD 14,8 mm; Ulna, DP 12,5; BP 10,1; TP 8 mm.

4. Kleine Enten

Die Bestimmung der Entenknochen wird durch die Reihenuntersuchung von Woelfle
(1967) erleichtert.

Ein kleiner Humerus (Abb. 26) aus der Zeit von 1800—1400 v. Chr. (O 24 **(14)**
kann an der Gitterstruktur im Grund des Foramen pneumaticum als Schwimmenten-
knochen angesprochen werden. Die geringe Größe kennzeichnet ihn weiterhin als
Rest einer weiblichen Krickente (*Anas crecca*): GL 55,7; BP 12,3; KS 4,3; BD 9 mm.

Nicht weiter bestimmbar ist ein 2 cm langes Bruchstück eines Furculaastes von
einer kleinen Ente. Der Fund ist in den Zeitabschnitt I-J datiert (O 20 pit G).

Eine kräftige Ulna ohne Olecranon (Abb. 27) aus der Zeit von 1200—1400 n. Chr. (M 20 [3] (2b)) entspricht am besten einer weiblichen Schellente (*Bucephala clangula*). Sie ist größer als bei der Krickente, kleiner als bei der Moorente, schlanker als bei der Knäkente. Der Zwergsäger scheidet morphologisch aus. Die Länge der Ulna kann nur ungefähr angegeben werden: GL (57,5); BP 6,8; KS 3,5; DD 7,9 mm.

Die Schellente war Wintergast, während die Krickente auch in der Gegend gebrütet haben könnte.

5. Schmutzgeier, *Neophron percnopterus*

Vom Schmutzgeier, der heute noch über dem Hügel kreisend die Gegend des Korucutepe nach Abfällen absucht, wurden zwei in die Neuhethitische Zeit eingestufte Knochen gefunden, ein proximal ausgebrochener Carpometacarpus (U 12 [8] (3), Abb. 33) und ein Femur (N 11 [1] (3), Abb. 32). Nachstehend die Maße des Femurs: GL 76,5; TP 11,8; KS 8,2; BD 18,5 mm.

6. Schwarzer Milan, *Milvus migrans*

Die distale Hälfte einer Ulna mit DD 11,5 mm bildet den einzigen Beleg für den Schwarzmilan, den häufigsten der größeren Raubvögel in der Gegend und als Abfallfresser Kulturfolger. Der Knochen ist nicht datierbar (X 15 [B] (1)—(2)).

7. Steinhuhn, *Alectoris graeca*

Seit Alters her viel gejagt und gern verzehrt ist das Steinhuhn in den Funden vom Korucutepe die mit der größten Knochenmenge belegte Wildvogelart (Tab. 3):

Schicht	Knochenstücke	MIZ
H	1 Tibiotarsus	1
I-J	3 Coracoide	3
	1 Humerus	
	4 Ulnae	
	2 Femora	
	4 Tibiotarsen	
	2 Tarsometatarsen	
I-J/L	1 Sternum	—
L	1 Sternum	3
	1 Humerus	
	3 Tibiotarsen	
	1 Tarsometatarsus	
?	1 Scapula	—
	1 Humerus	
	1 Tarsometatarsus	
Summe	27	7

Von den zahlreichen Knochen aus Schicht I-J ist ein Tibiotarsus kalziniert. Die Maße der Steinhuhnknochen sind in Tabelle 41 zusammengestellt.

Tabelle 41
Steinhuhn, *Alectoris graeca*. Maße der Knochen (Meßstrecken s. Erbersdobler 1968)

(a) *Coracoid*

F	O 21 [2] (6b)	
Z	I-J	
GL	(38)	38,2
ML	(36,5)	36,6
BB	—	7,8
	zusammengehörig	

(b) *Humerus*

F	N 11 [1] (3)	X 23 [1] (2)
Z	I-J	?
GL	—	(49,5)
BP	—	14
KS	4,6	4,8
BD	11	—

(c) *Ulna*

F	O 20 pit G (5e)	O 21 NE(2)	O 21 NE (3)
Z	I-J	I-J	I-J
GL	—	(47)	46,2
BP	—	6,3	6,1
D?	—	—	9
D	6,9	7	6,6

(d) *Femur* (Abb. 30)

			Rebhuhn
F	N 11 [1] (3)	N 11 [1] (3)	H 18 (1)
Z	I-J	I-J	?
GL	61	(59)	(52,5)
ML	58,5	—	(50,5)
BP	12,5	—	—
DP	7,8	—	—3,8
KS	4,6	4,5	—
BD	11	—	subadult?
	subadult		

(e) *Tibiotarsus*

F	N 11 [1] (3)	O 20 pit A	M 20 NE (2a)	N 21 (3)	N 21 (3) pit 1
Z	I-J	I-J	L	L	L
GL	—	—	—	87,1	82,5
LT	—	—	—	85	(80,5)
BP	9,5	—	—	9,8	—
DP	13,3	—	—	14,5	—
KS	4	4	4,2	4,6	4
BD	—	8	8,3	8,6	7,9

(f) *Tarsometatarsus*

F	N 11 [1] (3)	H 18 [2] (3)	N 12 (1)
Z	I-J	L	?
GL	43,7	47	46
BP	8,2	—	8,7
KS	3,6	4	3,9
BD	8,7	—	9,5
G	♀	♂	♀

8. Rebhuhn, *Perdix perdix*

Ein undatierter Femur, der erheblich kleiner und schlanker ist als die Femora des Steinhuhns (Abb. 30, 31 und Tab. 41 d), paßt am besten zum Rebhuhn, das in den Feldern der Ebenen Inneranatoliens heute noch vorkommt.

9. Wachtel, *Coturnix coturnix*

Von der Wachtel liegt als einziger Fund ein fragmentäres Sternum aus Schicht I-J vor (N 11 **[1] (3)**).

10. Kranich, *Grus grus*

Der nach dem Steinhuhn mit Abstand am häufigsten nachgewiesene Wildvogel ist der Kranich.

Schicht	Knochenstücke	MIZ
D	2 Tibiotarsen	2
D/I-J	1 Oberschädel	1
	1 Unterschnabel	
	1 Scapula	
	1 Furcula	
	2 Radien	
	2 Ulnae	
H	1 Tarsometatarsus	1
I-J	2 Brustwirbel	1
	1 Rippe	
	1 Ulna	
	1 Carpometacarpus	
	1 Tarsometatarsus	
K/L	1 Radius	1
?	1 Carpometacarpus	—
Summe	19	6

Alle Funde aus D/I-J kommen aus der gleichen Fundstelle (N 11 **[1] (4)**) und gehören wohl zusammen. Von diesem Tier stammen anscheinend auch die Brustwirbel und das Rippenstück der Fundstelle N 11 **[1] (3)**, die als zu I-J gehörig gelten.

Die Kraniche wurden sicherlich gejagt, um ihr Fleisch zu genießen. Vor allem das Fleisch jüngerer Tiere ist schmackhaft. Aus Altägypten sind der Fang, die Haltung, die Mast und die Ablieferung von Kranichen, die zu den bevorzugten Speisetieren der Vornehmen gehörten, wohlbekannt (Boessneck 1956 b mit weiteren Literaturhinweisen). Sie wurden hier auf dem Durchzug gejagt. In der Altınova könnte der Kranich in alter Zeit gebrütet haben, wie es heute noch stellenweise in Anatolien tut (Kumerloeve 1961: S. 237). Soweit sich über die Ebene um den Korucutepe bereits offene Fluren ausdehnten, gaben sie dem Kranich auf dem Zuge Rastmöglichkeit.

Die Maße der wenigen meßbaren Kranichknochen werden nachstehend zusammengestellt.

(a) *Scapula*		(b) *Ulna* (Abb. 34)		
F	N 11 **[1] (4)**	F	N 11 **[1] (4)**	O 21 NE **(4)**
Z	D/I-J	Z	D/I-J	I-J
BC	23	GL	—	226
		BP	22,1	(19)
		DD	17,5	16,5

(c) *Tarsometatarsus* (Abb. 35)			
F	U 12 **[16—17] (6)**	N 11 **[3] (3)**	
Z	H	I-J	
GL	—	275 (mind.)	
BP	24,2	24	

Die in ganzer Länge erhaltene Ulna aus Schicht I-J ist im Vergleich mit den anderen Kranichknochen klein, liegt aber im Variationsbereich rezenter Kraniche, wie die Längenangabe von 225 mm durch Soergel (1961: S. 68) zeigt. Wir verglichen diesen Fund eingehend mit allen anderen der Größe nach in Betracht kommenden Arten und konnten sie schließlich auch alle ausscheiden. Nach der Festigkeit und den Muskelleisten zu schließen, ist der Knochen nicht von einem Jungtier.

11. Großtrappe, *Otis tarda*

Von der Großtrappe, die heute noch in der Altınova anzutreffen ist, enthielten die Funde vom Korucutepe drei Knochen: Zwei Humerusschäfte von Trapphähnen und das distale Ende eines Tarsometatarsus von einer Henne (Abb. 29).

Die Humeri kommen aus den Einheiten D/I-J (N 11 **(3)** Central Balk) und H (O 24 **(10)**). Sie sind nicht meßbar. An dem Metatarsus aus der Zeit von 2500—2300 v. Chr. (O 11 SE **(4)**) mißt die BD 20,5 mm.

12. Zwergtrappe, *Tetrax tetrax*

Den einzigen Beleg für das Vorkommen der Zwergtrappe bildet ein Coracoid aus der Zeit von 1400—1200 v. Chr. (O 20 pit G **(5g)**). Die GL beträgt 44,5 mm, die ML 41 mm (Abb. 28).

13. Ringeltaube, *Columba palumbus*

Die beiden von der Ringeltaube gefundenen Knochen sind in die Zeit des Neuhethitischen Reiches eingestuft. Das Coracoid (O 20 pit A) hat eine GL von (41,5) mm und eine ML von 39,5 mm. Der Radius (O 20 pit G **(5h)**) ist nicht meßbar.

14. Uhu, *Bubo bubo*

Der Nachweis des Uhu besteht in einem Carpometacarpus (Abb. 24) aus Schicht I-J (U 13 [2] (3)). Die GL des Knochens mißt 90,3 mm, die BP 18,9 mm und die DD 14,7 mm.

15. Haussperling, *Passer domesticus*

Um einen Zufallsfund handelt es sich bei dem Hinterhauptteil eines Sperlings. Er soll aus der Neuhethitischen Zeit sein (O 23 SE (3)).

16. Elster, *Pica pica*

Undatiert ist der Carpometacarpus einer Eltser (S 24 [6] (1)). Er hat eine größte Länge von 29,5 mm.

17. Dohle, *Corvus (Coloeus) monedula*

Alle drei Knochen der Dohle kommen aus der gleichen Fundstelle (N 11 [1] (4)), einem Bereich, in dem eine ganze Anzahl Vogelknochen gefunden wurde. Zeitlich ist der Fundplatz in D/I-J eingestuft. Von den beiden gleichseitigen Ulnae — die MIZ beträgt demnach 2 — ist nur die kleinere meßbar: GL 58,2; BP 7,2; KD in der gleichen Ebene 3,3 und DD 7,1. Der Tarsometatarsus weist folgende Maße auf: GL (43); BP 7; KD 2,8 und BD 5,7 mm.

18. Saatkrähe, *Corvus frugilegus* und Nebelkrähe, *Corvus (corone) cornix*

Unter den 7 Krähenknochen gibt es 4, die nach der geringeren Größe und dem schlankeren Bau allem Anschein nach von der Saatkrähe sind, weiterhin eine starke Ulna von der Nebelkrähe und zwei fragliche Stücke.

Nicht anzusprechen sind der Schaft eines Tibiotarsus aus der Frühen Bronzezeit II (N 11 [4] (7)), weil er zu schlecht erhalten ist, und ein mittelgroßer Tarsometatarsus aus der Neuhethitischen Zeit (U 12 [10] (4)), dessen Distalteil fehlt: BP 9; KD 3,3 mm.

Die Fundstelle N 11 [1] (4) ergab die wohl zusammengehörigen Unterarmknochen und einen schlanken Tarsometatarsus von der Saatkrähe, die Fundstelle N 11 [1] (3) die distale Hälfte eines Tibiotarsus, der zu dem Tarsometatarsus zu gehören scheint. Während die Funde der tieferen Lage in D/I-J eingestuft sind, wird für die höhere Lage als Datierung I-J angegeben. An der Ulna mißt die DD 8,7 mm und die BD 7,7 mm, an dem Tibiotarsus die BD 7,5 mm und die KS 3,8 mm.

An der Ulna von der Nebelkrähe, die in die Zeitstufe I-J gehört (O 20 pit G (5i)), mißt die BP 10,5 mm.

Abb. 23. Kormoran, *Phalacrocorax carbo.* Proximale Hälfte eines Humerus (Datierung ?, Z 21 **(1)**) (s. S. 150)

Fig. 23. Cormorant, *Phalacrocorax carbo.* Proximal half of a humerus (date ?, Z 21 **(1)**) (see p. 150)

Abb. 24. Uhu, *Bubo bubo.* Carpometacarpus (Schicht I-J, U 13 **[2] (3)**). GL 90,3 mm (s. S. 155)

Fig. 24. Eagle owl, *Bubo bubo.* Carpometacarpus (stratum I-J, U 13 **[2] (3)**). GL 90.3 mm (see p. 155)

Abb. 25. Stockente, *Anas platyrhynchos.* Humerus (Schicht L, N 21 **(3)** pit 1). GL 92,5 mm (s. S. 150)

Fig. 25. Mallard, *Anas platyrhynchos.* Humerus (stratum L, N 21 **(3)** pit 1). GL 92.5 mm (see p. 150)

Abb. 26. Krickente, *Anas crecca.* Humerus (Schicht H, O 24 **(14)**). GL 55,7 mm (s. S. 150)

Fig. 26. Teal, *Anas crecca.* Humerus (stratum H, O 24 **(14)**). GL 55.7 mm (see p. 150)

Abb. 27. Schellente, *Bucephala clangula.* Ulna (Schicht L, M 20 **[3] (2b)**). Gl (57,5) mm (s. S. 151)

Fig. 27. Goldeneye, *Bucephala clangula.* Ulna (stratum L, M 20 **[3] (2b)**). GL (57.5) mm (see p. 151)

Abb. 28. Zwergtrappe, *Tetrax tetrax.* Coracoid (Schicht I-J, O 20 pit G **(5g)**). GL 44,5 mm (s. S. 154)

Fig. 28. Little bustard, *Tetrax tetrax.* Coracoid (stratum I-J, O 20 pit G **(5g)**). GL 44.5 mm (see p. 154)

Abb. 29. Großtrappe, *Otis tarda.* Distalteil eines Metatarsus, ♀ (Schicht D, O 11 SE **(4)**). BD 20,5 mm (s. S. 154)

Fig. 29. Great bustard, *Otis tarda.* Distal part of a metatarsus, ♀ (stratum D, O 11 SE **(4)**). BD 20.5 mm (see p. 154)

Abb. 30. Steinhuhn, *Alectoris graeca.* 2 Femora (Schicht I-J, N 11 **[1] (3)**). GL 61 und (59) mm (s. Tab. 41 d)

Fig. 30. Chukar partridge, *Alectoris graeca.* 2 femurs (stratum I-J, N 11 **[1] (3)**). GL 61 and (59) mm (see table 41 d)

Abb. 31. Rebhuhn, *Perdix perdix.* Femur (Datierung ?, H 18 **(1)**). GL (52,5) mm (s. S. 153 und Tab. 41 d)

Fig. 31. Gray partridge, *Perdix perdix.* Femur (date ?, H. 18 **(1)**). GL (52.5) mm (see p. 153 and table 41 d)

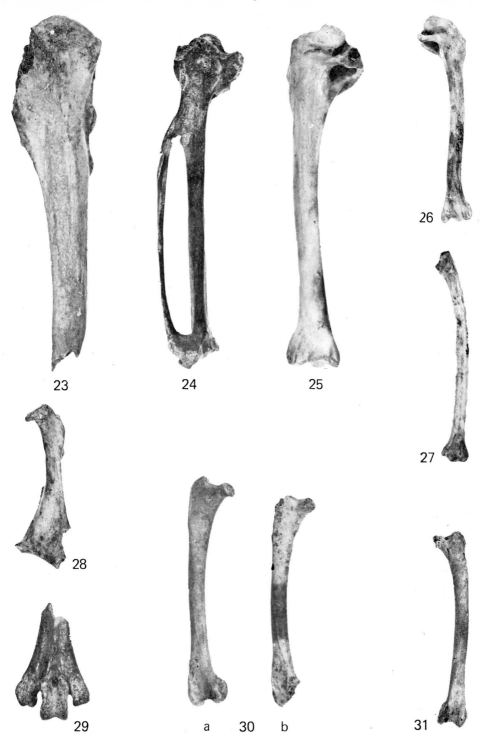

23   24   25

26

27

28

29   a   30   b   31

Abb. 32. Schmutzgeier, *Neophron percnopterus.* Femur (Schicht I-J, N 11 **[1]** **(3)**). GL 76,5 mm
  (s. S. 151)
Fig. 32. Egyptian vulture, *Neophron percnopterus.* Femur (stratum I-J, N 11 **[1]** **(3)**). Gl 76.5 mm
  (see p. 151)

Abb. 33. Schmutzgeier, *Neophron percnopterus.* Proximal ausgebrochener Carpometacarpus (Schicht
  I-J, U 12 **[8]** **(3)**) (s. S. 151)
Fig. 33. Egyptian vulture, *Neophron percnopterus.* Proximally broken carpometacarpus (stratum I-J,
  U 12 **[8]** **(3)**) (see p. 151)

Abb. 34. Kranich, *Grus grus.* (a) Das proximale und das distale Ende einer großen Ulna (Schicht
  D/I-J, N 11 **[1]** **(4)**). (b) Eine kleine Ulna (Schicht I-J, O 21 NE **(4)**) (s. S. 153 f)
Fig. 34. Crane, *Grus grus* (a) Proximal and distal ends of a large ulna (stratum D/I-J, N 11 **[1]** **(4)**).
  (b) A small ulna (stratum I-J, O 21 NE **(4)**) (see p. 153 f)

Abb. 35. Kranich, *Grus grus.* Tarsometatarsus (Schicht I-J, N 11 **[3]** **(3)**). GL mindestens 275 mm
  (s. S. 154)
Fig. 35. Crane, *Grus grus.* Tarsometatarsus (stratum I-J, N 11 **[3]** **(3)**). GL at least 275 mm (see p. 154)

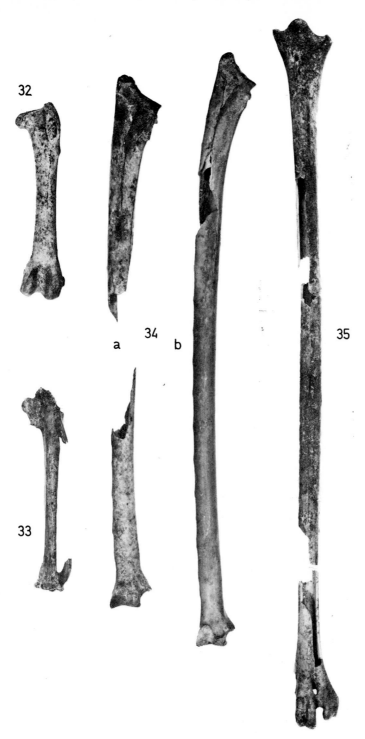

32

33

34   a   b

35

c. Reptilien

1. Kaspische Wasserschildkröte, *Clemmys caspica*

In Ostanatolien lebt die Unterart *Clemmys caspica caspica* (Wermuth und Mertens 1961: S. 59). Wir konnten sie am Murat beobachten.

Knochen von der Wasserschildkröte sind im Fundgut erheblich seltener als solche der Landschildkröte. Nur 5 Knochen dieser Art sind gefunden worden. Aus Schicht D (O 10 [1] (16)) ist die Wasserschildkröte mit der Scapula eines großen Tieres belegt (Abb. 37). Das Hypoplastron (N 12 [1] (2)) aus der Einheit D/L würde der Größe nach zu demselben Tier passen wie die Scapula, kann aber durchaus von einem zweiten Individuum sein. Aus Fundstellen der Neuhethitischen Zeit liegen ein Bauchpanzerstück (O 21 (4)) und 2 Rückenpanzerstücke (O 21 (4) und N 11 [1] (3)) von mindestens 2 Wasserschildkröten, einem mittelgroßen und einem großen Exemplar, vor.

2. Landschildkröte, *Testudo graeca*

Auf die Landschildkröte, die nach Wermuth und Mertens (1961: S. 209) in Kleinasien durch die Unterart *Testudo graeca ibera* vertreten ist, trifft man in den Einöden, im Kulturland, in den Steppen und an den Flußläufen. Die Tiere können stattliche Größen erreichen. Die größten Exemplare, die wir beobachteten, maßen gut 30 cm (Carapaxlänge, ebenso Wermuth und Mertens 1961: S. 208).

Landschildkröten scheinen von manchen Bewohnern des Landes gegessen zu werden. Wir fanden des öfteren Ansammlungen aufgeschlagener Panzerteile neben erloschenen Feuerstellen in den Bergen um die Stadt Elâziğ. Auf Grund dieser Beobachtung nehmen wir an, daß die Landschildkrötenreste zu einem Teil Speiseabfälle der früheren Bewohner des Tepe sind. Bei einem anderen Teil wird es sich um Reste aus der natürlichen Thanatocoenose handeln, denn Schildkröten graben sich zum Überwintern ein, und somit könnten die Knochen auch von Tieren stammen, die sich nachträglich in die Schichten eingegraben haben.

Die Schildkrötenknochen kommen, wie aus der Verteilung in der Tabelle 42 hervorgeht, nicht nur aus oberflächennahen sondern auch aus tiefer gelegenen Schichten. Sie sind bis in die Schicht 12 nachzuweisen. Falls die Fundstellen der tiefen Schichten in den Randregionen des Hügels liegen, könnten auch diese Reste aus späterer Zeit sein, da sich die Tiere von der Seite des Hügels her eingegraben haben könnten. Da wir über die Lage der Fundstellen nicht informiert sind, haben wir in der Tabelle alle Fundstellennummern mit angegeben, damit nachträglich die Lage der Schildkrötenknochen im Ausgrabungsgelände festgestellt werden und damit ihre Zeitstellung nachgeprüft werden kann.

Die Masse der Schildkrötenreste bilden Einzelstücke vom Bauch- und Rückenpanzer. Vom Extremitätenskelett liegen nur 5 Knochen vor (Tab. 42 und Abb. 36). Die

Tabelle 42
Landschildkröte, *Testudo graeca*.
Verteilung der Knochen auf die Fundeinheiten und Mindestindividuenzahlen

Schicht	Fundstelle	Knochenstücke	MIZ
D	N 11 **[3] (7)**	1 Marginalplatte	
	N 11 **[3] (8)**	1 Kostalplatte	
	N 11 **[4] (7)**	1 Marginalplatte, 1 Kostalplatte	3
	O 11 SE **(3)**	1 Hypoplastron	
D/I-J	N 11 **[1] (4)**	1 Nuchalplatte	
	N 11 **[3] (4)**	1 Hypoplastron	1
D/L	N 12 **[1] (2)**	1 Hypoplastron, 1 Kostalplatte	1
G/H	O 9 **[1] (2)**	1 Entoplastron, 1 Kostalplatte	1
H	U 12 **[1] (7)**	6 Bauch- und Rückenpanzerstücke	
	U 12 **[1] (8)**/U 12 **[3] (12)**	1 Nuchal-/Marginalplatte	
	U 12 **[1] (8)**	1 Neuralplatte	2
	U 13 **[4] (6)**	1 Marginalplatte	
I-J	K 12 **[3] (10)**	1 Marginalplatte	
	N 11 **[3] (3)**	1 Hypoplastron	
	O 21 SE **(3)**	1 Humerus	
	O 21 NW **(2d)**	1 Xiphiplastron	
	O 20 pit G **(5g)**	1 Xiphiplastron, 1 Hypoplastron	
	O 20 pit G **(5f)** u. **(5h)**	1 Kostalplatte	
	O 20 pit G **(5h)**	1 Entoplastron	
	O 20 pit A **[1] (2)**	1 Marginalplatte	
	O 20 pit A **(4)**	1 Kostalplatte	9
	O 20 pit Q **(2)**	1 Nuchalplatte	
	U 12 **(4)**/U 12 **(6)**	1 ganzer Bauchpanzer	
	U 12 **[6] (2)**/U 12 **[6] (2b)**	7 Bauch- und Rückenpanzerstücke	
	U 12 **[8] (3)**	1 Kostal-/Marginalplatte	
	U 12 **[12] (4)**	1 Marginalplatte	
	U 12 **[11] (4)**	1 Kostalplatte	
	U 13 **(2)**/U 13 **[4] (3)**	6 Bauch- und Rückenpanzerstücke	
	U 13 **[2] (3)**/U 13 **[3](3)**	4 Rückenpanzerstücke	
I-J/K	H 18 **[1] (5)**	1 Nuchalplatte	1
K/L	N 11 **[3] (2)**	1 Becken	
	N 11 **[4] (2)**	1 Xiphiplastron	—
L	H 17 **[1] (3)**	1 Rückenpanzer, unvollständig	
	H 18 **[3] (3)**	1 Scapula	2
	N 21 **(3a)**	1 Marginal-/Pygalplatte, 1 Becken	
?	J 11 **[3] (1)**	1 Bauchpanzer, unvollständig	
	O 20 **(1)**	1 Marginalplatte	
	O 20 **(1)** cleaning around pit G	1 Kostalplatte	
	U 13 **(1)**	1 Humerus	2
	U 24 **[1] (1)**	1 Marginalplatte	
	X 16 **[A] (2)**	1 Hypoplastron	
	X/Y **[15] [16] (1)**	1 Marginalplatte	
Summe		66	22

beiden Humeri haben Längen von 45 mm (O 21 SE **(3)**) und (34) mm (U 13 **[2] (1)**).

Unter den Knochen kommen alle Größen vor, solche von jungen Schildkröten ebenso wie Knochen von Tieren mittlerer und sehr stattlicher Größe. Zusammenhänge zwischen mehreren Panzerteilen konnten nur in 3 Fällen wieder hergestellt werden: Ein ganzer Bauchpanzer aus U 12 **(4)/(6)** (Schicht I-J) einer mittelgroßen Schildkröte (GL 152 mm), ein unvollständiger Rückenpanzer aus H 17 **[1] (3)** (Schicht I-J) einer großen Schildkröte und ein unvollständiger Bauchpanzer (J 11 **[3] (1)**, undatiert) einer Schildkröte mittlerer Größe.

d. Amphibien

Wechselkröte, *Bufo viridis*

Insgesamt 9 Knochen kommen von der Wechselkröte, die heute noch häufig im Altınovabecken anzutreffen ist. Alle Wechselkrötenknochen fanden sich im Grabungsquadrat N 11, waren aber auf verschiedene Schichten verteilt. Da Wechselkröten sich zum Winterschlaf eingraben, ist an der Zeitstellung der Knochen zu zweifeln. Die Knochen repräsentieren 3 Individuen.

Unter der Fundnummer N 11 **[1] (4)** D/I-J fand sich das Fragment eines Os cruris. Aus der Fundstelle N 11 **[1] (3)** (I-J) liegen ein Hirnschädelstück, ein Wirbel und eine Tibiofibula eines zweiten Individuums vor. Die Diaphyse des Schenkelknochens ließ folgende Maße abnehmen: GL 25,2 mm, KD 2,3 mm. Alle 3 Knochen stammen von einer adulten Wechselkröte. Knochen eines dritten Tieres kommen aus der Fundstelle N 11 **[1] (1)** (undatiert), ein Hirnschädelstück, ein Darmbein, ein Femur, beide Tibiofibulae. Die Maße der Ossa cruris: GL der Diaphyse 23,7 und 23,7 mm, KD 1,9 und 1,8 mm.

e. Mollusken[1]

1. Uniomuscheln

Bei den 164 Schalen(teilen) von Uniomuscheln, die zumeist aus Schicht I-J kommen (Tab. 3), haben wir sicherlich Küchenabfall vor uns. Uniomuscheln wurden „schon im niederösterreichischen Löß als Speisereste vorgefunden, sind im vorigen Jahrhundert in Altserbien gegessen worden und tauchten bei uns im ersten Weltkrieg als angebliche ‚Miesmuscheln in Gelee' auf" (Boessneck 1962: S. 32 nach H. Modell, Weiler).

Nach Proben, die wir zur Bestimmung mitnahmen, handelt es sich bei den Funden um *Unio crassus bruguierianus* Bourguignat und *Unio tigridis tigridis* Bourguignat (Abb. 38).

---

[1] Für die Bestimmung der Mollusken danken wir Herrn G. Falkner (München) herzlich.

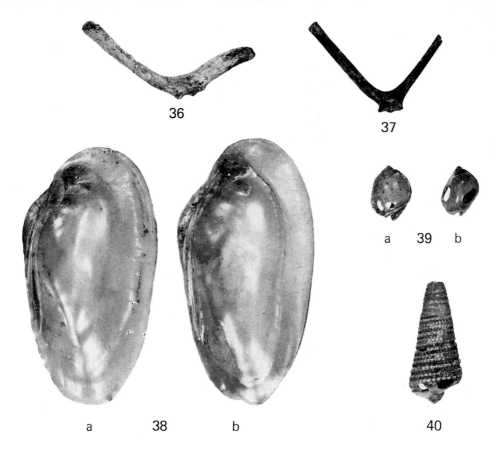

36

37

a 39 b

a 38 b 40

Abb. 36. Landschildkröte, *Testudo graeca ibera*. Scapula (Schicht L, H 18 **[3] (3)**) (s. S. 160ff)
Fig. 36. Tortoise, *Testudo graeca ibera*. Scapula (stratum L, H 18 **[3] (3)**) (see p. 160 ff)

Abb. 37. Kaspische Wasserschildkröte, *Clemmys caspica caspica*. Scapula (Schicht D, O 10 **[1] (16)**) (s. S. 160)
Fig. 37. Caspian turtle, *Clemmys caspica caspica*. Scapula (stratum D, O 10 **[1] (16)**) (see p. 160)

Abb. 38. Uniomuscheln (Schicht H, O 22 **[8] (10a)**). (a) *Unio crassus bruguierianus*. (b) *Unio tigridis tigridis*. (s. S. 162)
Fig. 38. Fresh water mussels (stratum H, O 22 **[8] (10a)**. (a) *Unio crassus bruguierianus*. (b) *Unio tigridis tigridis*. (see p. 162)

Abb. 39. Schneckengehäuse aus Schmuckketten. *Arcularia gibbosula* (Schicht I-J, K 12 **[3 D]** und O 21 NW **(2a)**) (s. S. 164)
Fig. 39. Snail shells from necklaces. *Arcularia gibbosula* (stratum I-J, K 12 **[3 D]** und O 21 NW **(2a)**) (see p. 164)

Abb. 40. Fossiles Schneckengehäuse aus einer Schmuckkette. *Tympanotonus (Tympanotonus) margaritaceus* (Schicht I-J, U 12 **[14] (5)**) (s. S. 164)
Fig. 40. Fossile snail shells from necklace. T*ympanotonus (Tympanotonus) margaritaceus* (stratum I-J, U 12 **[14] (5)**) (see p. 164)

2. Schnecken als Schmuck

Nur zufällig waren aus Schmuckketten drei Schneckengehäuse unter die Tierknochenfunde geraten. Sie sind in der Fundübersicht (Tab. 3) nicht mit aufgeführt. Es handelt
sich um *Arcularia gibbosula* Linné, eine kleine Schnecke (Abb. 39), die im östlichen
Mittelmeer, Roten Meer und im Persischen Golf vorkommt und somit als Handelsgut
ebenso aus Mesopotamien wie von der Mittelmeerküste her eingeführt worden sein
kann, sowie um ein Fossil aus dem Tertiär *Tympanotonus (Tympanotonus) margaritaceus* Brocchi (Abb. 40). Alle drei Gehäuse sind durchbohrt (Abb. 39, 40). Sie werden
aufgefädelt gewesen sein.

Die drei Schneckengehäuse kommen aus Schicht I-J, und zwar die Arcularia aus
K 12 **[30]** und O 21 NW **(2a)**, das Fossil aus U 12 **[14] (5)**.

V. Gebißanomalien und pathologisch-anatomisch veränderte Knochen

Oligodontien und die Folgen krankhafter Zustände sowie Überlastungserscheinungen beobachteten wir an Knochen vom Hund, Pferd, Schwein sowie von Rind, Schaf und Ziege. Im Rahmen der großen Fundmenge sind sie recht selten.

1. Hund

An einer Unterkieferhälfte aus Schicht H (O 11 SE **(3b)**) fehlt der P_2 anscheinend angeboren. Diese Oligodontie tritt beim Hund nicht selten auf (zur Problematik vgl. Boessneck 1955).

In seiner Zeitstellung fraglich ist ein Halswirbel (X 22 /23**(1)**), an dessen Corpus sich kranioventral und kaudoventral eine beginnende *Spondylosis deformans* abzeichnet. Diese Überlastungs- und Alterserscheinung ist seit der Entwicklung der tierärztlichen Röntgenkunde in das Zentrum tierärztlichen Interesses gerückt. Sie trat aber schon in alter Zeit auf (vgl. z.B. Boessneck und Dahme 1959; Boessneck und Meyer-Lemppenau 1966).

Die distale Hälfte des Corpus eines Humerus aus Schicht I-J (O 20 **(4)** pit A; s. auch Tab. 28i) umfaßt mantelartig ein Kallus. Der Hund war jung, denn die proximale Epiphyse des Knochens war noch nicht angewachsen. Da die Diaphyse ohne jede Verkrümmung oder Unregelmäßigkeit verläuft, ist eine Fraktur auszuschließen. Der Hund litt an einer *Periostitis ossificans* unbekannter Ursache.

Die Folgen einer Fraktur haben wir aber bei einem Humerus eines anderen Hundes aus der gleichen Zeit (O 21 SW **(2)**; s. auch Tab. 28i) vor uns. Der Knochen weist unmittelbar proximal der distalen Epiphyse gleichfalls einen umfangreichen Knochenkallus auf. Die Verschiebung der gebrochenen Teile gegeneinander und die Heilung mit *Dislocatio ad longitudinem* machen in diesem Falle die Diagnose leicht.

2. Pferd

Am Proximalende eines Metatarsus aus Schicht L (M 20 SE **(2b)**) fallen auf der Dorsalseite des Gelenkrandes typische Spatexostosen auf. Diese *Arthropathia deformans* *et ankylopoëtica* ist eine Überlastungserscheinung, die immer wieder an Funden aus vor- und frühgeschichtlicher Zeit beobachtet werden kann. Schon seit alters her behandeln die Tierärzte den Spat mit scharfen Einreibungen und Brennen (vgl. Boessneck, im Druck a).

3. Schwein

Eine seltene Oligodontie zeigt der Oberkiefer eines Schweines aus der Zeit von 1400—1200 v. Chr. (U 12 **(2) (3)**). Ihm fehlt der M³. Der M² ist bereits mittelgradig abgerieben. Vom M³ fehlt jede Spur einer Anlage.

Am Proximalende eines Radius aus Schicht H (O 23 NW **(2)**) sind die Folgen einer chronisch-deformierenden Gelenkentzündung zu erkennen. Die Gelenkfläche ist höckerig, der Gelenkrand mit zahlreichen kleinen und kleinsten Knochenwucherungen übersät.

4. Schaf und Ziege

Aus Schicht I-J (K 12 **[3] (11)**) kommt eine Unterkieferhälfte von Schaf oder Ziege mit einem Fistelkanal, der sich am Basalrand in Höhe zwischen dem M_2 und dem M_3 nach außen öffnet (Abb. 11). Die Öffnung hat einen Durchmesser von etwa einem halben Zentimeter. Außerdem ist der Kiefer auf der lateralen Seite basal stark verdickt und kavernös. Eine weitere Fistelöffnung erkennt man hinter dem Foramen mentale (Abb. 11). Derartige Erscheinungen entstehen bei Schafen und Ziegen häufig nach dem Einkauen von Futterteilen in das Zahnfach. Im vorliegenden Fall ist die Zahnreihe aber unverändert. Die Ursache ist eher in einer Verletzung zu suchen, bei der es zu einer Infektion mit anschließender Fistelbildung kam.

Das Einkauen oder Einspießen von sperrigem Futter war dagegen sicherlich die Krankheitsursache an einem weiteren veränderten Unterkiefer von Schaf oder Ziege. Von diesem Kiefer aus Schicht I-J (J 11 **[3] [7] (12)**) ist nur das Oralende erhalten geblieben. Aboral von M_1 ist er abgebrochen. Wieder ist ein Fistelkanal ausgebildet. Lateral des P_2 befindet sich eine haselnußgroße Auftreibung, in deren Mitte sich ein kleiner Kanal öffnet. Die Alveole des P_2 ist erweitert. Nach der Verletzung kam es zu einer Infektion, die zu einer *Alveolarperiostitis* führte und schließlich fistelte.

An einem der Größe nach möglicherweise von einem Wildschaf- oder Wildziegenbock stammenden Unterkiefer aus Schicht K (N 21 **[A] (6)**) ist der Ramus mentalis wie nach einer verheilten Fraktur aufgetrieben.

Das Proximalende eines Radius aus Schicht I-J (O 21 NE **(3)**) von einem Hausschaf und die nicht datierbaren (W 23 **(1)**) zusammengewachsenen Proximalteile von Radius und Ulna einer großen Ziege, möglicherweise einer Wildziege, weisen periarticuläre Exostosen an den Gelenkrändern auf. Möglicherweise handelt es sich in beiden Fällen um Reste älterer Tiere.

Eine Tibia von Schaf oder Ziege aus Schicht I-J (O 21 **[2] (7)**) läßt eine verheilte Fraktur erkennen.

Spat bei einer Ziege belegt ein Fund aus Schicht H (O 23 SE **[3] (4)**). Das Os tarsale 2 et 3 ist mit dem Metatarsus verwachsen. Kranzartig legen sich Exostosen um den proximalen Gelenkrand des Mittelfußknochens.

5. Rind

Um die Dorsalseite des proximalen Gelenkendes eines Metacarpus aus der Seld-schukenzeit (H 17 pit I) ziehen Hyperostosen (Abb. 12). Sie sind die Folge einer *Arthropathia chronica deformans* des Carpalgelenks. Derartige Gelenkerkrankungen treten bei ständiger Überbelastung des Gelenks auf. Sie sind wie der Spat am Tarsalgelenk bei heutigen wie bei vor- und frühgeschichtlichen Rindern nicht selten zu beobachten.

VI. Kulturgeschichtliche Auswertung

A. Jagd

Schon in der Frühen Bronzezeit II waren die Siedler auf dem Korucutepe Acker-
bauern und Viehzüchter. In der ersten Zeit (Schicht D), als die natürliche Umwelt
streckenweise noch weitgehend erhalten war (s.S. 179ff), war aber die Jagd noch
recht ergiebig. Nach der Fundmenge vor allem der Hirschknochen (Tab.43) muß
unter Berücksichtigung der Größe der Marale (vgl. S. 126), der anderen Wiederkäuer, der Wildschweine und der Bären damit gerechnet werden, daß das Wild ein
Viertel des von den Bewohnern des Tepe verzehrten Fleisches lieferte.

Die bäuerliche Bevölkerung sah jedoch in dem Wild nur Schadtiere. Sie verfolgte
es schon deshalb schonungslos, um das Kulturland vor ihm zu schützen. Die fort-
schreitende Rodung tat ein übriges, das Wild zurückzudrängen (s.S. 181 f). So tritt
es bald im Fundgut ganz in den Hintergrund (Tab.2).

Das vorherrschende Großwild war der Rothirsch. Er stellte die ganze Zeit über
auch den größten Teil der Jagdbeute (Tab.43). Der Ur, dessen Stiere die Hausrind-
bestände beunruhigten, verschwand zuerst. Dem Wildschwein kam später die religiöse
Einstellung der Muslimen zum Schwein zugute. Es konnte sich so lange halten, bis
die letzten Dickungen verschwanden. Wildschafe und Wildziegen hatten in den Gebirgen Rückzugsmöglichkeiten. Raubwild wurde schon deshalb verfolgt, weil es
Vieh erbeuten könnte. Für den Hasen bedeuteten die Rodung und die zunehmende
Austrocknung keinen Nachteil, eher einen Vorteil. Die Biberkolonie scheint von
Anfang an klein gewesen zu sein.

Flugwild ist sicherlich intensiver bejagt worden, als es die Funde widerspiegeln.
Auf der Geflügeljagd stellten Steinhühner, Kraniche, Trappen, Enten und Gänse
den größten Teil der Beute (Tab.3). Die Artenliste der erbeuteten Vögel (Tab.3) wird
sicher durch weitere Funde noch verlängert.

Tabelle 43
Anteil der Haus- und Wildtiere in den einzelnen Schichten auf Grund der Fundzahlen

		D	D/I-J	D/L	G/H	H	I-J	I-J/K	I-J/L	K	K/L	L	?	Gesamt
Pferd, Esel, Muli														
	N	—	1	—	—	10	98	6	—	8	5	42	35	205
	%	—	0,4	—	—	0,7	1,1	0,8	—	11,6	2,2	3,9	1,4	1,2
Rind														
	N	190	72	103	54	520	2484	248	198	38	74	533	1086	5600
	%	21,9	24,1	23,3	28,4	37,9	28,4	31,6	36,1	55,1	32,3	49,4	43,6	32,7
Schaf, Ziege														
	N	481	165	223	115	619	4852	470	292	18	145	459	968	8807
	%	55,4	55,2	50,5	60,5	45,2	55,5	59,9	53,2	26,1	63,3	42,6	38,9	51,5
Schwein														
	N	54	21	11	9	139	910[1]	33	19	1	1	6	191	1395
	%	6,2	7,0	2,5	4,7	10,1	10,4	4,2	3,5	1,4	0,4	0,6	7,7	8,2
Hund														
	N	13	3	61	3	18	81	9	4	2	—	2	124	320
	%	1,5	1,0	13,8	1,6	1,3	0,9	1,1	0,7	2,9	—	0,2	5,0	1,9
Huhn														
	N	—	1	1	—	1	14	1	6	—	2	3	3	32
	%	—	0,4	0,2	—	0,1	0,2	0,1	1,1	—	0,9	0,3	0,1	0,2
Rothirsch														
	N	101	10	32	4	34	94	4	17	—	—	9	37	342
	%	11,6	3,3	7,2	2,1	2,5	1,1	0,5	3,1	—	—	0,8	1,5	2,0
Übrige Wild-säugetiere														
	N	16	7	4	2	15	90	11	9	2	1	11	26	194
	%	1,8	2,3	0,9	1,1	1,1	1,0	1,4	1,6	2,9	0,4	1,0	1,0	1,1
Wildvögel														
	N	5	15	1	1	5	39	1	1	—	1	8	9	86
	%	0,6	5,0	0,2	0,5	0,4	0,5	0,1	0,2	—	0,4	0,7	0,4	0,5
Schildkröten, Wechselkröte, Fische														
	N	8	4	6	2	10	75	2	3	—	—	5	12	127
	%	0,9	1,3	1,4	1,1	0,7	0,9	0,3	0,5	—	—	0,5	0,5	0,7
Summe	N	868	299	442	190	1371	8737	785	549	69	229	1078	2491	17108

[1] Ohne die Funde der 8 Ferkel eines Wurfes.

B. Haustierhaltung

1. Quantitative Zusammensetzung

Von der Frühen Bronzezeit an deckten die Bewohner des Korucutepe ihren Bedarf an Fleisch und anderen Produkten tierischer Herkunft hauptsächlich durch Haustierhaltung. Die Jagd spielte jedoch in der Zeit der Schicht D noch eine nennenswerte

Tabelle 44
Anteil der wichtigsten Wirtschaftstiere in den einzelnen Schichten auf Grund der Fundzahlen

		D	D/I-J	D/L	G/H	H	I-J	I-J/K	I-J/L	K	K/L	L	?	Gesamt
Pferd, Esel, Muli	N	—	1	—	—	10	98	6	—	8	5	42	35	205
	%	—	0,4	—	—	0,8	1,2	0,8	—	12,3	2,2	4,0	1,5	1,3
Rind	N	190	72	103	54	520	2484	248	198	38	74	533	1086	5600
	%	26,2	27,8	30,6	30,3	40,4	29,8	32,8	38,9	58,5	32,9	51,3	47,6	35,0
Schaf, Ziege	N	481	165	223	115	619	4852	470	292	18	145	459	968	8807
	%	66,4	63,7	66,2	64,6	48,1	58,1	62,1	57,4	27,7	64,4	44,1	42,5	55,0
Schwein	N	54	21	11	9	139	910[1]	33	19	1	1	6	191	1395
		7,4	8,1	3,3	5,1	10,8	10,9	4,4	3,7	1,5	0,4	0,6	8,4	8,7
Summe	N	725	259	337	178	1288	8344	757	509	65	225	1040	2280	16007

[1] Ohne die Funde der 8 Ferkel.

Tabelle 45
Anteil der wichtigsten Wirtschaftstiere in den einzelnen Schichten auf Grund der MIZ

		D	D/I-J	D/L	G/H	H	I-J	I-J/K	I-J/L	K	K/L	L	?	Gesamt
Pferd, Esel, Muli	N	—	—	—	—	4	7	1	—	2	—	8	1	23
	%	—	—	—	—	7,1	3,2	3,7	—	25,0	—	13,1	1,9	4,8
Rind	N	7	—	3	—	14	47	9	3	2	4	19	25	133
	%	25	—	33,3	—	25,0	21,7	33,3	33,3	25,0	66,6	31,1	48,1	27,6
Schaf, Ziege	N	16	2	5	5	26	118	14	4	3	2	32	16	243
	%	57,1	66,6	55,5	83,3	46,4	54,4	51,9	44,4	37,5	33,3	52,5	30,8	50,4
Schwein	N	5	1	1	1	12	45[1]	3	2	1	—	2	10	83
	%	17,9	33,3	11,1	16,7	21,4	20,7	11,1	22,2	12,5	—	3,3	19,2	17,2
Summe	N	28	3	9	6	56	217	27	9	8	6	61	52	482

[1] Ohne die 8 Ferkel.

Rolle (s. S. 158 u. Tab. 2, 43). Wenn auch der Fischfang und das Sammeln von Speisemuscheln in größerem Umfang betrieben wurden, als es die Funde erkennen lassen, so war ihre Bedeutung doch nicht erheblich. Ackerbau und Viehhaltung bestimmten das wirtschaftliche Geschehen.

An Haustieren hielten die Siedler von Anfang an Rind, Schaf und Ziege, Schwein und Hund. In der althethitischen Zeit kommen Pferd und Esel hinzu. Spätestens seit der Neuhethitischen Zeit wird das Haushuhn gehalten. Das Kamel ist nur für die Seldschukenzeit nachgewiesen. Es dürfte aber auch in dieser Zeit keine größere Rolle gespielt haben, denn nur ein einziger Kamelknochen ist gefunden worden.

Je nachdem, ob man die Fundmengen, die MIZ oder die Tiere nach ihrer Größe vergleicht, verschiebt sich ihre Bedeutung (vgl. Kubasiewicz 1956). Die Diagramme 5 und 6 (S. 82) stellen die Hauswirtschaftstiere ohne Huhn und Kamel und den Rothirsch in ihrer Mengenverteilung nach den Fundzahlen und den MIZ einander gegenüber. Nur die Knochen der reinen Schichten D, H, I-J und L wurden zugrunde gelegt. Die 65 Fundstücke der Schicht K sind statistisch wertlos und deshalb nicht zu berücksichtigen. Die mit geringen Fundmengen vertretenen Arten holen in der Beurteilung nach der MIZ erheblich auf, und bei den Großtieren verteilen sich die Fundstücke mehr über das ganze Skelett als bei den kleineren Tieren, wodurch deren Anteil nach der MIZ steigt. Zum Beispiel liegt das Rind in Schicht L nach der Fundmenge an erster Stelle, nach der MIZ aber mit Abstand hinter den kleinen Wiederkäuern an zweiter (Diagramme 5, 6). Berücksichtigt man nun die Größe der Rinder im Vergleich zu der der Schafe und Ziegen, bleibt kein Zweifel darüber, daß das Rind in Wert und Bedeutung den Vorrang verdient, auch wenn es mit den Schafen und Ziegen als einer Einheit verglichen wird. Wegen der Zerrissenheit des Fundguts in seiner Zeitstellung mußten wir leider davon absehen, es zu wiegen. Aber auch ohne dies können wir die Tiergröße mit beurteilen. Bei Rind und Maral sowie den Equiden erhöht sich dabei ihr Anteil, bei den kleinen Wiederkäuern und beim Schwein fällt er. Der Hund interessiert in diesem Zusammenhang kaum, denn es ist fraglich, ob sein Fleisch gegessen wurde, und wenn dies der Fall war, dann von vornherein in ganz untergeordnetem Range. Auch bei den Equiden tritt die Nutzung zu Nahrungszwecken wohl in den Hintergrund.

Als grobe Faustzahlen zur Orientierung über die Relation nach der Tiergröße seien genannt: Pferd = 1, Rind = 1, Maral = 1, Esel = 2, Schwein = 5, Schaf und Ziege = 6–8.

Wenn demnach die kleinen Wiederkäuer zusammengenommen während der ganzen nachgewiesenen Bronzezeit (Schichten D–I-J) nach der Fundmenge und der MIZ die erste Stelle einnehmen, so war doch das Rind der wichtigste Fleischlieferant und der viel wertvollere Besitz. Der Anstieg des Rindes in Schicht H könnte Zufall sein, in Schicht L aber tritt es zweifellos noch stärker in den Vordergrund.

Schweine wurden während der Bronzezeit der Schichten D–I-J weit weniger gehalten als Wiederkäuer. Vielleicht nur zufällig ist ihr Anteil in den beiden hethitischen Reichen größer als in der Frühen Bronzezeit II. In der Seldschukenzeit aber ist das Schwein als Folge seiner Unreinheit in den Glaubensvorstellungen des Islam im Haustierbestand ganz oder fast verschwunden.

Bei den Equiden hat es nach den Fundzahlen den Anschein, als ob sie in Schicht I-J zunähmen. Dieser Eindruck täuscht, denn in Schicht I-J sind zwei Teilskelette von Eseln gefunden worden, die die Fundzahlen beträchtlich erhöhen. Nach den Mindestindividuenzahlen verwischt sich dieser Eindruck sowieso. In der Seldschukenzeit scheint aber die Equidenhaltung tatsächlich mehr in den Vordergrund getreten zu sein.

Um eine Vorstellung von der Zusammensetzung der Bestände an Wirtschafts-tieren während der vier Hauptbesiedlungsabschnitte zu vermitteln, berechneten wir die folgenden Zahlenverhältnisse auf Grund der Fundzahlen:

	Pferd, Esel, Muli		Rind		Schaf/Ziege		Schwein
D	0	:	26	:	66	:	8
H	1	:	40	:	48	:	11
I-J	1	:	30	:	58	:	11
L	4	:	51	:	44	:	(1)

Auch dieses Ergebnis sollte nicht zu wörtlich genommen werden. Bezieht man die Fundzahlen der wichtigsten Wirtschaftstiere auf jeweils 100 Rinder, ergibt sich folgende Relation:

D	100 Rinder, 253 kleine Wiederkäuer, 28 Schweine;
H	2 Equiden, 100 Rinder, 119 kleine Wiederkäuer, 27 Schweine;
I-J	4 Equiden, 100 Rinder, 195 kleine Wiederkäuer, 37 Schweine;
L	8 Equiden, 100 Rinder, 86 kleine Wiederkäuer, (1 Schwein).

2. Nutzung

Bis zu einem gewissen Grade läßt das Schlachtalter der Tiere Rückschlüsse auf ihre Nutzung durch den Menschen zu. Werden die Haustiere zumeist am Ende ihrer Hauptwachstumsperiode, d. h. in subadultem Zustand geschlachtet, dann ist anzu-nehmen, daß sie nur zur Gewinnung ihres Fleisches gehalten wurden. Enthalten Sied-lungsfunde aber auch Belege für ältere und alte Tiere in größerem Umfang, so ist neben dem letztendlichen Fleischgewinn an eine Nutzung der Tiere zu Lebzeiten zu denken, sei es zur Gewinnung der Milch (Rind, Ziege, evtl. Schaf), der Wolle (Schaf) oder zur Verwendung zur Arbeit (Rind, Pferd).

Zur Beurteilung dieser Sachlage ist auch die Kenntnis des Geschlechtsverhältnisses in den Beständen von Bedeutung. Werden die Tiere zur Arbeit herangezogen, sind beim Rind ausgewachsene männliche Tiere wegen ihrer größeren Körperkraft wich-tig. Werden die männlichen Tiere nur zur Fortpflanzung benötigt, braucht nur eine kleinere Zahl länger am Leben zu bleiben.

Auf Seite 29f haben wir dargelegt, daß die meisten Pferdeknochen von ausgewach-senen Tieren stammen. Von den mindestens 11 Pferden waren nur 2 juvenil. Die weni-gen Gebißreste des Pferdes, die eine Altersbeurteilung zulassen, erfassen die Alters-verteilung nicht. Im ganzen konnten nur Gebißreste von 5 adulten Tieren auf ihre Abreibung und damit auf das Alter hin beurteilt werden. Nur eines von diesen 5 Pfer-den war bei seinem Tode jungadult (geringgradig abgeriebene Backenzähne, Seld-schukenzeit). Die anderen 4 besaßen mittel- und hochgradig abgeriebene Backenzähne, waren also mindestens 10 Jahre alt, als sie geschlachtet oder getötet wurden. Dies deutet auf eine Verwendung der Pferde zur Arbeit hin. In der Hethiterzeit war es bekanntlich üblich, die Pferde vor den leichten, zweirädrigen Wagen zu spannen, zur Jagd oder zum Kampfe. Im Erhaltungszustand unterscheiden sich die Pferdeknochen aber nicht grundsätzlich von denen der übrigen Wirtschaftstiere, so daß wir annehmen, daß die ausgedienten Pferde geschlachtet und ihr Fleisch gegessen wurde.

Beim Esel (und Muli) liegen die Verhältnisse bezüglich des Alters ähnlich wie beim Pferd. Unter den insgesamt 12 Individuen wurden nur 2 Jungtiere nachgewiesen (S. 35f). Esel sind seit alters her Lasttiere, Mulis ebenso, vor allem im Gebirge.

Die Teilskelette eines Jungesels und eines adulten Esels aus der Zeit zwischen 1400— 1200 v. Chr. stellen keine Schlachtabfälle dar. Es handelt sich um Reste von verendeten oder getöteten Tieren, deren Kadaver in die Abfälle geworfen wurden.

Zur Altersbestimmung der R i n d e r vom Korucutepe zogen wir die Unterkiefer heran (S. 38f u. Tab. 8). Die Altersverteilungen, die sich für die fundreiche Schicht I-J und das Gesamtmaterial berechnen ließen, sind graphisch dargestellt worden (Diagramm 7, S. 107; auch Tab. 46). Etwa $^1/_5$ des Bestandes wurde bis zu einem Alter

Tabelle 46
Rind, *Bos taurus.* Altersgruppierung auf Grund der Unterkiefer

Alter in Jahren (etwa)	I-J		Gesamt		Gesamt − I-J	
	N	%	N	%	N	%
Bis $1^1/_2$	11	23,4	29	21,8	18	20,9
$1^1/_2$—$2^1/_2$	7	14,9	25	18,8	18	20,9
M_3 +	11	23,4	32	24,1	21	24,4
M_3 ++ und +++	18	38,3	47	35,3	29	33,7
Summe	47		133		86	

von $1^1/_2$ Jahren geschlachtet, das zweite Fünftel bis zum Alter von $2^1/_2$ Jahren. Diese Tiere konnten weder durch Arbeit noch durch Milchleistung nutzen. Das Ansteigen der Kurve von den subadulten zu den jungadulten Rindern (Tiere mit geringgradig abgeriebenen M_3) und den älteren Rindern im Vergleich zu der entsprechenden Kurve beim Schwein (Diagramm 9, S. 107) läßt auf Nutzleistungen über die Fleischproduktion hinaus schließen.

Zur Berechnung des Geschlechtsverhältnisses in den Rinderherden standen uns nur wenige geschlechtlich differenzierbare Skeletteile zur Verfügung (S. 42). Die Geschlechtsbestimmung nahmen wir an den Hornzapfen, den Becken und den Metapodien vor. Das Geschlechtsverhältnis von männlichen:weiblichen Tieren fiel recht unterschiedlich aus. Während es nach den Hornzapfenresten für das Gesamtmaterial annähernd 2:1 betrug, ergab sich nach den Beckenresten ein Verhältnis von 4:5 und nach den Metapodien von 3:4. Da die Fundbasen aber in allen Fällen sehr gering sind, könnte das Verhältnis auch 1:1 betragen haben.

Ochsen wurden in einigen Fällen bei den Hornzapfen und den Metapodien fest-gestellt. Der Anteil der Ochsen unter den männlichen Rindern muß aber dahingestellt bleiben, weil die Bestimmung des Geschlechts an den genannten Skeletteilen im Ein-zelfall immer problematisch ist.

Der verhältnismäßig hohe Anteil männlicher Tiere läßt die Nutzung der Rinder zur Arbeit vermuten. Ob die Kühe gemolken oder nur zur Nachzucht länger gehalten wurden, muß dahingestellt bleiben.

Das Schlachtalter der Schafe und Ziegen berechneten wir auf Grund der Kiefer-reste. Auf Seite 66 ff wurde die Altersverteilung erläutert. In Diagramm 8 (S. 107) ist die Altersgruppierung auf Grund der Unterkiefer der kleinen Wiederkäuer für die Schich-ten I-J und L und für das Gesamtmaterial graphisch dargestellt (s. auch Tab. 47). Die

Tabelle 47
Schaf, *Ovis aries*, und Ziege, *Capra hircus*. Altersgruppierung auf Grund der Unterkiefer

Alter in Jahren (etwa)	I-J		L		Gesamt		Gesamt − (I-J + L)	
	N	%	N	%	N	%	N	%
Unter 1	22	18,6	7	21,9	43	17,7	14	15,1
1−2	26	22,0	8	25,0	50	20,6	16	17,2
2−4	28	23,7	7	21,9	68	28,0	33	35,5
Über 4	42	35,6	10	31,3	82	33,7	30	32,3
Summe	118		32		243		93	

nach 2 Jahren noch verbleibenden mindestens $^3/_5$ des Bestandes und das Drittel, das über 4 Jahre alt wurde, wurden sicherlich bereits zu Lebzeiten genutzt. Im Vorder-grund wird die Wollproduktion der Schafe gestanden haben. Ob Schafe oder Ziegen gemolken wurden, ist fraglich.

Die Schafhaltung herrschte mit Ausnahme der letzten Besiedlungsphase im Ver-gleich zur Ziegenhaltung vor. Die Relation in der Menge zwischen Schaf:Ziege dürfte etwa 5:2 bis 5:3 betragen haben (s. S. 67f). In der Schicht L hat sich das Verhältnis zugunsten der Ziege umgekehrt.

Die Bestimmung der Geschlechtsverteilung erfolgte bei Schaf und Ziege auf Grund der Hornzapfen, Hirnschädel und der Becken (S. 68). Für das Schaf ergab sich nach den Hornzapfen- und Hirnschädeln ein Geschlechtsverhältnis von 1:1. Man darf jedoch nicht vergessen, daß die starken Hornzapfen und Kalotten der männlichen Tiere widerstandsfähiger sind. Nach den Beckenresten überwiegt das weibliche Ge-schlecht im Gesamtmaterial. Auf 2 Widder kommen 3 Mutterschafe.

Bei der Ziege überwiegen die Geißen deutlicher als die Mutterschafe bei den Scha-fen (s. S. 68). Von insgesamt 36 nach den Hornzapfen bestimmten Individuen sind 21 von ♀♀ und 15 von ♂♂. Von 21 Becken sind 13 ♀♀, 6 ♂♂ und 2 in der Geschlechts-zugehörigkeit nicht bestimmbar. Da bei der Geburt mit einem Geschlechtsverhältnis von 1:1 zu rechnen ist, muß ein Teil der Ziegenböcke zu einem Zeitpunkt geschlachtet worden sein, an dem der Geschlechtsunterschied weder an den Hornzapfen noch an den Becken ausgeprägt ist. Trotz des Überwiegens der weiblichen Ziegen, ist der Anteil der männlichen noch erstaunlich hoch. Im allgemeinen wird in vor- und frühgeschichtlicher Zeit ein weit geringerer Anteil erwachsener Böcke nachgewiesen (vgl. z. B. Uerpmann 1970/71: S. 77; von den Driesch 1972). Man muß deshalb an die Haltung zur „Woll"gewinnung denken, wie sie bei der Angoraziege üblich ist.

Für das Schwein geben das Diagramm 9 und die Tabellen 23 und 48 die Altersverteilung auf Grund der Unterkiefer an. Wir erörterten den Befund bereits (S. 90). Nur wenige Schweine wurden über 3$\frac{1}{2}$ Jahre alt. Dieser Befund entspricht dem Haltungsziel beim Schwein. Sein Nutzen beginnt erst mit der Schlachtung. Nur wenige erwachsene Sauen sind notwendig, um den Bestand zu erhalten. Sie können auch von subadulten Ebern gedeckt werden.

Tabelle 48
Schwein, *Sus (scrofa) domesticus*. Altersgruppierung auf Grund der Unterkiefer

Alter in Jahren (etwa)	I-J		Gesamt		Gesamt — I-J	
	N	%	N	%	N	%
Bis 1	17	39,5	27	33,8	10	27,0
1—2	15	34,9	27	33,8	12	32,4
2—3	6	14,0	12	15,0	6	16,2
über 3	5	11,6	14	17,5	9	24,3
Summe	43		80		37	

Das Geschlechtsverhältnis der Schweine, das an Hand der Eckzähne ermittelt wurde, betrug im großen und ganzen 1:1 (S. 101 u. Tab. 24). Unter den etwas zahlreicheren Eckzähnen der Schicht I-J befanden sich mehr von Jungebern als von Sauen. Offensichtlich wurden mehr Eber im jugendlichen Alter geschlachtet als Sauen. Dieser Befund steht wieder im Einklang mit dem Nutzungszweck der Hausschweine.

Die Hundehaltung steht hinter der der besprochenen Haustierarten weit zurück. Es ist ungewiß, ob unter den Hundeknochen Speiseabfälle sind. Die 3 Teilskelette (S. 109 ff u. Tab. 27) sind jedenfalls keine.

Die meisten der Hunde waren erwachsen (S. 116). Von den insgesamt 22 Hunden, die die Knochen belegen, waren nur 2 juvenil und 2 neonat bis infantil.

Über den Haltungszweck der Hunde können wir keine näheren Aussagen machen. Die Knochen lassen nicht erkennen, ob die Tiere als Jagd-, Hirten- oder allein als Wachhunde verwendet wurden. Sie waren mittelgroß bis groß und entsprechen heutigen Parias aus der Türkei in der Größe. Es ist durchaus möglich, daß Hunde ohne engere Bindung zu bestimmten Menschen oder deren Anwesen herumstrichen. Es ist aber auch wahrscheinlich, daß manche, vor allem die größeren als Hirtenhunde Verwendung fanden.

Die Bedeutung des Huhnes ist möglicherweise nicht voll erfaßt, wenn man berücksichtigt, daß die kleinen, fragilen Hühnerknochen in einem höheren Maße verloren gehen als große Säugerknochen. Zum Verzehr scheinen schon damals jüngere Tiere bevorzugt worden zu sein, denn der größere Teil der Hühnerknochen stammt von juvenilen und subadulten Hühnern (s. S. 121 f).

3. Gesamteindruck

Das fruchtbare Altınovabecken wird primär als Ackerland genutzt worden sein. Dafür wurde gerodet und das auf den Saaten störende Wild gejagt, und danach hatte sich die Viehhaltung zu richten.

Die Schafe und Ziegen, deren Haltung in den drei bronzezeitlichen Besiedlungsabschnitten mengenmäßig im Vordergrund stand, wichen vom Frühjahr bis zum Sommer, also bis die Felder abgeerntet waren, auf die Berge aus. In den Herden gab es mehr Schafe als Ziegen. In Größe und Wuchs stellten sie sich ohne besondere züchterische Auslese auf kärgliche Weide, Kletterei und wenig Schatten im heißen Sommerklima ein. Die Schafe waren klein bis mittelgroß, die Ziegen mittelgroß im Rahmen vor- und frühgeschichtlicher Hausschafe und -ziegen gesehen. Beide waren stämmiger als ihre gleichzeitigen Verwandten in Mitteleuropa. Zu kleinbehornten und hornlosen Mutterschafen wurden mittelstark- oder schwächer ammonsförmig behornte Widder gehalten. Ob Hammelhaltung bekannt war, wissen wir nicht. Die Ziegen trugen alle Hörner. Bei den Böcken waren sie mittelstark, priscaartig bis zu einer Schraube gedreht, bei den Geißen kleiner und weniger stark gedreht oder auch nur säbelartig gebogen.

Im Brachland und in den nicht kultivierten Teilen der Ebene konnten die Rinder weiden bis die Felder abgeerntet waren. Wir finden, im Verband der vor- und frühgeschichtlichen Rinder gesehen, mittelgroße, mittellanghörnige Tiere vor, die die Mehrheit ihrer gleichzeitigen Verwandten in Europa an Größe übertrafen. Auch der gut ausgeprägte Geschlechtsdimorphismus läßt darauf schließen, daß die wertvollen Rinderbestände keinen Mangel hatten.

Demgegenüber weist die geringe Größe der Schweine (S. 101 ff) auf kärgliche Lebensbedingungen hin. Die Eichenbestände der näheren Umgebung (s. S. 180) waren bald gerodet. Das trockene Sommerklima erfordert gleichfalls Anpassung. Schließlich machten strenge Winter eine vollwertige ganzjährige Ernährung unmöglich. Als anspruchsvollerer Omnivore geriet das Schwein gerade in dieser Zeit in Nahrungskonkurrenz zu seinem Halter, während die Wiederkäuer und die Equiden auch eine Zeitlang mit proteinarmem Stroh auskamen.

Pferd und Esel, in der althethitischen Zeit eingeführt, sagt die Landschaft um den Korucutepe zu. Die wegen ihres hohen Wertes sicherlich nicht knapp gehaltenen

Pferde hielten die Mittelgröße ihrer Vorfahren. Für den Esel ist das Gebiet nur in seiner Winterkälte kein idealer Lebensraum. Die Nahrungsgrundlage ist bei seiner sprichwörtlichen Anspruchslosigkeit hervorragend.

Die hethiterzeitlichen Haustiere der Altınova entsprechen in Größe und Wuchs denen des hethitischen Zentrallandes.

In der Seldschukenzeit war der Tierbestand anders als in der Bronzezeit zusammengesetzt. Die Seldschuken hielten mehr Großtiere, vor allem Rinder. Zu den Transporttieren kam das Kamel hinzu. Die Bestände der kleinen Wiederkäuer übertreffen auch zahlenmäßig den Rinderbestand nicht erheblich. Jetzt werden mehr Ziegen als Schafe gehalten. Die Ziegen sind im Durchschnitt gut 5 cm größer (s. S. 96), die Rinder dagegen 5 cm kleiner als in der Bronzezeit (s. S. 61 f), aber immer noch stattlicher als die Mehrzahl der mittelalterlichen Rinder in Europa. Wenn überhaupt noch Schweine gehalten wurden, dann wegen des religiösen Tabus nur vereinzelt.

Wann zur Nutzung der Rinder als Arbeitstiere die Milchnutzung trat, lassen die Funde nicht erkennen; vielleicht schon von Anfang an. Auch mit dem Beginn der Nutzung der Rinderfladen als Brennmaterial ist bereits zu rechnen.

Alles in allem herrschten in der Altınova gute Bedingungen für die Viehhaltung. Es gab gutes Weideland und genügend Wasser. Die Rücksichtnahme auf den Ackerbau schränkte allerdings die Freiheit in der Nahrungssuche ein und kalte, schneereiche Winter waren zu überstehen.

Abb.41. Das Murattal unterhalb des Korucutepe. Blick flußabwärts nach Nordwesten
Fig.41. The Murat valley below Korucutepe looking downstream to the north-west

VII. Fauna und Landschaft

Das Altınovabecken liegt östlich von Elâzığ im ostanatolischen Hochland, um 800 bis 850 m über Meereshöhe. Es bildet ein etwa 7 km breites und 20 km langes in Südwest—Nordost-Richtung verlaufendes Tal, das im Nordwesten von bis 1600 m ansteigenden Höhen, im Südosten von einer bis 2000 m hohen Bergkette begrenzt wird. Der das Tal in Nordostrichtung durchziehende Harunget genannte kleine Fluß fließt in den Murat, der die Altınova abschließt. Die Sommer dieses Landstrichs sind heiß, die Winter streng und oft schneereich.

Das Altınovabecken ist heute Kulturland. Zur Bewässerung wird Wasser des Harunget abgeleitet. Am Rande des Kulturlandes erstreckt sich vegetationsarmes Ödland. An den im Sommer weitgehend eingetrockneten Flußarmen trifft man Restgruppen von Bäumen, meist Pappeln, die auch in Kulturen angepflanzt werden, und Gestrüpp. Derzeit werden die Bäume geschlagen, denn in wenigen Jahren wird ein großer Teil der fruchtbaren Ebene im Kebanstausee untergehen. Dann steigen die kahlen Berghänge (Abb. 41) stellenweise unmittelbar aus dem See auf. Nur in steilen Schluchten mit jahreszeitlichen Sturzbächen und Rinnsalen in der Trockenzeit haben sich an diesen Berghängen Reste von Eichenbeständen und wucherndes Unterholz erhalten.

Die heutigen Bewohner der Altınova halten Rinder und Wasserbüffel, Schafe und Ziegen, die sie auch auf die Berge treiben, Pferde, Esel, große und kleine Hunde, Katzen, Hühner, Gänse, Enten und Tauben sowie letzten Endes aus Amerika stammende Truthühner und Moschusenten.

Großtierfaunen archäologischer Ausgrabungen sind nicht besonders geeignet, ein Bild von der Umwelt in der alten Zeit der Besiedlung zu vermitteln. Sie enthalten nur wenige spezifische Indikatoren. Genaueren Aufschluß kann sicherlich der Botaniker geben. Werden fachmännisch Mollusken gesammelt (vgl. Lozek 1967; Falkner 1969) und Kleinsäuger, bringt auch das Gewinn für die Beurteilung der Umwelt und ihrer Veränderung im Laufe der Zeit.

Die Grundzüge des Landschaftswandels läßt die reichhaltige Fauna vom Korucutepe aber doch erkennen. Als vor 6000 Jahren oder noch früher die Altınova besiedelt wurde, hatte sich der Murat noch nicht so tief eingefressen. Er sog das Grundwasser nicht in dem Maße wie heute aus der Umgebung ab. Das Gefälle des Harunget zum Murat war gering, die Ebene reich bewässert. Am langsam fließenden Wasser legte der Biber seine Bauten an und half mit, den Wasserabfluß zu verzögern. Die Größe der Hirsche und Wildschweine weist auf optimale Lebensbedingungen für diese Arten hin. Aus den Resten der angetroffenen Baumbestände dürfen wir auf einen Uferwald an den Flußarmen mit Weichhölzern für den Biber und sicherlich dichtem Unterholz schließen und auf stärkeren Eichenbestand an den Hängen (s. auch S. 11). Die Eichen boten Maral und Wildschwein die Möglichkeit zur „Eichelmast" im Herbst und Winter, und damit günstige Voraussetzungen auch schneereiche Winter durchzuhalten. Der Wald und das langsame Gefälle schützten vor Austrocknung und Abschwemmung des Humus.

Die Flußarme waren reich an Uniomuscheln, Flußkrabben, Wasserschildkröten und sicher auch an einer artenreichen Fischwelt, der die wenigen Fischreste infolge der Fragilität der Fischknochen nur ungenügend gerecht werden. Von den nachgewiesenen Vögeln belebten der Kormoran und die Enten die Wässer und ihre Ufer.

In den Auwäldern hatten außer Hirschen und Wildschweinen auch Wildrinder ihre Einstände. Die bewaldeten Bergschluchten gewährten Bären, Wölfen, Wildkatzen und Luchsen Unterschlupf.

Die Wildschaf- und Wildziegenknochen sowie die verhältnismäßig zahlreichen Steinhuhnnachweise lassen erkennen, daß die Berghänge von den Schluchten abgesehen, nicht dicht bewaldet waren. Vor allem die Bergkette von bis zu 2000 m Höhe bot den Wildschafen und -ziegen günstigen Lebensraum.

Die Frage, ob sich über die Ebene während der Frühen Bronzezeit auch bereits größere offene Flächen ausdehnten, beantworten die Trappenknochen in diesem Sinne. Die offenen Flächen bieten auch dem verhältnismäßig oft belegten Kranich Lebensraum, der sicherlich Brutvogel im luchartigen Übergangsbereich zu dem Auwald war. Im offenen Land konnte die Bläßgans während des Durchzugsaufenthaltes weiden.

Die Abholzung und Kultivierung des Landes kam der Tierwelt des Gras- und offenen Kulturlandes zugute, solange sie nicht zu stark bejagt wurde, den Trappen, Rebhühnern und Wachteln. Auch für Hase, Blindmaus und Sandratte wurden die Lebensbedingungen besser. Vielleicht ist es kein Zufall, daß sich die Sandratte erst in Schicht L findet. Die Kulturfolger Haussperling und Hausratte stellten sich bei den Siedlungen ein. Der schwarze Milan verlagerte sein Jagd- und Sammelrevier von den Flußauen zu den Abfällen der menschlichen Niederlassungen; der in den Bergwänden horstende Schmutzgeier stellte sich auf gefallene Haustierkadaver und Küchenabfall um. Während mit der Austrocknung der Lebensraum der Wasserschildkröte eingeschränkt wurde, nahm er für die Landschildkröte zu.

Diese Austrocknung des Altınovabeckens ist eine Folge der Abholzung. Der mit der Abholzung bloßgelegte, aber nur zeitweise bebaute Boden war nach der Ernte im

Sommer ungeschützt der heißen Sonneneinstrahlung ausgesetzt. Er riß auf und ließ die Sonne dadurch noch tiefer einwirken. So verhinderte nichts das Verdunsten des gespeicherten Wassers. Die zunehmende Eintiefung des Muratbettes ließ den Harunget schneller abfließen. Der Grundwasserspiegel sank.

An den Berghängen sorgten die Ziegen und die Erosion dafür, daß nach der Abholzung keine Bäume nachwuchsen. Die Ziegen und die Schafe weideten jeden aufkommenden, die Erde haltenden Bewuchs ab; den ungeschützten Boden konnten Regenfälle abschwemmen oder der Wind wegwehen. Wenn die Niederschlagsmenge alles in allem gering war, verzögerte sich zwar die Wassererosion, aber nachteilig wirkte sich das insofern aus, als auch bei geringerer Beweidung durch die kleinen Wiederkäuer keine Bäume hochkamen.

Ob es Veränderungen der Niederschlagsmenge im Laufe der letzten 5000 Jahre in der Gegend gegeben hat, ob sie etwa abgenommen hat, wissen wir nicht. Man darf aber wohl annehmen, daß von der Einwirkung des Menschen auf die Landschaft unabhängige Veränderungen nur unerheblich waren und wir sie für die Erklärung der Austrocknung, Verkarstung der Umgebung und Verarmung des Gebietes nicht brauchen. Hierfür genügt der „Faktor" Mensch.

Im Altınovabecken spielte die Ausschwemmung des Bodens bis heute kaum eine Rolle. Die Niederschläge sind nicht stark genug, der Fluß ist nur ausnahmsweise reißend, und das Becken ist zu eben, zu tief und zu groß, als daß es in größerem Maße ausgeschwemmt werden könnte. Nur das oberflächennahe Wasser wird stellenweise im Sommer knapp.

Mit dem Rückgang des Waldes in Verbindung mit starker Bejagung nahmen die Bestände der Huftiere, der Bären, Luchse und Wildkatzen sowie des Uhus ab. Die meisten dieser Arten starben aber wohl erst in neuerer Zeit aus. Wölfe kommen in schneereichen Wintern heute noch aus den Gebirgen in die Altınova herab. Der Austrocknung des Tales und der Verdichtung der menschlichen Besiedlung fiel der Biber zum Opfer. Von den Gebirgsformen Wildschaf und Wildziege hat sich nur die Ziege bis in die jüngste Zeit halten können.

Hervorzuheben ist das Fehlen von Gazellen- und von Onagerknochen unter den Funden. Es scheint kein Zufall zu sein, denn beide Arten konnten auch in den zahlreichen Funden vom Norşuntepe bisher nicht nachgewiesen werden. Anfangs kam das offene Land, falls es bereits eine größere Ausdehnung in der Altınova gehabt haben sollte, von vornherein einen großen Teil des Jahres für diese Trockensteppenformen nicht als Lebensraum in Betracht. Anscheinend verhinderte dann die Gebirgskette des äußeren Osttaurus, die sicherlich in ähnlicher Weise licht bewaldet war wie die Hänge um das Altınovabecken, das Vordringen dieser Steppenformen in das Gebiet südöstlich von Elâzığ. Die Kropfgazelle (*Gazella subgutturosa*) kommt heute noch in der trockenen, heißen Steppe Obermesopotamiens im Grenzgebiet zwischen der Türkei und Syrien vor (Kumerloeve 1967: S. 389 f u. Abb. 26). Der Anfang unseres Jahrhunderts ausgestorbene Syrische Onager (*Equus hemionus hemippus*) dürfte hier gleichfalls früher gelebt haben. Beide Arten konnten im Sommer bis an

die Grenze des Steppengebiets nördlich von Diyarbakir, etwa 70 km Luftlinie südöstlich der Altınova, wandern. Dort aber setzten die genannten Berghänge wei-
terem Vordringen die Grenze. Der bevorzugte Lebensraum hatte hier sein Ende.
Über den Winter konnten sich diese weniger winterharten Formen dann wieder nach
Süden in wärmere Gebiete zurückziehen.

In der Steppe um Diyarbakir beginnt übrigens heute das Haltungsgebiet des Dro-
medars. Wahrscheinlich ist auch der Kamelknochen aus der Seldschukenzeit (s. S. 97)
von dieser Art.

Die harten klimatischen Bedingungen im Winter erklären wohl das Fehlen des
Damhirsches (*Dama spec.*), aber ob sie auch das völlige Fehlen des Rehes (*Capreolus
capreolus*) befriedigend deuten, muß dahingestellt bleiben. 200 km östlich unseres
Fundortes kommen Rehe südlich des Murat zwischen Muş und Bitlis, westlich des
Wansees, heute noch vor (Kumerloeve 1967: S. 387). In Reeds Faunenlisten nach
den vorgeschichtlichen Siedlungsfunden aus dem Nordirak wird das Reh gewöhnlich
genannt (Braidwood und Howe 1960: S. 34, 47f, 58f; Reed und Braidwood 1960:
S. 165, 169; Perkins 1964). In Südwestrichtung von Elâzığ aus lag bis in die jüngste
Zeit das nächste Vorkommen des Rehs in den Bergen um den oberen Ceyhan in
Südanatolien.

Sicher nicht zufällig fehlt die Gemse (*Rupicapra rupicapra*) unter den Funden vom
Korucutepe. Sie kommt heute noch nur 100 km Luftlinie nördlich unseres Fundortes
in den hohen Bergen südlich des oberen Firat vor (Kumerloeve 1967: S. 390ff), ist
aber wohl zumindest in alluvialer Zeit nie weiter nach Süden vorgedrungen. Die Berge
um das Altınovabecken sind nicht hoch genug.

Insgesamt findet die festgestellte winterharte Fauna Anschluß in Nord- und Nord-
ostanatolien. Die heute fehlenden Arten sind Opfer der Kultivierung der Landschaft,
vor allem der Abholzung und Austrocknung, sowie der übermäßigen Bejagung.

Literaturverzeichnis

Ambros, C., 1969. Bemerkungen zur Auswertung der Tierknochen aus Siedlungs-grabungen. In: J. Boessneck, Archäologisch-Biologische Zusammenarbeit in der Vor- und Frühgeschichtsforschung. *Forschungsberichte* (*DFG*) 15, 76—87.

Antonius, O., 1942. Die Geschichte der Haustiere. Handbuch der Biologie 7, 116—132. Potsdam.

Arloing, S., 1881. Caractères ostéologiques différentiales de l'an, du cheval et de leurs hybrides. *Bull. Soc. d'Anthropol. de Lyon* 1.

Bacher, A., 1967. Vergleichend morphologische Untersuchungen an Einzelknochen des postkranialen Skeletts in Mitteleuropa vorkommender Schwäne und Gänse. München, Diss.

Blome, W., 1968. Tierknochenfunde aus der spätneolithischen Station Polling. München, Diss.

Bökönyi, S., 1971. Einige Probleme der Domestikation im Nahen Osten. 3. Con-grès international des Musées d'Agriculture, Budapest, 1971. *Résumés*, 243—245. Budapest.

Boessneck, J., 1955. Angeborene Oligodontie bei vor- und frühgeschichtlichen Haus-tieren, sowie ein Beitrag zur Frage der Oligodontie bei Haustieren und ihren Wild-verwandten. *Tierärztl. Umschau* 10, 138—141, 165—168, 202—205.

Boessneck, J., 1956a. Zu den Tierknochen aus neolithischen Siedlungen Thessaliens. *36. Ber. d. Röm. Germ. Komm. 1955*, 1—51.

Boessneck, J., 1956b. Eine Darstellung des Kranichfangs und ihre Bedeutung für die Haltung des Kranichs im alten Ägypten. *Tierärztl. Umschau* 11, 222—225.

Boessneck, J., 1957. Funde des Ures, *Bos primigenius* BOJANUS, 1827, aus allu-vialen Schichten Bayerns. *Säugetierkdl. Mitt.* 5, 55—69.

Boessneck, J., 1958a. Zur Entwicklung vor- und frühgeschichtlicher Haus- und Wild-tiere Bayerns im Rahmen der gleichzeitigen Tierwelt Mitteleuropas. *Studien an vor- und frühgeschichtlichen Tierresten Bayerns* 2. München.

Boessneck, J., 1958 b. Herkunft und Frühgeschichte unserer mitteleuropäischen landwirtschaftlichen Nutztiere. *Züchtungkde.* 30, 289—296.

Boessneck, J., 1962: Die Tierreste aus der Argissa-Magula vom präkeramischen Neolithikum bis zur mittleren Bronzezeit. In: V. Milojčić, J. Boessneck und M. Hopf: Argissa-Magula, I. *Beiträge zur ur- und frühgeschichtlichen Archäologie des Mittelmeer-Kulturraumes* 2, 27—99. Bonn.

Boessneck, J., 1963. In: J. Boessneck, J.-P. Jéquier und H. R. Stampfli: Seeberg Burgäschisee-Süd, Teil 3: Die Tierreste. *Acta Bernensia* II. Bern.

Boessneck, J., 1964. Die Tierknochen aus den Grabungen 1954—1957 auf dem Lorenzberg bei Epfach. In: J. Werner: Studien zu Abodiacum-Epfach, 213—261.

Boessneck, J., 1969. Osteological differences between sheep (*Ovis aries* Linné) and goat (*Capra hircus* Linné). In: D. Brothwell und E. Higgs: Science in archaeology. 2. Aufl., 331—358. Bristol.

Boessneck, J., 1970. Ein altägyptisches Pferdeskelett. *Mitt. d. Deutsch. Arch. Inst. Abt. Kairo* 26, 43—47.

Boessneck, J., im Druck, a. Mosaik der Geschichte der Tierchirurgie.

Boessneck, J., im Druck, b. Die Tierknochen aus der Kammer C. In: Schebitz-Brass: Allgemeine Chirurgie für den Tierarzt. In: K. Bittel, R. Naumann u.a.: Yazilikaya (Neubearbeitung).

Boessneck, J., und E. Dahme, 1959. Palaeopathologische Untersuchungen an vor- und frühgeschichtlichen Haustierfunden aus Bayern. *Tierärztl. Umschau* 14, 101—103, 118 f.

Boessneck, J., und A. von den Driesch, 1967. Die Tierknochenfunde des fränkischen Reihengräberfeldes in Kleinlangheim, Landkreis Kitzingen. *Zeitschr. f. Säugetierkde.* 32, 193—215.

Boessneck, J., A. von den Driesch, U. Meyer-Lemppenau und E. Wechsler-von Ohlen, 1971. Die Tierknochenfunde aus der Keltenstadt Manching. Wiesbaden.

Boessneck, J., und U. Meyer-Lemppenau, 1966. Pathologisch-anatomische Veränderungen am Rumpfskelett und an den Hufbeinen eines Pferdes aus der römischen Kaiserzeit. *Tierärztl. Umschau* 21, 128—130, 132—135.

Boessneck, J., H.-H. Müller und M. Teichert, 1964. Osteologische Unterscheidungsmerkmale zwischen Schaf (*Ovis aries* Linné) und Ziege (*Capra hircus* Linné). *Kühn-Archiv* 78, 1—129.

Boessneck, J., und U. Wiedemann, im Druck. Tierknochenfunde aus Yarikkaya bei Boğazköy, Anatolien.

Bott, R., 1970. Die Süßwasserkrabben von Europa, Asien, Australien und ihre Stammesgeschichte. *Abhandl. d. Senckenberg. Naturforsch. Ges.* 526, 1—338. Frankfurt.

Braidwood, R. J., und B. Howe, 1960. Prehistoric investigations in Iraqi Kurdistan. *Studies in Ancient Oriental Civilization,* 31. Chicago.

Brentjes, B., 1964. Der syrische Biber. *Zeitschr. f. Jagdwiss.* 10, 183—185.

Brentjes, B., 1965. Die Haustierwerdung im Orient. Die Neue Brehm-Bücherei No. 344. Wittenberg.

Brentjes, B., 1967. Die Tierwelt von Chatal Hüyük. Zur Geschichte der Haustierwerdung aus dem 7. und 6. Jahrtausend v. u. Z. *Säugetierkdl. Mitt.* 15, 317—332.

Brinkmann, A., 1924. Canidenstudien. V—VI. Bergens Mus. Aarbok 1923—24. *Naturvidensk. Raekke* 7, 1—57. Bergen.

Chauveau, A., 1890. Traité d'anatomie comparée des animaux domestiques. 4e édition, revue et augmentée avec la collaboration de S. Arloing. Paris.

Clason, A. T., 1967. Animal and man in Holland's past. *Palaeohistoria* 13, A und B. Groningen.

Conrad, R., 1966/68. Die Haustiere in den frühen Kulturen Indiens. München, Diss., 1966. *Säugetierkdl. Mitt.* 16 (1968), 189—258.

Dahr, E., 1937. Studien über Hunde aus primitiven Steinzeitkulturen in Nordeuropa. *Lunds Univ. Årskrift NF Avd.* 2, 32, No. 4. Lund.

Degerbøl, M., 1933. Danmarks Pattedyr i Fortiden i Sammenligning med recente Former. *Videnskab. Meddel. fra Dansk Naturhist. Forening* 96 (Festskr. II) 357 bis 641.

Degerbøl, M., 1962. Der Hund, das älteste Haustier Dänemarks. *Zeitschr. f. Tierzüchtg. u. Züchtungsbiol.* 76, 334—341.

Degerbøl, M., 1963. Prehistoric cattle in Denmark and adjacent areas. In: A. E. Mourant und F. E. Zeuner: Man and cattle. *Roy. Anthropol. Inst. Occas. Paper* 18, 68—79. London.

Deniz, E., T. Çalişlar und T. Özgüden, 1964. Osteological investigations of the animal remains recovered from the excavations of ancient Sardis. *Anatolia* 8, 49—56.

Dilgimen, H., 1944. Tierknochen. In: H. Z. Koşay: Ausgrabungen von Alaca Höyük, 183—185. Ankara.

Ducos, P., 1968. L'origine des animaux domestiques en Palestine. *Publications de l'Institut de Préhistoire de l'Université de Bordeaux* 6.

Ducos, P., 1970. Les restes d'equides. Part IV. The Oriental Institute Excavation at Mureybit, Syria: Preliminary report on the 1965 Campaign. *Journ. of Near East. Stud.* 29, 273—289.

von den Driesch, A., 1972. Osteoarchäologische Untersuchungen auf der Iberischen Halbinsel. Studien über frühe Tierknochenfunde von der Iberischen Halbinsel 3. München.

Dürr, G., 1961. Neue Funde des Rindes aus dem keltischen Oppidum von Manching. Studien an vor- und frühgeschichtlichen Tierresten Bayerns 12. München.

Duerst, J. U., 1926. Vergleichende Untersuchungsmethoden am Skelett bei Säugern. Handbuch der Biologie, Arbeitsmethoden, Abt. 7, Methoden der vergl. morph. Forschung 2, 125—530. Berlin-Wien.

Ehret, R., 1964. Tierknochenfunde aus der Stadt auf dem Magdalensberg bei Klagenfurt in Kärnten, II: *Carnivora, Lagomorpha, Rodentia* und *Equidae.* München, Diss., 1964. *Kärntner Museumsschriften* 34. Klagenfurt.

Ellenberger, W., und H. Baum, 1900/43. Handbuch der vergleichenden Anatomie der Haustiere. 9. Aufl. Berlin 1900; 18. Aufl. Berlin 1943.

Ellerman, J., und T. Morrison-Scott, 1966. Checklist of Palaearctic and Indian mammals 1758 to 1946. *Publ. British Mus. Nat. Hist.* London.

Erbersdobler, K., 1968. Vergleichend morphologische Untersuchungen an Einzelknochen des postcranialen Skeletts in Mitteleuropa vorkommender mittelgroßer Hühnervögel. München, Diss.

Falkner, G., 1969. Die Bearbeitung ur- und frühgeschichtlicher Molluskenfunde. In: J. Boessneck: Archäologisch-Biologische Zusammenarbeit in der Vor- und Frühgeschichtsforschung. *Forschungsberichte (DFG)* 15, 112—140.

Flannery, K. V., 1961. Skeletal and radiocarbon evidence for the start and spread of pig domestication. Chicago, Department of Anthropology, University of Chicago, M. A. thesis.

Fock, J., 1966. Metrische Untersuchungen an Metapodien einiger europäischer Rinderrassen. München, Diss.

Gaffrey, G., 1953. Die Schädel der mitteleuropäischen Säugetiere. *Abhandl. u. Ber. aus dem Staatl. Mus. f. Tierkde.* (Forschungsinst., Dresden) 21, 5—123. Leipzig.

Gaffrey, G., 1961. Merkmale der wildlebenden Säugetiere Mitteleuropas. Leipzig.

Gandert, O. F., 1953. Zur Abstammungs- und Kulturgeschichte des Hausgeflügels, insbesondere des Haushuhnes. In: W. Rothmaler und W. Padberg: Beiträge zur Frühgeschichte der Landwirtschaft, I, 69—81. Berlin.

Gejvall, N.-G., 1938. The fauna of the different settlements of Troy. Preliminary report. 1937—1938. *K. Humanist. vetenskap. fundet Lund* 1937—1938, 51—57.

Gejvall, N.-G.: The fauna of the successive settlements of Troy. 2nd preliminary report. *Bull. Soc. Royale Lettres Lund* 1938—1939, 1—7. Lund.

Gejvall, N.-G., 1946. The fauna of the different settlements of Troy, Part I: Dogs, horses and cattle. Stockholm.

Godynicki, S., 1965. Determination of deer height on the basis of metacarpal and metatarsal bones (poln., engl. Zusammenfassung). *Roczniki Wyższej Szkoły Rolniczej w Poznaniu* 25, 39—51.

Gromova, V., 1953. Osteologische Unterschiede der Gattungen *Capra* (Ziege) und *Ovis* (Schaf). (Russisch). *Trud. Komissii po izuč. četvertičn. perioda* 10. Moskau.

Haak, D. Metrische Untersuchungen an Röhrenknochen bei Deutschen Merinolandschafen und Heidschnucken. München, Diss.

Habermehl, K.-H., 1961. Die Altersbestimmung bei Haustieren, Pelztieren und beim jagdbaren Wild. Berlin/Hamburg.

Haltenorth, Th., 1963. Klassifikation der Säugetiere: *Artiodactyla* I (18), 1—67. Handbuch der Zoologie 8, 32. Lief. Berlin.

Hančar, F., 1956. Das Pferd in prähistorischer und früher historischer Zeit. *Beitr. z. Kulturgesch. u. Linguistik* 11, Wien/München.

Harris, D. R., 1962. The distribution and ancestry of the domestic goat. *Proceed. of the Linnean Soc. London* 173, 79—91.

Herre, W., 1943. Beiträge zur Kenntnis der Zwergziegen. *Zool. Garten N.F.* 15, 26—45. Leipzig.

Herre, W., 1958. Abstammung und Domestikation der Haustiere. Handbuch der Tierzüchtung, Bd. 1.

Herre, W., und M. Röhrs, 1958. Die Tierreste aus den Hethitergräbern von Osman-kayasi. In: K. Bittel, W. Herre, H. Otten, M. Röhrs und J. Schaeuble: Boğazköy — Hattuşa, II: Die Hethitischen Grabfunde von Osmankayasi, 60—80. *Wiss. Veröff. d. Deutschen Orient. Ges. 71.* Berlin.

Higham, Ch., 1968. Size trends in prehistoric European domestic fauna, and the problem of local domestication. *Acta Zool. Fennica* 120, 3—21. Helsinki.

Hilzheimer, M., 1926a. Natürliche Rassengeschichte der Haussäugetiere. Berlin/Leipzig.

Hilzheimer, M., 1926b. In: Brehms Tierleben, 4. Aufl., 13. Leipzig.

Hilzheimer, M., 1934. Eine altsumerische Fauna. *Forschungen und Fortschritte* 10, 336—337.

Hilzheimer, M., 1941. Animal remains from Tell Asmar. *Studies in Ancient oriental Civilization* 20. Chicago: The University of Chicago Press.

Hole, F., K. V. Flannery und J. A. Neely, 1969. Prehistory and human ecology of the Deh Luran Plain. *Memoirs of the Museum of Anthropology* 1. Ann Arbor: University of Michigan.

Hornberger, M., 1969. Gesamtbeurteilung der Tierknochenfunde der Grabungen von 1948 bis 1966 in der Stadt auf dem Magdalensberg bei Klagenfurt in Kärnten. München, Diss., 1969. *Kärntner Museumsschriften* 49. Klagenfurt.

Jarman, M. R. The prehistory of Upper Pleistocene and recent cattle, Part I: East Mediterranean, with reference to North-West Europe. *Proceed. Prehist. Soc. for 1969* 35, 236—266.

Jéquier, J. P., 1963. In: J. Boessneck, J. P. Jéquier und H. R. Stampfli: Seeberg Burgäschisee-Süd, Teil 3: Die Tierreste. *Acta Bernensia* II. Bern.

Jewell, P. A., 1962. Changes in size and type of cattle from prehistoric to mediaeval times in Britain. *Zeitschr. f. Tierzüchtg. u. Züchtungsbiol.* 77, 159—167.

Jewell, P. A., 1963. Cattle from British archaeological sites. In: A. E. Mourant und F. E. Zeuner: Man and cattle. *Royal Anthropol. Inst. Occas.* Paper 18, 80—100.

Kelm, H., 1939. Zur Systematik der Wildschweine. *Zeitschr. f. Tierzüchtg. u. Züchtungsbiol.* 43, 362—369.

Klumpp, G., 1966/67. Die Tierknochenfunde aus der mittelalterlichen Burgruine Niederrealta, Gemeinde Cazis/Graubünden (Schweiz). München, Diss.,

Koşay, H. Z., 1951. Turk Tarih Kurumu Tarafindan Yapilan Alaca Höyük Kazisi 1937—1939 Daki Çalişmalara ve Keşiflere ait ilk Rapor. *Turk Tarih Kurumu Yayinlarindan* V. Serie, 199. Ankara.

Koudelka, F., 1885. Das Verhältnis der *Ossa longa* zur Skeletthöhe bei den Säugetieren. *Verhandlgn. d. natforsch. Ver. Brünn* 24, 127—153.

Kroon, H. M., 1916/29. Die Lehre von der Altersbestimmung bei den Haustieren. Hannover 1916. 3. Aufl. Hannover 1929.

Kubasiewicz, M., 1956. Über die Methodik der Forschungen an ausgegrabenen Tierknochenresten (poln., deutsche Zusammenfassung). *Materiały Zachodnio-Pomorskie* 2, 235—244. Stettin.

Kuhn, E., 1938. Zur quantitativen Analyse der Haustierwelt der Pfahlbauten in der Schweiz. *Vierteljahresschr. d. Natforsch. Ges. Zürich* 83, Beiblatt, 253—263.

Kumerloeve, H., 1961. Zur Kenntnis der Avifauna Kleinasiens. *Bonner Zool. Beitr.* 12, Sonderheft, 1—319.

Kumerloeve, H., 1967. Zur Verbreitung kleinasiatischer Raub- und Huftiere sowie einiger Großnager. *Säugetierkdl. Mitt.* 35, 337—409.

Lawrence, B., 1967. Early domestic dogs. *Zeitschr. f. Säugetierkde.* 32, 44—59.

von Lehmann, E., 1966. Taxonomische Bemerkungen zur Säugerausbeute der Kumerloeveschen Orientreisen 1953—1965. Bonn: Zool. Forschungsinst. und Mus. Alexander König, 252—317.

von Lehmann, E., 1969. Eine neue Säugetieraufsammlung aus der Türkei im Museum Koenig (Kumerloeve-Reise 1968). *Zool. Beitr. N.F.* 15, 299—327.

Lemppenau, U., 1964. Geschlechts- und Gattungsunterschiede am Becken mitteleuropäischer Wiederkäuer. München, Diss.

van Loon, M., 1969. In: M. J. Mellink: Archaeology in Asia Minor. *American Journ. of Archaeol.* 73, 210f. 1969.

van Loon, M., 1969/70. Korucutepe (Elâzığ). *Anatolica* 3, 32.

van Loon, M., 1970. Korucutepe near Elâzığ, 1969. *Anatolian Studies, Journ. of the British Inst. of Archaeology at Ankara* 20, 9—11.

van Loon, M., und G. Buccellati, 1969. The 1968 excavation at Korucutepe near Elâzığ. *Türk Arkeol. Dergisi* 17, 79—82 (1968). Ankara 1969.

Ložek, V., 1967. Beiträge der Molluskenforschung zur prähistorischen Archäologie Mitteleuropas. *Zeitschr. f. Archäol.* 1, 88—138.

Luhmann, F., 1965. Tierknochenfunde aus der Stadt auf dem Magdalensberg bei Klagenfurt in Kärnten, III: Die Schweineknochen. München, Diss., 1965. *Kärntner Museumsschriften* 39. Klagenfurt.

Lundholm, B., 1947. Abstammung und Domestikation des Hauspferdes. Uppsala, Diss., 1947. *Zool. Bidrag fran Uppsala* 27.

Mellaart, J., 1967. Çatal Hüyük. Stadt aus der Steinzeit. Bergisch Gladbach.

Mennerich, G., 1968. Römerzeitliche Tierknochen aus drei Fundorten des Niederrheingebietes. München, Diss.

Møhl, U., 1957. Zoologisk Gennemgang af Knoglematerialet fra Jernalderbopladserne Dalshøj og Sorte Muld, Bornholm. In: O. Klindt-Jensen: Bornholm, I: Folkevandringstiden. *Nationalmuseets Skrifter Storre Beretninger* II, 279—318.

Moortgat, A., 1955. Tell Halaf, III. Berlin.

von Müller, A., und W. Nagel, 1968. Ausbreitung des Bauern- und Städtertums sowie Anfänge von Haustierzucht und Getreideanbau im Orient und Europa. *Berliner Jahrbuch für Vor- und Frühgeschichte* 8, 1—43.

Müller, R., 1966/67. Die Tierknochenfunde aus den spätrömischen Siedlungsschichten von Lauriacum, II: Wild- und Haustierknochen ohne die Rinder. München, Diss.

Nagel, W., 1959. Frühe Tierwelt in Südwestasien, I. *Berliner Beiträge zur Vor- und Frühgeschichte* 2, 106—118.

Necrasov, O., und S. Haimovici, 1963. Contribution à l'étude des cervidés subfossiles et de leur distribution géographiques au Néolithique en Roumaine. *Analele Stiintifice ale Univers. „Al. I. Cuza" din Jaşi (S. N.)* (Sectiunea II) 9, 131—146.

Nobis, G., 1954. Zur Kenntnis der ur- und frühgeschichtlichen Rinder Nord- und Mitteldeutschlands. *Zeitschr. f. Tierzüchtg. u. Züchtungsbiol.* 63, 155—194.

Nobis, G., 1968. Säugetiere in der Umwelt frühmenschlicher Kulturen. In: M. Claus, W. Haarnagel und K. Raddatz: Studien zur europäischen Vor- und Frühgeschichte, 413—430. Neumünster.

Opitz, G., 1958. Die Schweine des Laténe-Oppidums Manching. *Studien an vor- und frühgeschichtlichen Tierresten Bayerns* 3. München.

von Oppenheim, M., 1931. Der Tell Halaf. Eine neue Kultur im ältesten Mesopotamien. Leipzig.

Osborn, D. J., 1964. The hare, porcupine, beaver, squirrels, jerboas, and dormice of Turkey. *Mammalia* 28, 573—592.

Osborn, D. J., 1965. Hedgehogs and shrews of Turkey. *Proceed. of the U. S. Nat. Mus,* 117, 553—566.

Paaver, K. L., 1958. Zur Methodik der Bestimmung der relativen Bedeutung von Säugetierarten und -gruppen im Knochenmaterial archäologischer Denkmäler. *Izvestija Akad. Nauk Estonskoj SSR* 7, 227—290. Seria biol. No. 4.

Patterson, B., 1937. Animal remains. In: H. H. von der Osten: The Alişar Hüyük, Part III: Season of 1930—1932. *Univ. Orient. Inst. Publ. 30, Res. in Anatolia* 9, 294—309. Chicago.

Perkins, D., 1964. The prehistoric fauna from Shanidar, Iraq. *Science* 144, 1565f.

Pfund, D., 1961. Neue Funde von Schaf und Ziege aus dem keltischen Oppidum von Manching. *Studien an vor- und frühgeschichtlichen Tierresten Bayerns* 11. München.

Pölloth, K., 1959. Die Schafe des Latène-Oppidums Manching. *Studien an vor- und frühgeschichtlichen Tierresten Bayerns* 6. München.

Reed, Ch. A., 1960. A review of the archaeological evidence on animal domestication in the prehistoric Near East. In: R. J. Braidwood und B. Howe: Prehistoric investigations in Iraqi Kurdistan. *Studies in Ancient Oriental Civilization* 31, 119—145. Chicago.

Reed, Ch. A., 1961. Osteological evidence for prehistoric domestication in southwestern Asia. *Zeitschr. f. Tierzüchtg. u. Züchtungsbiol.* 76, 31—38.

Reed, Ch. A., 1969. The pattern of animal domestication in the prehistoric Near East. In: P. J. Ucko und G. W. Dimbleby: The domestication and exploitation of plants and animals, 361—380. London.

Reed, Ch. A., und R. J. Braidwood, 1960. Toward the reconstruction of the environmental sequence of northeastern Iraq. In: R. J. Braidwood und B. Howe: Prehistoric investigations in Iraqi Kurdistan. *Studies in Ancient Oriental Civilization* 31, 163—173. Chicago.

Reichstein, H., 1957. Schädelvariabilität europäischer Mauswiesel (*Mustela nivalis* L.) und Hermeline (*Mustela erminea* L.) in Beziehung zu Verbreitung und Geschlecht. *Zeitschr. f. Säugetierkde.* 22, 151—182.

Requate, H., 1956. Zur Geschichte der Haustiere Schleswig-Holsteins. *Zeitschr. f. Agrargesch.* 4, 2—19.

Röhrs, M., und W. Herre, 1961. Zur Frühgeschichte der Haustiere. Die Tierreste der neolithischen Siedlung Fikirtepe am kleinasiatischen Gestade des Bosporus. *Zeitschr. f. Tierzüchtg. u. Züchtungsbiol.* 75, 110—127.

Schramm Z., 1967. Morphological differences of some goat and sheep bones (poln., engl. Zusammenfassung). *Roczniki Wyższej Szkoły Rolniczej w Poznaniu* 36, 107—133.

Schwarz, E., 1935. On Ibex and Wild Goat. *The Annals and Magazine of Nat. Hist. London* 16, Nr. 94. London.

Schweizer, W., 1961. Zur Frühgeschichte des Haushuhns in Mitteleuropa. *Studien an vor- und frühgeschichtlichen Tierresten Bayerns* 9. München.

Silver, J. A., 1963. The ageing of domestic animals. In: D. Brothwell und E. Higgs: Science in archaeology, 250—274. London.

Soergel, E., 1961. Die Vogelreste. In: E. Schuldt: Hohen Viecheln. Deutsche Akademie d. Wiss. zu Berlin. *Schriften der Sektion f. Vor- u. Frühgesch.* 10, 64—69.

Stampfli, H. R., 1963. In J. Boessneck, J.-P. Jéquier und H. R. Stampfli: Seeberg Burgäschisee-Süd, Teil 3: Die Tierreste. *Acta Bernensia* II. Bern.

Stockhaus, K., 1965. Metrische Untersuchungen an Schädeln von Wölfen und Hunden. *Zeitschr. Zool. Syst. Evolutionsforschg.* 3, 1—2, 157—258.

Teichert, M., 1969. Osteometrische Untersuchungen zur Berechnung der Widerristhöhe bei vor- und frühgeschichtlichen Schweinen. *Kühn-Archiv* 83, 237—292. Berlin.

Thenius, E., F. Hofer und A. Preisinger, 1962: *Capra „prisca"* SICKENBERG und ihre Bedeutung für die Abstammung der Hausziege. *Zeitschr. f. Tierzüchtg. u. Züchtungsbiol.* 76, 321—325.

Uerpmann, P., 1970/71. Die Tierknochenfunde aus der Talayot-Siedlung von S'Illot (San Lorenzo-Mallorca). München, Diss., 1970. *Studien über frühe Tierknochenfunde von der Iberischen Halbinsel* 2. München.

Vogel, R., 1952. Reste von Jagd- und Haustieren. In: K. Bittel und R. Naumann: Boğazköy-Hattuša, I. *Wiss. Veröff. d. Deutschen Orient Ges.* 63, 128—153, 179. Stuttgart.

Wagner, K., 1929/30. Rezente Hunderassen. Eine osteologische Untersuchung. *Skrift. utgitt av det Norske Vidensk. Akad. i. Oslo* (1929) 3, Nr. 9. Oslo 1930.

Wermuth, H., und R. Mertens, 1961. Schildkröten, Krokodile, Brückenechsen. Jena.

Werth, E., 1930. Die ältesten Kulturpflanzen und Haustiere Vorderasiens. *Sitzungsber. d. Ges. naturforsch. Freunde Berlin* (1930) 263—272.

Werth, E., 1944. Die primitiven Hunde und die Abstammungsfrage des Haushundes. *Zeitschr. f. Tierzüchtg. u. Züchtungsbiol.* 56, 213—260.

Wettstein, O., 1941. Die Säugerwelt der Ägäis, nebst einer Revision des Rassenkreises von *Erinaceus europaeus. Ann. d. Naturhistor. Mus. in Wien* 52, 245—278.

Woelfle, E., 1967. Vergleichend morphologische Untersuchungen an Einzelknochen des postcranialen Skeletts in Mitteleuropa vorkommender Enten, Halbgänse und Säger. München, Diss.

Woldřich, I. N., 1877. Über einen neuen Haushund der Bronzezeit (*Canis familiaris intermedius*). *Mitt. Anthropol. Ges. Wien* 7, 61—85.

Zalkin, V. I., 1960. Die Variabilität der Metapodien und ihre Bedeutung für die Erforschung des Rindes der Frühgeschichte (Russisch). *Bull. d. Moskauer Ges. d. Naturforscher* (Abt. Biol.) 65 (1), 109—126.

Zeuner, F. E., 1955. The goats of Early Jericho. *Palestine Expl.* 86, 70—86.

Zeuner, F. E., 1967. Geschichte der Haustiere. München/Basel/Wien.

Zietzschmann, O., 1924/55. Lehrbuch der Entwicklungsgeschichte der Haustiere. Berlin 1924. 2. Aufl.: O. Zietzschmann und O. Krölling, Berlin/Hamburg 1955.

Summary

The animal bones from Korucutepe near Elâzığ, Eastern Anatolia

Finds from the 1968—1969 excavations

by

J. Boessneck

and

A. von den Driesch

Table of contents

Preface

On account of the construction of a dam at Keban on the Euphrates, salvage excavations were carried out on a series of ancient settlement mounds from 1968 to 1970[1]. Most of these, including Norşuntepe, Tepecik and Korucutepe, were situated in a wide part of the Murat valley known as the Altınova (see map, p. 6). After a first exploration by Robert Whallon and Sönmez Kantman, excavations directed by Hans Güterbock, Maurits van Loon and Giorgio Buccellati for the universities of Chicago, Amsterdam and California (Los Angeles) revealed habitation remains of the Chalcolithic, Bronze Age, Early Iron Age and Seljuk to Mongol Middle Ages.

At the request of the excavation directors we studied the 1968 and 1969 animal bone finds at Elâzığ in the summer of 1970.

---

[1] *Anatolica* 3 (1969/70), pp. 31 ff; *Anatolian Studies* 20 (1970), pp. 9 ff.

Introduction

A full treatment of faunal remains from habitation sites should furnish students of animal domestication and cultural history, as well as zoologists, with the information they seek.

Zoologists need to know size and sex of the animals. In addition, students of animal domestication will want to know about size variation, sex ratios and physiological changes from period to period. The occurrence of castrated animals is of interest to him too. The culture historian wishes to know percentages of wild as opposed to domestic animals, the reasons why and the ways in which these were kept, the age at which they were slaughtered and, more generally, the nature of the inferred climate and landscape.

In order to satisfy all these wishes the fullest and most detailed publication is required, especially when an area so crucial to early domestication as the Fertile Crescent is concerned (for recent data on this area and period, see Ducos 1968; Reed 1969, and Hole *et al.* 1969).

Anatolia being situated between the Fertile Crescent and Europe, ancient Anatolian conditions cannot have differed too much from those of prehistoric Central Europe, which we have therefore often used for comparison.

Other publications of palaeozoological material from Turkey include Patterson 1937; Gejvall 1938, 1939, 1946; Koşay 1951; Vogel 1952; Herre und Röhrs 1958; Röhrs and Herre 1961; Deniz *et al.* 1964; Boessneck and Wiedemann, in press. For the modern fauna of Turkey, we have relied heavily on Kumerloeve 1961, 1967.

I. Chronology of Korucutepe

Until the 1970 excavation season, the presence of 'Chalcolithic' settlement remains dating back to the 4th millennium B.C. was known only through material collected from a vertical cut.

From the 3rd millennium B.C. or Early Bronze Age excavation had revealed several superimposed building remains, of which the most substantial were burned down. Roof remains of oak wood and rushes indicate that at the time the landscape was partly wooded and partly marshy. Charred stocks of bread wheat and two-rowed barley show that the villagers depended heavily on agriculture (van Zeist apud van Loon 1970: p. 10).

In the Middle Bronze II period (about 1800—1600 B.C.) Korucutepe was surrounded by a mud brick and wood fortification wall on stone foundations. Pottery and other finds point to a local urban culture, in contact with but separate from Central Anatolia. This phase also ended in a conflagration.

During the Late Bronze Age (ca. 1500—1200 B.C.) close ties to Central and South Anatolia are indicated by the urban material culture as well as by the written evidence. The organic remains show a continuation of the same agriculture-based economy as before. The succeeding village culture of the Early Iron Age lasted only until about 800 B.C.

For 2000 years Korucutepe lay deserted, to be reoccupied only in the Late Seljuk and Early Mongol Middle Ages (ca. 1200—1400 A.D.). Stone-founded houses built close together covered part, if not all, of the mound (for a fuller background, see van Loon 1969: pp. 210 ff, 1969/70: p. 32, 1970: pp. 9 ff; van Loon and Buccellati 1968: pp. 79 ff).

II. Recording and dating of the loci and distribution of the animal bones over the occupation phases

The mound was divided into 10×10 m squares, lettered from west to east and numbered from north to south. Each square is therefore designated by a letter and a number, e.g., O 14. Often the squares were subdivided into areas, designated by a number in square brackets, e.g., **[4]**. The levels dug within these areas were designated by numbers in parentheses, e.g., **(3)**.

At times, closer observation of the stratigraphy led to subdivision of a numbered level into sublevels, e.g., **(3a)**, **(3b)**, **(3c)**. Later disturbances were marked separately as 'pits'.

The finds were dated indirectly by the associated pottery and, at times, directly by radiocarbon tests. For the purpose of discussion, the animal bones have been grouped together by occupation phase as follows:

B = Late Chalcolithic (ca. 3500—3000 B.C.).
     This group comprises one bone only: the lower jaw of a young domestic pig from J 12 **[7] (3)** (see p. 97).
D = Early Bronze II (ca. 2600—2300 B.C.).
G = Middle Bronze I (ca. 2000—1800 B.C.).
H = Middle Bronze II (ca. 1800—1600 B.C.).
I-J = Late Bronze I-II (ca. 1500—1200 B.C.).
K = Early Iron Age (ca. 1200—800 B.C.).
L = Late Seljuk to Early Mongol Middle Ages (ca. 1200—1400 A.D.).
/ = indicates a mixture between two of the above-named phases.
? = indicates material from pits, material from squares where excavation did not proceed beyond the disturbed surface level (P 24, U 24. V 12, V 23, V 24, W 13, W 23, X 15, X 16, X 22, X 23, X/Y 15/16, Y 21 and Z 21), and all material from level 1.

Discounting groups G/H and I-J/K, which, in spite of mixture, represent continuous periods, 22.6% of the animal bones are from mixed contexts. Nevertheless, it will be seen that even they can provide valuable supporting information.

Of the unmixed bone deposits, 5.3% come from Early Bronze II contexts, 7.7% from Middle Bronze II, 52.5% from Late Bronze, 0.4% from Early Iron and 5.8% from Medieval contexts (table 1).

It should be noted that bones of burrowing animals such as mole rats, jirds, tortoises and toads, as well as foxes (table A), are by their very nature suspect, even in contexts where no disturbance has been noted.

III. Methods used in the analysis of the animal bones

1. Identification

It is our conviction that all identifiable bone fragments, even parts of vertebrae and ribs, should be taken into account.The number of unidentifiable bones should be mentioned as well.

The bones from each locus were washed, laid out, identified as to species, age and sex, and measured with specially prepared forms. We noted all anomalies and patho-logical modifications and only after the minimum number of individuals had been calculated did we repack them. Some wild mammal and bird bones were marked as to provenience and taken home for study. For lack of comparative material the fish bones could not be identified. The bones preliminarily sorted by Dr. Barbara Lawrence in 1969 were treated as the other bones.

2. Measurement

In order to reconstruct the history of the domesticates it is imperative to record mu-tually comparable measurements. For measurement we have selected those key distances that German-speaking palaeozoologists have come to use in common accord over the last 20 years.

The measurements have usually been taken to the nearest $^1/_2$ mm, for smaller bones even to the nearest $^1/_{10}$ mm.

To denote the exact location of the measurements taken, we have used Von den Driesch 1972. If the exact measurement could not be taken on account of damage, we have put the comparable extant measurement in brackets. Calcined bones have been excluded because of their shrinkage.

For species of which few bones were found we have mentioned the exact finding spots. The commoner species have been grouped together by level and only maxi-mum, minimum and average sizes are mentioned. In addition, standard deviation

(S), variation coefficient (S%) and error in the mean value (S$\bar{x}$) have been given for the first and second cattle phalanges.

3. Age determination

For the use of dentition in determining ages, we have followed Ellenberger and Baum 1900, 1943; Kroon 1916, 1929; Duerst 1926; Habermehl 1961, and Silver, 1963.

For the use of epiphysial fusion, we have followed Lesbre *apud* Zietzschmann 1924: p. 404; Zietzschmann and Krölling 1955: p. 363; Habermehl 1961, and Silver, 1963: pp. 252 ff.

Dental wear has been estimated visually on the basis of the third molar or of the whole dentition. The following scheme is used for designating the teeth:

$$\frac{I^1,\quad I^2,\quad I^3,\quad C,\quad P^1,\quad P^2,\quad P^3,\quad P^4,\quad M^1,\quad M^2,\quad M^3}{I_1,\quad I_2,\quad I_3,\quad C,\quad P_1,\quad P_2,\quad P_3,\quad P_4,\quad M_1,\quad M_2,\quad M_3}$$

4. Sex determination

Except for the problem of castration, no difficulties are inherent in the determination of sex on the basis of the horn core in ruminants, the canine in equids and pigs as well as the pelvis in equids and ruminants (see Lemppenau 1964). In addition to the universal signs for female ($♀$) and uncastrated male ($♂$) we have used a new sign for the castrated male ($♂$) as well as a sign for the male that may or may not be castrated ($♂$).

The high proportion of male pigs, i.e., pigs with typical large canines, at early sites suggests that some of these must have been castrated.

Since there is a clear correlation between size and sex in the red deer, we have used this criterion to tentatively determine the sex of the red deer bones found.

5. Calculation of the Minimum Number of Individuals

Following standard palaeozoological procedure, we have consistently mentioned the minimum animal population implied, in spite of the many uncertainties inherent in such estimates (see, e.g., Kuhn 1938; Kubasiewicz 1956; Paaver 1958; Boessneck 1963: pp. 9 ff.; Ambros 1969: p. 84; Uerpmann 1970/71: p. 5).

In order to calculate the minimum number of individuals we counted the most frequently occurring part of the skeleton's left half for some animals, of its right half for others (for particulars, see the respective sections of chapter VI). By being consistent within one species, we tried to avoid counting certain individuals twice. Wherever differences in age or sex could be observed between bones from different parts of the skeleton, we increased the minimum number accordingly.

The greater the number of bones found, the less reliable are the estimates for the minimum number of individuals. The domesticates, cattle in particular, are under-represented, because cattle bones tend to be equally divided in size over the whole skeleton. In pigs, sheep and goats the lower jaws tend to be better preserved.

The remains of animals not eaten but discarded are inevitably included in our figures, except for one case: Y 21 pit G obviously contained a number of partly complete skeletons which may have been buried there at a relatively recent date.

6. List of abbreviations

In order to save space we have used the following abbreviations, taken from Uerp-mann (1970/71) and Von den Driesch (1972) for the mammal bones, and from Bacher (1967), Woelfle (1967) and Erbersdobler (1968) for the bird bones.

a	=	anterior
ad	=	adult
B	=	width
BB	=	basal width (Coracoid)
BC	=	width of the distal articular surface
BD	=	maximum distal width
BG	=	width of the articular surface (Scapula, Phalanx 3)
BGD	=	width of the distal articular surface
BGP	=	width of the proximal articular surface
BP	=	maximal proximal width
BPC	=	maximal width between the coronary processes (Ulna)
BTH	=	width of the humerus trochlea
d	=	right
D	=	thickness
DD	=	distal diagonal
DL	=	dorsal length (Phalanx 3)
DLS	=	basal diagonal length (Phalanx 3)
DP	=	proximal diagonal
F	=	find-spot
G	=	sex
GB	=	maximal width
GH	=	maximal height
GL	=	maximal length
GLC	=	maximal length; measured from the caput (Humerus, Femur)

GLl = maximal length of the lateral half (Talus)
GLm = maximal length of the medial half (Talus)
GLP = maximal length of articular process (Scapula)
GLpe = maximal length of the peripheral half (Phalanx 1)
H = height
I = index
inf = lower
KB = minimal width
KD = minimal diaphysial width
KHD = minimal height of corpus ossis ilium
KL = minimal length
KLH = minimal length of the scapular neck
KS = minimal shaft width
KTO = minimal diameter of the olecranon
L = length
LA = acetabular length (including the lip)
LG = length of articular surface (Scapula, Phalanx 3)
LmR = length of medial ridge of the trochlea (Talus, Equids)
LT = length of tibiotarsus from central tuberculum
MIZ = minimum number of individuals
ML = medial length
N = number
p = posterior
Pd = milk premolar
pe = peripheral
s = left
sup = superior
TC = diameter of the caput (Femur)
TD = distal depth
Tl = depth of lateral half (Talus)
Tm = depth of medial half (Talus)
TP = proximal depth
TPA = depth over the anconaeus process (Ulna)
WRH = withers' height
$\bar{x}$ = mean value
Z = period (of time)

Table A

Total counts of animal bones from the different layers of Korucutepe *

	D	D/I-J	D/L	G/H	H	I-J	I-J/K	I-J/L	K	K/L	L	?	Total
Horse, *Equus caballus*	–	1	–	–	5	21	2	–	1	3	30	24	87
Donkey, *Equus asinus*	–	–	–	–	2	67	2	–	7	1	10	4	93
Donkey or Mule	–	–	–	–	3	10	2	–	–	1	2	7	25
Cattle, *Bos taurus*	190	72	103	54	520	2484	248	198	38	74	533	1086	5600
Sheep, *Ovis aries*	38	11	18	13	127	501	27	31	4	14	68	117	969
Sheep or Goat	425	140	193	96	400	4027	424	242	13	127	280	756	7123
Goat, *Capra hircus*	18	14	12	6	92	324	19	19	1	4	111	95	715
Camel, *Camelus spec.*	–	–	–	–	–	–	–	–	–	–	1	–	1
Pig, *Sus (scrofa) domesticus*	54	21	11	9	139	1171	33	19	1	1	6	191	1656
Dog, *Canis familiaris*	13	3	61	3	18	81	9	4	2	–	2	124	320
Chicken, *Gallus gallus domesticus*	–	1	1	–	1	14	1	6	–	2	3	3	32
Domesticates, total	738	263	399	181	1307	8700	767	519	67	227	1046	2407	16621
Red deer, *Cervus elaphus*	101	10	32	4	34	94	4	17	–	–	9	37	342
Aurochs, *Bos primigenius* (?)	1	–	–	–	8	3	–	–	–	–	–	–	12
Wild Sheep, *Ovis ammon*	3	1	1	–	2	8	–	–	–	–	–	2	17
Wild Sheep or Wild Goat	1	–	–	–	–	5	–	–	1	–	–	1	8
Wild Goat, *Capra aegagrus*	1	–	1	–	1	10	1	4	1	–	–	9	28
Boar, *Sus scrofa*	2	1	2	–	2	25	4	2	–	–	5	6	49
Wolf, *Canis lupus*	–	–	–	–	1	4	–	–	–	–	–	1	6
Fox, *Vulpes vulpes*	1	–	–	1	–	5	–	2	–	–	4	1	14
Bear, *Ursus arctos*	4	–	–	–	–	8	2	–	–	–	–	1	15
Weasel, *Mustela nivalis*	–	–	–	–	–	2	–	–	–	–	–	–	2
Wild Cat, *Felis silvestris*	–	–	–	–	–	1	–	–	–	–	–	2	3
Lynx, *Lynx lynx*	–	–	–	–	1	–	–	–	–	–	–	–	1
Hare, *Lepus europaeus*	3	5	–	1	–	16	3	–	–	1	–	3	32
Squirrel, *Sciurus anomalus*	–	–	–	–	–	1	–	–	–	–	–	–	1
Beaver, *Castor fiber*	–	–	–	–	–	1	–	–	–	–	–	–	1
Roof Rat, *Rattus rattus*	–	–	–	–	–	1	–	–	–	–	–	–	1
Jird, *Meriones spec.*	–	–	–	–	–	–	1	–	–	–	–	–	1
Mole Rat, *Spalax leucodon*	–	–	–	–	–	–	–	–	–	–	1	–	1
Hedgehog, *Erinaceus europaeus*	–	–	–	–	–	–	–	1	–	–	–	–	1
Cormorant, *Phalacrocorax carbo*	–	–	–	–	–	–	–	–	–	–	–	1	1
White-fronted Goose, *Anser albifrons*	–	–	–	–	–	2	–	–	–	–	–	–	2
Mallard, *Anas platyrhynchos*	–	–	1	–	4	–	–	–	–	–	1	–	6

													Total
Teal, *Anas crecca*	–	–	–	–	1	–	–	–	–	–	–	–	1
Goldeneye, *Bucephala clangula*	–	–	–	–	–	–	–	–	–	–	1	–	1
Unidentified little duck	–	–	–	–	–	1	–	–	–	–	–	–	1
Egyptian Vulture, *Neophron percnopterus*	–	–	–	–	–	2	–	–	–	–	–	–	2
Black Kite, *Milvus migrans*	–	–	–	–	–	–	–	–	–	–	–	1	1
Chukar Partridge, *Alectoris graeca*	–	–	–	–	1	16	–	1	–	–	6	3	27
Partridge, *Perdix perdix*	–	–	–	–	–	1	–	–	–	–	–	–	1
Quail, *Coturnix coturnix*	–	–	–	–	–	–	–	–	–	1	–	–	1
Crane, *Grus grus*	2	1	8	1	1	6	–	–	–	–	–	–	19
Great Bustard, *Otis tarda*	1	1	–	–	–	1	–	–	–	–	–	–	3
Little Bustard, *Tetrax tetrax*	–	–	–	–	–	1	–	–	–	–	–	–	1
Wood Pigeon, *Columba palumbus*	–	–	–	–	–	2	–	–	–	–	–	–	2
Eagle Owl, *Bubo bubo*	1	–	–	–	–	1	–	–	–	–	–	–	1
House Sparrow, *Passer domesticus*	–	–	–	–	–	–	1	–	–	–	–	–	1
Magpie, *Pica pica*	–	–	–	–	–	–	–	–	–	–	–	1	1
Jackdaw, *Corvus monedula*	–	3	–	–	–	–	–	–	–	–	–	–	3
Rook, *Corvus frugilegus*	1	3	–	–	–	–	–	–	–	–	–	–	4
Rook or Hooded Crow	1	–	–	–	–	1	–	–	–	–	–	–	2
Hooded Crow, *Corvus (corone) cornix*	–	–	–	–	–	1	–	–	–	–	–	–	1
Unidentified bones of birds	1	–	–	1	–	1	–	–	–	–	–	1	4
Wild animals, total (without fishes)	128	35	40	9	63	261	17	29	2	2	31	84	701
Domesticates and Wild animals	866	298	439	190	1370	8961	784	548	69	229	1077	2491	17322
Unidentified bones	120	35	39	27	83	892	61	40	4	21	15	115	1452
Total of animal bones (without fishes)	986	333	478	217	1453	9853	845	588	73	250	1092	2606	18774
Caspian Turtle, *Clemmys caspica*	1	2	1	–	1	–	–	–	–	–	–	–	5
Tortoise, *Testudo graeca*	5	2	–	2	9	32	1	2	–	2	4	7	66
Toad, *Bufo viridis*	1	1	–	–	–	3	–	2	–	–	–	2	9
Unidentified fishes	2	1	3	–	1	37	1	1	–	–	1	–	47
Mussels	6	6	2	3	14	102	2	5	–	–	3	21	164
Crab, *Potamon potamios*	–	–	–	1	–	2	–	–	–	–	–	–	3
Total													18988

* Moreover, there is a cranium of a pig from J 12 (4000–3000 BC).

IV. Discussion of the species present

A. Synopsis

As table 2 (see p. 23) shows, the percentage of domestic animals was high from the beginning, starting with 85% in the Early Bronze Age and increasing to 97% in the Middle Ages. This statement is subject to some caution as female or young wild animals are hard to distinguish from their tame counterparts.

Table A (which is the English version of table 3, p. 24—25) shows that many different species of wild animals are represented. In addition, there were 47 fish bones that we could not identify for lack of comparative material. They seemed to comprise mostly minnows (*Cyprinidae*), with some large catfish (*Siluriformes*) also present.

Most of the bones found are obviously the leftovers of meals. Some more complete skeletons may have been buried. Others, like the hedgehogs, blind mole rats, jirds, toads and tortoises. must have perished in the holes that they had dug.

Quite a few bones had been shattered into unidentifiable pieces. This is especially true of the earliest deposits where 12% of the bone fragments could not be identified for this reason (cf. fig. 1).

B. Domestic animals

1. Horse, *Equus caballus,* donkey, *Equus asinus,* and mule

The earliest examples of horse-keeping in Anatolia are from *ca.* 2000 B.C. (Hančar 1956; Herre and Röhrs 1958; Zeuner 1967: p. 267ff). At Korucutepe the equid begins only with the old Hittite period (1800−1600 B.C.). We are fairly sure of this since we have enough material to preclude accidental omission. It is not too difficult to distinguish horse from ass on osteological grounds (Arloing 1881; Chauveau 1890; Herre and Röhrs 1958), but the bones of intermediate size, here taken to represent mules (hybrids, cf. table 6), cannot really be determined with certainty. Although a number of authors claim the onager as being domesticated in Mesopotamia in the 3rd millennium B.C. (Werth 1930: pp. 270ff.; Antonius 1942: p. 128; Hančar 1956: p. 402ff; Nagel 1959: p. 107ff; Brentjes 1965: p. 44ff; Zeuner 1967: p. 311ff), there is no evidence for this view (Ducos 1970). The lack of equid bones from 3rd millennium B.C. levels at Korucutepe, however, makes discussion of the problem unnecessary here. The nature of the environmental setting in the Altınova also precludes any type of onager inhabiting the plain. A dry, steppe-loving form, he would be notably absent from the wet, swampy, forested region of the Altınova. The absence of other steppe forms such as the goitered gazelle also confirms this. The osteological equid remains, especially the dentition, give us further conclusive proof of the onager's absence.

Horse

Of 87 bones which comprise 0.5 % of the domestic fauna total, the majority come from phase L (2.9 % of domestic fauna). At least 11 animals are present, 3 possibly mules (table 4). The majority are mature, with 2 juvenile.

The distribution of animals is given by level (cf. table 4). Only 36 horse bones could be measured (cf. table 6c). Measurements seem to fall in the upper size limits of the Celtic horses from Manching, Bavaria (Boessneck et al. 1971). The height at the withers of the Korucutepe examples, falling at 135−145 cm, fits into the size categories of the majority of Roman period Central European types as well. The Hittite examples (Herre and Röhrs 1958: p. 63f) and an Egyptian example conform well (Boessneck 1970).

Donkey, mule

The ass material (93 bones) comprises 0.6% of the domestic fauna; 25 bones could be mule or ass (cf. table 5). The majority of identifiable bones came from phase I-J, including 2 partially complete skeletons. At least 9 animals are represented; three more could be mules. A tabulation and description follows by individual level as to number and type of bone found. Age estimates in phase I-J finds were based on epiphysial growth with one specimen identified as being $1^1/_2-2$ years old (Habermehl 1961: p. 29, 48). Comparisons of material seem to indicate that the size variations fit the examples given for Osmankayası (Herre and Röhrs 1958: tables 6—17) as well as those few from Boğazköy (Vogel 1952: p. 134) and Troy (Gejvall 1946).

An undatable tibia specimen fits the mule range extremely well as do other osteological details of the lower leg. We are in a position to judge the Korucutepe bones more confidently in light of the evidence from nearby Norşuntepe. The mule material especially is confirmed because of well-preserved tibia and hind quarters of a similar animal from Norşuntepe.

2. Cattle, *Bos taurus*

In the Early Bronze Age cattle accounted for 26% of the animals kept. By the Middle Ages this percentage had risen to 51%. No water buffalo bones have been found.

To judge by the dentition, slaughtering habits were similar to those still prevailing in West Africa (Ducos 1968: p. 16ff.): 38% were kept until they were three years old and 23% were slaughtered before they were six. Another 38% were kept longer than that. More than half were cows. How many oxen were kept cannot be determined with certainty.

The Middle and Late Bronze Age cattle from Korucutepe belonged to a medium long-horned and medium-sized race, as did the contemporary cattle from Central Anatolia. They were larger than most contemporary European races. At the withers the male animals measured 1.15 to 1.35 m, mean 1.25 m, the female 1.10 to more than 1.20 m, average 1.15 m.

By the Middle Ages the local race had diminished in size to 1—1.15 m, mean 1.10 m, at the withers (cows), but it was still larger than contemporary European cattle. The only measurable horn core from this phase is considerably smaller than the Middle to Late Bronze horn cores.

3. Sheep, *Ovis aries,* and goat, *Capra hircus*

Sheep and goats accounted for 65% of animals kept at Early Bronze Korucutepe, decreasing in number toward the Middle and Late Bronze Age.

At first, the ratio of sheep to goats must have been about 5:2 or 5:3. By the Middle Ages, however, this ratio was reversed. In predominantly sheep populations, the age distribution was: about $^1/_3$ animals up to two years old, $^1/_3$ two to four-year-olds and $^1/_3$ older animals. Ewes and she-goats were preferred above male animals.

As elsewhere in Anatolia, the Bronze Age and later sheep were small to medium sized and medium heavily built. At the withers they measured 0.55 to 0.75 m. The rams had medium to slight, more or less spiral horns. The ewes had either small horns, varying in shape, or no horns at all.

The Bronze Age goats were medium-sized and medium heavily built. At the withers they measured 0.55 to 0.70 m. By Medieval times, however, their size had increased by 5 cm on the average. Most he-goats had strongly twisted horns, while the female horns display less twisted horns.

4. Camel, *Camelus sp.*

Only one camel bone (fig. 13) appeared among the Korucutepe finds. It came from a Medieval oven.

5. Pig, *Sus scrofa domesticus*

On the basis of molar size a lower jaw found in 4th millennium B.C. context could be traced to a domestic pig of more than average size.

The share held by pigs among animals kept, grew from 7% in Early Bronze II to 11% in the Late Bronze Age, then dropped to less than 1% in the Middle Ages (the remains of 8 stillborn piglets from a Late Bronze context are disregarded). The Late Bronze Age inhabitants showed a preference for the meat of one-year-old pigs (40%), mostly taken from the male pig population. In periods of less refined taste only 27% of the pigs were slaughtered in their first year and 24% lived beyond their third year.

By the Late Bronze Age the domestic pigs at Korucutepe had become relatively small, lean and fast-moving. In Europe a similar development is seen up to the Iron Age.

6. Dog, *Canis familiaris*

If we disregard some buried dog remains from doubtful context, we see dog bones accounting for 1—2% of the total in pre-Islamic times and less than 1% thereafter. Their size was medium to large, as at Middle to Late Bronze Age sites in Central Anatolia. No inference can be made as to their function.

7. Chicken, *Gallus gallus domesticus*

One chicken bone seems to come from a Middle Bronze II context. Nearly half of the 32 chicken bones found are from Late Bronze Age levels.

C. Wild animals

a. Mammals

1. Red deer, *Cervus elaphus*

Almost half of the wild animal bones are from red deer, which accounted for 12% of all bones in the Early Bronze Age, but less than 1% in Medieval times. Hunters sought male animals by preference, because of their higher meat yield, and also for their antlers.

The large size of the red deer (approximately 1.35 m at the withers for one male) is paralleled in Bronze Age Central Anatolia and Eastern Europe.

2. Aurochs, *Bos primigenius* (?)

12 cattle bones from Bronze Age levels seem too large to belong to domestic cattle and are therefore attributed to wild cattle.

3. Wild sheep, *Ovis ammon,* and Wild goat, *Capra aegagrus*

Wild sheep were still being hunted in the Late Bronze Age and wild goats as late as the Iron Age. Predictably, most bones are from male animals, but some female animal remains may have been included in the domestic sheep and goat count.

4. Boar, *Sus scrofa*

Boars were hunted as late as the Middle Ages.

5. Wolf, *Canis lupus*

Although modern east Anatolian shepherds have wolf-size dogs, we attribute some large *canis* bones from Middle and Late Bronze contexts to wolves, as no intermediate-size bones have turned up.

6. Fox, *Vulpes vulpes*

As late as the Middle Ages, small foxes existed around Korucutepe side by side with larger animals. Sex distinctions may account for the difference in size.

7. Bear, *Ursus arctos*

In the bear remains from various Bronze Age contexts, too, there is considerable variation in size.

8. Weasel, *Mustela nivalis*

The remains of a large male weasel occurred in a Late Bronze Age context, as at Yazılıkaya.

9. Wild cat, *Felis silvestris*

Among the Late Bronze I houses 3 wild cat bones occurred, one belonging to a young animal, the others to a strong male.

10. Lynx, *Lynx lynx*

One lynx bone was found among the Middle Bronze I city wall construction materials.

11. Hare, *Lepus europaeus*

Although adult, the hare remains found all belonged to small animals.

12. Squirrel, *Sciurus anomalus*

One squirrel bone was found in a Late Bronze II context.

13. Beaver, *Castor fiber*

In the same context a beaver bone occurred.

14. Roof rat, *Rattus rattus*

Another Late Bronze II context yielded the femur of a rat.

15. Jird, *Meriones sp.*

A member of the jird family is represented by a skull from a Medieval house.

16. Mole rat, *Spalax leucodon*

Since mole rats burrow deeply under ground, the ulna found in a Late Bronze/Early Iron context could be a later intrusion.

17. Hedgehog, *Erinaceus europaeus*

A humerus from a Late Bronze level with Medieval intrusions is the only hedgehog bone found at Korucutepe.

b. Birds

1. Cormorant, *Phalacrocorax carbo*

A humerus from a surface level is the only evidence of this bird, that is still to be seen today along the Murat river.

2. White-fronted goose, *Anser albifrons*

This migratory bird must have visited eastern Anatolia in Hittite times, as two bones were found in Late Bronze Age levels.

3. Mallard, *Anas platyrhynchos*

To judge by the bones this was the only common waterfowl of the area. Four left shoulder blades were found in Late Bronze Age contexts.

4. Small ducks

Several other duck species are represented among Middle and Late Bronze Age finds.

5. Egyptian vulture, *Neophron percnopterus*

This bird, still native to the area today, is represented by two bones found in Late Bronze Age levels (figs. 32—33).

6. Black kite, *Milvus migrans*

Common to the area today, this bird of prey is represented by one bone from a surface level.

7. Chukar partridge, *Alectoris graeca*

Still highly popular as a game bird, the chukar partridge was obviously the bird most commonly hunted in antiquity. It occurs in Middle Bronze, Late Bronze and Medieval levels.

8. Partridge, *Perdix perdix*

One femur that is too small to belong to the chukar species must be from a gray partridge, also native to the area today.

9. Quail, *Coturnix coturnix*

One quail bone occurred in a Late Bronze Age level.

10. Crane, *Grus grus*

After the chukar partridge, cranes were apparently the next most popular game bird from Early Bronze through Early Iron Age times.

11. Great bustard, *Otis tarda*

This game bird was hunted from Early Bronze until at least Middle Bronze Age times.

12. Little bustard, *Tetrax tetrax*

A little bustard bone was found in the Late Bronze II pit that also yielded many seal impressions of Hittite Empire officials.

13. Wood pigeon, *Columba palumbus*

Two bones of this bird were found in Late Bronze II pits like the one just mentioned.

14. Eagle owl, *Bubo bubo*

This owl is represented by one bone from a Late Bronze I house.

15. House sparrow, *Passer domesticus*

In a similar context part of a sparrow skull occurred.

16. Magpie, *Pica pica*

This bird is represented by one bone from a surface level.

17 and 18. Crows, *Corvus (Coloeus) monedula, Corvus frugilegus, and Corvus (corone) cornix*

Of various crow bones found, one is definitely from an Early Bronze II context. All others are from Late Bronze contexts.

c. Reptiles

1 and 2. Turtle and tortoise, *Clemmys caspica*, and *Testudo graeca*

Freshwater turtle remains have been found in Early Bronze II and Late Bronze levels. Tortoises were probably eaten in antiquity as today, as at least 22 individuals have been found in levels ranging from Early Bronze II to Medieval. Many of these lie too deep to have been frequented by hibernating tortoises.

d. Amphibians

Toad, *Bufo viridis*

At least 3 individuals were found at various elevations in N 11, area 1. Presumably they come from a Late Bronze context, unless we are dealing with recent burrowing by hibernating toads.

e. Mollusks

1. Mussels, *Unio crassus bruguierianus*, and *Unio tigridis*

Most of the 164 mussel shells are from the Late Bronze Age, when they must have been a popular food.

2. Snail shells used as ornaments

Maritime snail shells, imported either from the Persian Gulf or from the Mediterranean, and a fossil snail shell were perforated for use in necklaces during the Late Bronze Age (figs. 39—40).

V. Dental anomalies and pathological alteration of bones

There is evidence of dogs with teeth lacking from Middle Bronze, with broken bones from Late Bronze times; of horses and oxen deformed by overloading in Medieval times. Other dental anomalies are seen in pigs, sheep and goats of the Late Bronze Age.

VI. Inferred cultural patterns

A. Hunting

In Early Bronze II times hunting still yielded one-quarter of all meat eaten. With increasing deforestation we see a corresponding decrease of the importance of game in the diet.

B. Animal husbandry

1. Relative importance of the domesticates

From Early Bronze times — if not before — agriculture and animal husbandry were the main sources for food and animal products. The Early Bronze Age people kept cattle, sheep, goats and dogs. In addition, the Middle Bronze inhabitants kept horses and donkeys. By Late Bronze times chickens, too, were kept. Camels had been added in limited numbers by Medieval times.

Among the livestock cattle is highest in nutritional value per animal. The following ratios indicate the composition of the stock of domestic animals in the successive periods.

	Horses, donkeys, mules	Cattle	Sheep, goats	Pigs
EB II	—	26%	66%	8%
MB II	1%	40%	48%	11%
LB I-II	1%	30%	58%	11%
MA	4%	51%	44%	(1%)

2. Utilization of the domesticates

Inferences as to utilization can be drawn from age and sex determinations. If many adult animals are kept, this implies milking, wool shearing or harnessing. If many male animals are kept, this implies harnessing.

Use of horses, donkeys and oxen as draft animals by the Late Bronze Age inhabitants is confirmed by age and sex determination.

Sheep and goats were kept for their wool rather than for their milk, else one would expect a far greater preponderance of females among the adult animals. Except for Medieval times, sheep were preferred over goats.

Since pigs are only kept for their meat, the percentage of young males slaughtered is high at all times.

Although some larger dogs may have been used to guard sheep, one should count with the possibility that many medium-size dogs were scavengers as today.

From the beginning the meat of young chickens seems to have been preferred over that of adults.

3. Synthesis

In the fertile Altınova agriculture was the primary concern, to which forest and game had to give way and which animal husbandry was allowed to complement.

Grazing of small ruminants — mostly sheep — played an important part in the Bronze Age. Their small to medium build enabled them to graze on sparse, shadeless mountain pastures.

The valuable, medium-size cattle were well cared for, judging by the pronounced sex differentiation. Pigs, on the other hand, must have suffered from deforestation, dry summers and severe winters.

By feeding them hay the equids, kept since the Middle Bronze Age, could be helped through the severe winters.

By Medieval times the composition of the livestock had altered considerably: cattle took a larger share, goats were preferred over sheep and camels had been added. The goats had grown to be 5 cm taller than in the Bronze Age. Cattle, on the other hand, had grown to be 5 cm smaller on the average. Pigs had practically disappeared in this predominantly Islamic society.

The milking of livestock and the burning of dung cakes may well have started in the Early Bronze Age. Direct evidence is lacking.

VII. Fauna and landscape

When Korucutepe was settled in Chalcolithic times, water drainage from the Altınova through the Harunget Çayı must have been less rapid than today, as the deep canyon of the Murat river is obviously of recent origin. Mussels, turtles, cormorants and ducks inhabited the river banks. Beavers were able to build their weirs in the slow-streaming river which must have been bordered by riverside woodland sheltering red deer and boars. The mountains, on the other hand, were not thickly forested, else we would not find wild sheep and goats.

Bustard, crane and goose bones indicate the presence of open fields from Early Bronze times, but no steppe forms such as gazelle and onager are attested at any time. The appearance of the jird and the camel in Medieval times may be significant.

PART II

Prehistoric and early historic plant husbandry in the Altınova Plain, southeastern Turkey

by

W. van ZEIST and J. A. H. BAKKER-HEERES

Institute of Bio-Archaeology
University of Groningen
The Netherlands

Contents

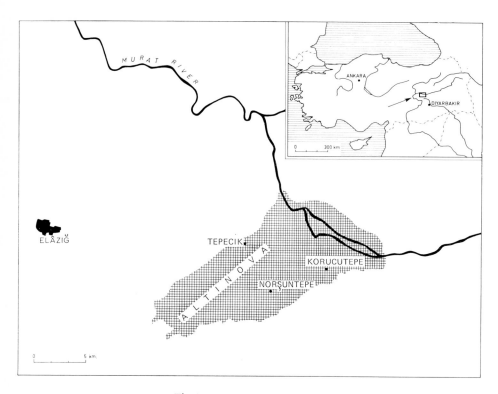

Fig. 1. Map of the Altınova plain

Introduction

In this section the results will be discussed of the analysis of carbonized plant material, mostly charred seeds, recovered from two settlement sites in the Altınova plain. This plain, which is situated east of Elâzığ (fig. 1), will be flooded after the completion of the Keban dam in the Euphrates river, ca. 40 km west-northwest of Elâzığ. In 1968, 1969, and 1970 salvage excavations were carried out at Korucutepe, ca. 30 km east of Elâzığ under the direction of Dr. Maurits N. van Loon (Institute of Prehistory and Protohistory, University of Amsterdam, the Netherlands). The tell of Tepecik, situated at ca. 20 km east of Elâzığ, was excavated under the direction of Dr. Ufuk Esin (Department of Prehistory, University of İstanbul, Turkey) in 1968 and following years.

At Korucutepe fairly large numbers of samples were floated during the 1969 and 1970 campaigns in order to recover vegetal material. The samples were studied in the field by the senior author in October 1969 and by both authors in October 1970. Some material was taken to Groningen for a more detailed study, for measuring and for photography.

In 1969 the collecting of flotation samples was mainly confined to squares N 11 and N 12, which yielded large amounts of carbonized seeds. During the 1970 season samples were collected for flotation from all squares under excavation. Moreover, in 1970 many samples were secured for wood identification.

The carbonized plant remains from Tepecik which will come up for discussion in this paper were recovered in 1969 and 1970. The Tepecik samples were studied in the field by the senior author, while in this case also some material was taken to Groningen. The flotation procedure at both sites was set up by Dr. Robert B. Stewart (Sam Houston State College, Huntsville, Texas, U.S.A.) in 1968.

A large part of the samples from Korucutepe and all samples from Tepecik are from layers attributed to the 4th—2nd millennia B.C. Consequently, for this period information on the plant husbandry in the Altınova plain is not confined to one site only. For that reason it was decided to discuss in one paper the botanical evidence from both sites. The results of the botanical investigation of another tell in the area, viz. Norşuntepe, are not available yet. The dating of the samples is based on pottery and radiocarbon dates.

The authors wish to express their gratitude to Drs. Halet Çambel, Ufuk Esin and Maurits N. van Loon for their kindness in making the botanical material available for examination and in providing information on the samples.

I. Presentation of the results of the seed analyses

The results of the analyses of the charred seed samples from Korucutepe are represented in tables 1 to 5. As for the sample designations, the first number indicates the year of excavation (1969 or 1970), the second number is the serial number. With the exception of table 2 the results are shown as relative frequencies. These frequencies are expressed as percentages of the sum of the seeds of crop plant species. Thus, this sum is also the basis for calculation of the seeds of wild plants. The percentages for the latter types are grouped into three categories, viz. less than 10% ($\times$) between 10 and 25% ($\times \times$), and more than 25% ($\times \times \times$). Crop plants with values of less than 1% are indicated with a plus sign (+).

The percentages for samples from the 1969 campaign are estimates, with the exception of a few samples which were taken to Groningen. For the samples collected in 1970 the percentages are based on the numbers of seeds recovered from at least a part of the samples concerned. For some of the samples represented in table 1 the sum on which the percentages are based is small. These sums are shown in the table, so that the reader will be able to evaluate the reliability of the percentages.

Tables 6, 7, and 8 show the results of the examination of the Tepecik samples. In these tables no percentages are mentioned. Instead, we give absolute numbers or rough estimates of the relative frequencies (+ = present; ++ = fairly much; +++ = much).

From the above it will be clear that there is considerable variation in the exactness of the information. While this is somewhat inconvenient, we do not believe it affects our conclusions.

Two major categories of samples can be distinguished, viz. samples from storage rooms or pits and samples from layers of cultural debris. Samples from carbonized food supplies mostly yielded one or two crop plant species with only minor admixture of seeds of other plants (cf. tables 3 and 4). In samples from refuse layers, on the other hand, seeds of various weeds were sometimes found in large numbers in addition to those of crop plants (cf. table 1, samples 405, 589, 690, and 800/1, tables 2 and 8).

II. Discussion of the results of the seed analyses

1. 4500—3000 B. C.
(Tables 1, 2 and 6)

The information on crop plants in Chalcolithic times is based on a relatively small number of samples. Particularly for Tepecik the palaeobotanical evidence is meagre.

In the early stages of Korucutepe and Tepecik two wheat species (*Triticum dicoccum* and *Triticum aestivum/durum*) and two types of barley, viz. hulled and naked barley, were grown. *Triticum dicoccum* (emmer) is a so-called hulled wheat. In this case the bracts firmly enclose the kernel and are difficult to remove. In naked or free-threshing wheats, such as *Triticum aestivum* (common wheat) and *Triticum durum* (hard wheat), the ripe fruits are loose in the spikelets and they can easily be released by threshing. In hulled barley the bracts are even fused with the grains and they cannot be removed by threshing.

In consequence of deformations caused by carbonization the identification of the cereal grains met with various difficulties. It could not be determined with certainty whether the hulled barley belonged to the two-row species (*Hordeum distichum*) or to the six-row species (*Hordeum vulgare*).

Einkorn (*Triticum monococcum*), which is also a hulled wheat, is so scarcely represented that this crop plant must have played an insignificant part in the plant husbandry of the Chalcolithic farmers, if it was grown at all.

In addition to cereals, various pulses were cultivated: lentil (*Lens culinaris*), bitter vetch (*Vicia ervilia*), pea (*Pisum sativum*), and chick pea (*Cicer arietinum*). Judging by the meagre palaeobotanical data it looks as if chick pea was not grown in the earliest phases of Korucutepe, whereas the cultivation of pea would not have been continued after 3000 B.C.

Flax (*Linum usitatissimum*) is the most abundant seed type in the unnumbered sample from table 1 (fig. 6). The layer from which this sample originates is radio-carbon-dated to about 3400 B.C. (GrN-5286: 5370 ± 40 B.P. and GrN-5287: 5330 ± 40 B.P.). The dimensions of the linseeds are shown in table 9 and fig. 9. According to Helbaek (1959) the size of linseeds can provide a clue for the question whether irrigation was practised. The length of the seeds of flax grown without irrigation should hardly exceed 4 mm, whereas linseeds from irrigated fields should be considerably larger. As for the original size of the Korucutepe linseeds, one should take into consideration that by carbonization these seeds shrink in length and width. Helbaek (1959) found a decrease in length of about 25% for linseeds from the Early Bronze Age Lagozza marsh site near Lake Como in northern Italy, while for Neolithic Niederwil in northeastern Switzerland a difference of about 13% between wet and carbonized linseeds could be established by the senior author. The length of the linseeds from Korucutepe after a correction for shrinkage by 13% or 25% amounts to 3.93 mm (3.4—4.4 mm) or 4.56 mm (4.0—5.2 mm) respectively. After a correction for 13% shrinkage the size of the linseeds could still be expected under dry farming conditions, but the 25% correction gives values which would point to irrigation farming. It is clear that in this case it cannot be determined from the size of the linseeds whether irrigation farming or dry farming was practised in Chalcolithic times. In view of the fairly high ground water level in the Altınova plain and of the annual precipitation rate of about 450 mm, irrigation would not have been necessary to secure a satisfactory crop.

The carbonized grape pips from Chalcolithic Korucutepe are of the plump type with a very short stalk (fig. 7). This indicates that we are dealing here with wild grapes (*Vitis vinifera* ssp. *silvestris*). Wild grapes would have been found in the riverine forests along the Murat. Two other wild fruits which were collected are pistachio (*Pistacia* cf. *mutica*) and hawthorn (*Crataegus azarolus*).

In the samples from Korucutepe to be dated between 4500 and 3500 B.C. various seeds were found which were not carbonized. These seeds can only have been preserved in a moist soil cut off from the air. The oldest sample which was studied yielded very large quantities of subfossil seeds. The numbers of seeds found in a part of this sample are shown in table 2. It is likely that the 'black layer' from which this sample was taken formed part of the fill of a former pond (a watering place for domestic animals?). Various plants at home on marshy sites are represented by large numbers of seeds (*Carex* spp., *Cyperus*, *Eleocharis*, *Potentilla*). These species would have grown around the pond in question and in its vicinity. Besides, seeds of plants that prefer ruderal sites and fields were also found, such as various Chenopods, *Ranunculus* spp., *Cucumis*, *Amaranthus*, *Adonis dentata*, and *Fumaria* (fig. 8).

2. Third millennium B. C.
(*Tables 1, 3, 4, 7 and 8*)

The samples from Korucutepe squares N 11 and N 12 (tables 3 and 4) consist almost exclusively of *Hordeum distichum* and *Triticum aestivum/durum*. Of other crop plants only insignificant admixtures are present. Among the field-loving weeds *Galium* (cleavers) is represented in the majority of samples. This scarcity of seeds from weedy plants should probably not be taken as an indication that the grain fields were nearly free of weeds at that time. On the contrary, one must assume that the fields were, in reality, weed-infested. The near absence of seeds of weedy plants in the samples from tables 3 and 4 and in some other pure grain samples must be ascribed to the way of harvesting, viz. to the practice of cutting each ear separately or pulling out each plant separately.

There can be no doubt that cereal grain supplies were stored in the buildings from Korucutepe squares N 11 and N 12. The circumstance that some of the samples are nearly pure barley (626, 711) and others pure wheat (e.g. 100, 397, 479) suggests that both crops were grown and stored separately and that the mixing of the species in some other samples took place afterwards, during or after the destruction of the buildings concerned.

Among the relatively well preserved barley from the 3rd millennium B.C. and also from the younger periods no noticeably lopsided specimens could be observed. For that reason this barley is attributed to *Hordeum distichum* (fig. 2). The dimensions and indices for 100 barley grains from a Korucutepe and a Tepecik sample are shown in table 9 and figs. 10 and 11.

As for *Triticum aestivum/durum*, well-preserved grains of which are shown in fig. 3, the identification of free-threshing wheat from archaeological sites in the Near East constitutes a problem. In general charred naked wheat finds have been attributed to *Triticum aestivum*, a hexaploid wheat which was very probably formed by hybridization of tetraploid *Triticum dicoccum* and the diploid wild grass species *Aegilops squarrosa*. However, until recently not *Triticum aestivum* (common wheat) but *Triticum durum* (hard wheat), a free-threshing tetraploid wheat, was the most widely grown wheat species in the Near East (Leonard and Martin 1963: p. 357). Durum wheats, which are derived from *Triticum dicoccum* by mutation, are well adapted to climatic conditions in the Eastern Mediterranean basin.

Unfortunately, it seems impossible to distinguish the carbonized fruits and rachis internodes of *Triticum aestivum* from those of *Triticum durum*, so that the charred plant remains themselves do not provide a clue for separating both species. There is no reason to exclude *Triticum durum* from the species that may have been grown by the prehistoric and early historic farmers of Korucutepe and Tepecik. On the contrary, it is more likely that *Triticum durum* was cultivated in the Altınova plain than *Triticum aestivum*.

The dimensions and indices for *Triticum aestivum/durum* given for one sample from each site are represented in table 9 and figs. 12 and 13. The distribution of the L:W values in both samples confirms the impression one gets from a superficial study of the naked wheat from Tepecik and Korucutepe, viz. that plump and more slender grains are both common. L:W index values of less than 155 are considered here to be indicative of plump kernels, whereas index values of more than 165 are characteristic of more slender naked wheat grains.

Although free-threshing wheat and two-row barley would have been the main cereal crop plants after 3000 B.C., emmer wheat (*Triticum dicoccum*) had not been abandoned. This wheat species is represented in various samples from Tepecik, be it in small numbers. Furthermore, Korucutepe sample 1970-1074 is almost exclusively made up of *Triticum dicoccum* (fig. 4). The fairly good preservation of the emmer wheat in this sample made it possible to select a satisfactory number of grains for measurement (table 9, fig. 14).

The small numbers of *Triticum monococcum* grains encountered in a few Early Bronze Age samples from Tepecik suggest that this species had not yet disappeared completely.

Tables 1 and 7 suggest that in the 3rd millennium B.C. lentil played a fairly important part in the diet of the inhabitants of the Altınova plain. In addition to lentil, chick pea (*Cicer arietinum*) was cultivated (fig. 5). The dimensions for chick pea from Korucutepe 1970-1025 are shown in table 9. Pea and bitter vetch are not represented in samples from the third millennium B.C., indicating that these legumes were not grown. It looks as if flax was no longer cultivated after 3000 B.C. This implies that in the third millennium B.C. and later people depended completely on domestic animals to satisfy their fat demands. Also, plant fibres would not have been available for the manufacture of clothes.

Some special attention will be paid to Tepecik 1970-10 I, VIII/h shown in table 8, which sample is characterized by very large numbers of seeds of weedy plants. Particularly small leguminous seeds are very abundant. Because of deformations due to the carbonization not all leguminous seeds could be identified. Among the types which could be identified are *Astragalus, Trigonella astroites*, and *Trifolium* (fig. 8). Tiny caryopses (length ca. 0.6—0.9 mm) attributed to *Eragrostis* were likewise found in large numbers. Characteristic are the achenes of *Valerianella* (fig. 8). It may be asked whether the seeds of various weeds were collected for human consumption serving as a supplement to crop plants. This practice at least is suggested by Helbaek (1969) for early farming communities in the Near East such as Ali Kosh, while there are also strong indications that in prehistoric Europe the seeds of field weeds were eaten by man, probably after disappointing harvests. However, it is improbable that sample 10 I, VIII/h represents emergency food for man. More likely we are dealing with plant refuse — threshing remains (barley internodes) and field weeds — which was burned. The Tepecik samples 10 K ⟨13⟩ and 10 H, IV/f consist largely of threshing remains of *Hordeum distichum* and *Triticum aestivum/durum* respectively.

Among the grape pips from Tepecik 1969-6 O, X/e a few slender specimens with a distinct stalk are found (fig. 7). This could indicate that in the 3rd millennium B.C. and later, grapes were cultivated in the Altınova plain. In many cases the carbonized grape pips are too poorly preserved to give information on their original shape.

3. Second millennium B. C.
(Tables 5 and 7)

Free-threshing wheat and two-row barley continued to be the main cereals. *Triticum dicoccum* had nearly disappeared, while *Triticum monococcum* is no longer represented. As for the pulses, *Lens culinaris* was still a common crop plant. The palaeobotanical evidence suggests that the cultivation of *Cicer arietinum* (chick pea) had been given up. On the other hand, *Vicia ervilia*, which is not represented in samples from the 3rd millennium, must have been a common crop plant. At present bitter vetch is grown as fodder for animals. The circumstance that at archaeological sites it is found together with human food suggests that in earlier times man himself consumed these seeds. The seeds of bitter vetch are poisonous for man and some animals, but the harmful substance can be removed by boiling the seeds. The dimensions for 100 seeds of *Vicia ervilia* from Tepecik 1970-8 L, IV/d are shown in table 9.

4. Comparison with other sites

The study of plant remains from settlement sites should lead to the reconstruction of the history of plant husbandry in larger areas. By means of synthesis and comparison of the botanical evidence obtained from the various sites it should be possible to establish general tendencies in agricultural practices, such as the introduction or abandonment of crop plants, and shifts in the relative importance of cultivated plants. Only for a few areas in Europe is the network of palaeo-ethnobotanical data so dense that conclusions about the development of plant husbandry seem justified. Even there one new find may lead to reconsideration of the existing theory.

For the Near East the botanical information on prehistoric and early historic sites is altogether insufficient for a satisfactory reconstruction of plant husbandry. Nevertheless we have attempted to compare crop plants from the Altınova plain (Korucutepe and Tepecik) with those from contemporary sites in other parts of the Near East (table 10). To facilitate comparison the time span of habitation at Korucutepe and Tepecik has been subdivided into three periods. From table 10 it is clear that few are available for comparison with the Altınova plain. Some sites which fall in the time range under consideration, viz. Tell Abu Matar (Negbi 1955) and Beth Shean (Feinbrun 1938), have not been included because only part of the botanical data from those sites has been published. For Jericho and Troy no estimates of the relative quantities of plant species are given, although for Jericho Hopf (1969) does mention that naked barley is rare, while chick pea was found in large quantities in Early Bronze Age samples. Of the sites compared with the Altınova plain (table 10), Selenkahiye is the only one where charred seeds have been recovered by means of water separation.

For the period between 4500 and 3000 B.C. little material is available for comparison. The information from Jericho rests on two samples, and from Tell Chragh only 17 intact crop plant seeds were recovered. The large variety of crop plant species which could be demonstrated for Chalcolithic Korucutepe is undoubtedly due to the fact that flotation was applied.

In the 3rd millennium layers from all sites under consideration emmer wheat, hulled barley, and lentil are represented. In general, einkorn wheat was of minor importance, while free-threshing wheat was at least locally a major crop plant just as chick pea.

The palaeobotanical results suggest that after 2000 B.C. emmer wheat gave way to free-threshing wheat, although locally it may have remained an important crop plant. Hulled barley continued to be a major constituent of the human diet. Einkorn wheat seems to have declined further but, on the other hand, in 13th-century Beycesultan it was probably grown at a fairly large scale. It is striking that *Triticum monococcum* apparently never was such an important crop plant in the Near East as it was in southeastern and central Europe, where up to the Iron Age it contributed essentially to the human diet. Naked barley would not have been of any importance in the Near East during the time span under consideration. Since it was common at Çatal Hüyük (ca. 5760—5600 B.C.; Helbaek 1964), one would conclude that the large-scale cultivation of this crop plant was short-lived in the Near East. In central, western and northwestern Europe, on the other hand, it was commonly grown throughout the 3rd and 2nd millennia B.C., giving way to hulled barley in the course of the 1st millennium B.C. *Lens culinaris* is less well represented in the Middle and Late Bronze Age samples than in those from the 3rd millennium B.C., while *Cicer arietinum* and *Vicia ervilia* seem to have changed place. From the absence of linseeds in the Middle and Late Bronze Age samples one should not conclude that the cultivation of this species was completely given up in the Near East, for it was grown by the people who lived on or near Tell Deir 'Allā, in the Jordan valley, after 1200 B.C. (van Zeist and Heeres 1973).

Summarizing, one may remark that the scarcity of data forces us to be very cautious in drawing conclusions, but that, on the other hand, some general tendencies seem to stand out at this stage of research in our field.

III. Wood identifications

Only for Korucutepe have identifications of wood been carried out. The charcoal samples originate from timber which had been used for constructional purposes, as well as from fireplaces. In a few cases the wood was calcified, and from the deepest layers in square K 13 pieces of subfossil wood were recovered.

For each wood sample it was determined which type or types are present. The size of the samples and the share of each type — if more than one species is represented — are not taken into consideration. The results of wood identifications are summarized in table 11.

The natural vegetation of the Altınova plain, which is an old lake bottom with a fairly high ground water level, probably consisted of forests with poplar (*Populus*), ash (*Fraxinus*), and elm (*Ulmus*) as dominant species. Consequently, in order to obtain elm, ash, and poplar wood the inhabitants of Korucutepe did not have to go far from home. The present picture of a nearly treeless plain is the result of the destructive activities of man over thousands of years. In order to meet the demands for oak timber one had to go into the mountains surrounding the plain. In the mountain forests oak (*Quercus*) would have played a very important part, together with pistachio (*Pistacia*), maple (*Acer*), and juniper (*Juniperus*) as minor constituents.

The data of table 11 do not allow conclusions concerning possible changes in the share of various wood species in the successive periods. For this the number of samples per period is generally much too small.

Table 1

Korucutepe. Seed samples from layers to be dated between 4500 and 2300 B.C. For explanation see p. 226
(Barley which could be identified as *Hordeum distichum* is marked with an asterisk)

Date	Sample number 70-...	Square	Area	Layer	cc. seeds	Triticum monococcum	Triticum dicoccum	Triticum aestivum/durum	Triticum indet.	Hordeum (distichum*)	Hordeum vulgare nudum	Lens culinaris	Cicer arietinum	Vicia ervilia	Pisum sativum
2600—2300 B.C.	412-5	O 12	8	7	40	—	—	37	—	37*	—	26	—	—	—
	784	O 12	8	9	1550	—	+	6	—	92*	+	1	—	—	—
	1079	O 12	12	9	85	—	—	68	—	30*	—	2	—	—	—
	966	O 12	14	9	360	—	—	45	—	54*	—	1	—	—	—
	1078	O 12	14	9	35	—	—	57	—	38*	2	3	—	—	—
	407-11	O 12	7	10	2000	—	+	36	—	61*	—	2	+	—	—
	1074	O 12	17	10	280	—	100	+	—	+	—	—	—	—	—
	302	O 17	13	5	2—3	—	—	—	—	100*	—	—	—	—	—
	1025	O 18	13	7	few	—	1	9	—	—	—	—	—	90	—
	426-32	O 18	13	7	4000	—	—	10	—	84*	—	2	4	—	—
	708	P 17	13	5	28	—	—	—	—	100*	—	—	—	—	—
	761	P 17	13	5	few	—	—	+	—	100*	—	—	—	—	—
3500—3000 B.C.	no number	K 12	14/17	26/27	14	—	7	—	—	20	—	—	+	—	—
4000—3500 B.C.	405	K 13	7	13	<1	—	6	57	—	34	—	—	—	3	—
	589	K 13	10	16	?	—	25	—	40	15	—	5	—	5	10
	590	K 13	10	17	200	—	55		—	21	—	14	—	7	2
	800-1	K 13	16	19	210	1	53	—	—	24		15	—	1	1
4500—4000 B.C.	834 848-50 862	K 13	16	21	1500	—	62	14	—	20	—	3	—	—	—

Linum usitatissimum	Sum on which percentages are based	Vitis	Pistacia	Crataegus azarolus	Galium	Amaranthus	Chenopodiaceae	Caryophyllaceae	Polygonum cf. aviculare	Leguminosae	Boraginaceae	Avena	Lolium	Other Gramineae	Carex	Cyperus	Rumex	Lycopus	Adonis dentata
—	49	—	—	—	—	×	—	—	—	—	—	—	—	—	×	×	—	—	—
—	416	—	—	—	×	—	—	—	—	—	—	—	—	—	—	—	—	—	—
—	125	×	—	—	×	—	—	—	—	—	—	—	—	—	—	—	—	—	—
—	427	—	—	—	×	—	—	—	—	×	—	—	—	×	—	—	—	—	—
—	171	×	—	—	×	—	—	—	—	×	—	—	—	—	×	—	—	—	—
—	355	×	—	—	×	—	—	—	—	×	—	—	—	—	—	—	—	—	—
—	>1000	—	—	—	×	—	—	—	—	—	—	—	—	—	—	—	—	—	—
—	?	—	—	—	—	—	—	—	—	—	—	—	—	—	—	—	—	—	—
—	90	—	—	—	—	—	—	—	—	—	—	—	—	—	—	—	—	—	—
—	485	×	—	—	—	—	—	—	—	—	—	—	—	—	—	—	—	—	—
—	?	—	—	—	—	—	—	—	—	—	—	—	—	—	—	—	—	—	—
—	221	—	—	—	—	—	—	—	—	—	—	—	—	—	—	—	—	—	—
73	>1000	—	—	×	—	—	—	—	—	—	—	—	—	×	—	—	—	—	—
—	35	×	—	—	—	—	××	×	—	×	—	—	××	××	×	××	×	—	—
—	40	×	—	—	—	×	××	×	××	—	×	—	×	—	—	××	×	—	—
2	58	—	×	—	—	××	×	—	×	×	×	—	××	×	—	×	—	—	×
4	91	×	—	—	×	×	—	×	—	×	—	×	××	—	×	×××	—	×	—
1	65	See table 2																	

Table 2

Korucutepe 1970-834, 848-50, 862. Numbers of seeds found in 65 cc. of sample.
(Carbonized seeds are indicated with an asterisk)

*Triticum dicoccum	40	Papaver	1
*Triticum aestivum/durum	9	Fumaria	84
*Hordeum (hulled)	13	Solanum cf. nigrum	4
*Lens culinaris	2	Solanaceae indet.	2
*Linum usitatissimum	1	Lycopus	1
		Mentha	1
*Vitis	6	Stachys-type	50
		Ajuga	9
Atriplex	49	Potentilla	219
cf. Suaeda	580	Silene-type	18
Chenopodium album	33	Caryophyllaceae indet.	4
Chenopodium rubrum/glaucum	1	*Medicago	1
Amaranthus	6	*Leguminosae indet.	49
Eleocharis	93	Centaurea	1
Cyperus	550	Onopordon	1
Carex (5 types)	1160	Compositae indet.	2
Ranunculus arvensis	9	Cruciferae indet.	2
Ranunculus repens-type	24	Polygonum cf. persicaria	5
Adonis dentata	69	*Galium	3
Cucumis	24	*Lolium	2
*Capparis	2	*Bromus	5
Verbena	5	*Gramineae indet.	6
Malva	1	Various unidentified types (partly carbonized)	70

Table 3
Korucutepe square N 11. Date 2600—2300 B.C.

Sample number 69-...	Area	Layer	cc. seeds	Triticum dicoccum	Triticum aestivum/durum	Hordeum distichum	Lens culinaris	Pistacia	Vitis	Galium	Rumex	Polygonum cf. aviculare	Caryophyllaceae	Leguminosae	Gramineae	Carex	Chenopodiaceae
99	4	4	1000	—	95	5	—	—	—	×	—	—	—	—	—	—	—
100	4	4	2200	—	100	+	—	—	—	—	—	—	—	×	—	—	—
169	4	4	40	—	90	10	—	—	—	—	×	—	—	×	—	—	—
170	4	4	60	—	50	50	—	—	—	×	—	—	—	—	×	—	—
172-3	3	5	860	—	50	50	—	—	—	×	—	—	—	—	—	—	—
193-5	3	5	750	+	50	50	—	—	—	×	—	—	—	—	—	—	—
196-8	3	5	620	—	50	50	—	—	—	—	—	—	—	—	—	—	—
200-2	3	5	840	—	50	50	—	—	—	×	—	—	—	—	—	—	—
278	3	5	300	—	98	2	+	×	—	×	—	—	—	—	—	—	—
315-6	4	5	890	—	60	40	+	—	—	×	×	—	—	—	×	—	—
414-23	4	5	580	—	40	60	—	—	—	×	—	—	—	—	—	—	—
307	4	5	700	—	99	1	—	—	—	×	—	×	—	—	—	—	—
297	8	5	750	—	97	3	+	—	—	—	—	×	—	—	—	—	—
298	8	5	400	—	40	60	+	—	—	×	—	—	—	—	—	—	—
407	8	5	230	—	40	60	—	—	—	×	—	—	—	—	—	—	—
410	8	5	350	—	40	60	—	—	—	—	—	—	—	—	—	—	—
478	8	5	250	—	70	30	—	—	—	×	—	—	—	—	—	—	—
308	8	5	2250	—	40	60	—	—	—	×	—	—	—	—	—	×	—
424-6	8	5	100	—	50	50	—	—	—	×	—	—	—	—	—	×	—
303-4	9	5	825	—	99	1	—	—	—	—	—	—	—	—	—	—	—
305	9	5	650	—	95	5	—	—	—	×	—	—	—	—	—	—	—
476	9	5	490	—	80	20	—	—	—	×	—	—	—	—	—	—	—
206	3	6	700	—	50	50	—	—	—	—	—	—	—	—	—	—	—
208	3	6	600	—	70	30	+	—	—	—	—	—	—	—	—	—	—
230	3	6	900	—	50	50	—	—	—	×	—	—	—	—	—	—	—
238	3	6	3300	—	90	10	—	—	—	×	—	—	—	—	—	—	—
258-9	3	6	1050	—	80	20	—	—	—	—	—	—	—	—	—	—	—
264-5	3	6	860	—	80	20	—	—	—	×	—	—	—	—	—	—	—
282	3	6	820	—	70	30	+	—	—	×	—	—	—	—	—	—	—
296	3	6	620	—	97	3	—	—	—	×	—	—	—	—	—	—	—
300	6	6	300	—	50	50	—	—	—	×	—	—	—	—	—	—	—
429	8	6	300	—	80	20	—	—	—	×	—	—	—	—	—	—	—
310	8	6	1300	—	95	5	—	—	—	—	—	—	—	—	—	—	—
313	8	6	700	—	95	5	—	—	—	×	—	—	—	—	—	—	—
280	3	7	250	—	97	3	+	—	—	×	—	—	—	—	—	—	—
435-41	3	7	175	—	40	60	—	—	—	—	—	—	—	—	—	—	—
442-7	3	7	28	—	50	50	—	—	—	—	—	—	—	—	—	—	—
451-2	3	7	700	—	97	3	—	—	—	×	—	×	—	—	—	—	—
479	3	7	150	—	100	+	—	—	—	—	—	—	—	—	—	—	—
481-7	4	7	17	—	50	50	—	—	—	×	—	—	—	—	—	—	—
431-4	8	7	120	—	50	50	—	—	—	×	—	—	—	—	—	—	×
589	3+4	8	10	—	50	50	—	—	—	—	—	—	—	—	—	—	—
703	4	8	3	—	35	65	—	—	×	×	—	—	—	—	—	×	—

Table 4
Korucutepe square N 12. Date 2600—2300 B.C.

Sample number 69-...	Area	Layer	cc. seeds	Triticum dicoccum	Triticum aestivum/durum	Hordeum distichum	Hordeum vulgare nudum	Lens culinaris	Galium	Rumex	Polygonum cf. aviculare	Leguminosae	Gramineae	Chenopodiaceae	Carex	Cyperus
590-2	2	3	1530	—	50	50	—	—	×	—	×	—	—	×	—	—
593	2	3	570	—	80	20	—	+	×	—	—	—	—	—	—	—
488-93	2	3b	1000	—	50	50	—	—	×	×	—	—	—	—	—	—
594	2	3b	350	—	80	20	—	—	×	—	—	—	—	—	—	—
595-8	2	3b	1920	+	99	1	—	+	×	×	—	—	—	—	—	—
599	2	3b	700	—	95	5	—	—	—	—	—	—	—	—	—	—
626	2	3b	775	—	1	99	—	—	×	—	—	—	—	—	—	—
627	2	3b	700	—	70	30	—	—	×	—	—	—	×	—	—	—
628	2	3b	900	—	2	98	—	—	×	—	—	—	—	—	—	—
629	2	3b	600	—	7	93	+	+	×	—	—	×	×	—	×	×
711	4	3b	350	—	+	100	—	—	×	—	—	—	—	—	—	—
708-9	1	4	6900	—	50	50	—	—	—	—	—	—	—	—	—	—
710	1	4	1780	—	40	60	—	—	—	—	—	—	—	—	—	—

Table 5
Korucutepe. Seed samples from layers to be dated between 1800 B.C. and 1400 A.D.

Date	Sample number	Square	Area	Layer	cc. seeds	Triticum dicoccum	Triticum aestivum/durum	Hordeum distichum	Lens culinaris	Galium	Gramineae
1200—1400 A.D.	69-704	H 17	pit I		10	—	25	75	—	—	—
1300—1200 B.C.	69-707	O 20	pit A	4b	2	—	10	90	+	×	×
	69-706	O 20	pit G	5h	2	+	30	70	+	×	—
1500—1400/1300 B.C.	70-198	O 17	6	4m	1	—	2	98	—	—	—
1500—1400/1300 B.C.	70-214	O 18	8	4	2—3	—	100	—	—	—	—
1800—1600 B.C.	69-705	S 24	6	4b	75	+	20	80	+	×	—

Table 6
Tepecik 1970, large sounding 8 O, II/c.
All samples are from layers attributed to the 4th millennium B.C.

Sample	Depth below top mound	Hordeum (distichum)	Triticum monococcum	Triticum dicoccum	Triticum aestivum/durum	Vicia ervilia	Pisum sativum	Pistacia
1	20.37	—	—	5	—	—	—	1
2		c. 7	—	c. 9	3	—	—	—
3	20.58	5	—	4	—	1	$^1/_2$	—
6		2	—	1	1	—	—	—
8		—	$^1/_2$	—	—	1	$^1/_2$	—
9	21.70	1	—	1	1	1	$^1/_3$	—

Table 7
Charred seed samples from Tepecik. For explanation see p. 226

Date of sample	Year	Square	Area	Layer	cc. seeds	Hordeum (distichum)	Triticum monococcum
2nd mill. B.C.	1970	10 H	IV/f	1-3	?	—	—
2nd mill. B.C.	1970	6 K	VII/c ⟨14⟩¹	8	< 1	5	—
Hittite	1969	8 I	F 2	3	?	++	—
M.B.−L.B.	1970	8 L	IV/d	3a	10	c. 25	—
M.B.−L.B	1969	8 I	F 2 ⟨16⟩	3	25	+++	—
M.B.−L.B.	1969	8 I	F 2	3b	c. 1	c. 16	—
M.B.	1970	7 K	VI−VII/a−b ⟨21⟩	3c	c. 1	8	—
M.B.	1970	7 K	I−II/bc ⟨4⟩	4	< 1	c. 9	—
M.B.	1970	7 K	IV−V/c ⟨29⟩	4	c. 2	c. 40	—
M.B.	1970	7 K	VI−VIII/c ⟨36⟩	4	225	+	—
M.B.	1970	7 K	VII−VIII/a−b ⟨36⟩	4	c. 4	c. 17	—
M.B.	1970	9 I	⟨107⟩	3b	c. 6	c. 125	—
M.B.	1969	8 I	F 2	3	190	+++	—
M.B.	1969	9 K	X/h−k	3	?	++	—
E.B. III−M.B.I.	1969	14 H	II−III/a	6	3-4	c. 43	—
E.B. III−M.B.I.	1969	14 H	VI−VIII/b−d	7	15	++	—
E B. III	1969	6 O	X/e	4	8	c. 100	—
E.B. III	1969	7 O	I−X/a−e	4	?	+	—
E.B.	1970	10 I	VIII/h	2a	2-3	29	2
E.B.	1970	10 I	II−III/i	2a	85	+++	—
E.B.	1970	10 I	II−III/g−h ⟨226⟩	2b	1-2	c. 21	—
E.B.	1970	10 I	II−V/a−g	2b-3	35	+++	—
E.B.	1970	10 K	M	2b	12	c. 165	2
E.B.	1970	10 K	⟨13⟩	3	115	+++	—
E.B.	1970	11 K	VIII/i	2a	375	+++	—
E.B.	1970	11 K	X/f	3	23	+++	—
E.B.	1970	11 K	AB ⟨78⟩	3	24	+++	—
E.B.	1970	12 K	I−X/a−i ⟨74⟩	2	< 1	8	—
E.B.	1970	12 K	I−X/a−i	3	10	c. 12	—
E.B.	1970	12 K	I−X/a−i	3	4-5	34	—
E.B.I.	1970	14 H	VI−VII/f−g ⟨103⟩	7	15	++	6

Left margin: Second millennium B.C. / Third millennium B.C.

Column header: SAMPLE DESIGNATION (spanning Year, Square, Area, Layer)

[1] Angular brackets replace the triangles used in the field notation.

Triticum dicoccum	*Triticum aestivum/durum*	*Lens culinaris*	*Cicer arietinum*	*Vicia ervilia*	*Vitis*	*Galium*	*Adonis dentata*	*Ranunculus arvensis*	*Astragalus*	*Lithospermum*	*Bromus*	*Lolium*	*Gramineae indet.*	
—	+++	—	—	—	—	—	—	—	—	—	—	—	—	
—	4	—	—	—	3	—	—	—	—	—	—	—	—	
—	—	—	—	—	—	—	—	—	—	—	—	—	—	
—	1	—	—	c. 475	—	1	—	—	—	—	—	—	—	
—	1	—	—	—	—	—	—	—	—	—	—	—	—	
—	—	—	—	—	—	—	—	—	—	—	—	—	—	
—	c. 24	1/2	—	—	—	—	—	—	—	—	—	—	—	
—	c. 4	—	—	—	—	—	—	—	—	—	—	—	—	
1 1/2	1	1	—	3	—	1	—	—	—	—	—	—	—	
—	+	+++	—	+++	—	+	—	+	—	—	—	—	—	
—	c. 40	c. 28	—	c. 22	—	—	1	1	—	—	—	—	—	
—	—	—	—	—	—	1	1	—	—	—	—	—	—	
—	—	—	—	—	—	+	—	—	—	—	—	—	—	
—	22 1/2	1	—	—	2 1/2	———see table 8———								
+	+	—	—	—	+	+	—	—	1	—	1	—	2	*Vicia* 1
2	c. 50	—	—	—	c. 6	1	—	—	4	1	—	3	—	*Triticum boeoticum* 1
—	+	1	—	—	—	—	—	—	—	—	—	—	—	cf. *Aegilops* 1
—	1	1/2	—	—	—	———see table 8———								
—	—	—	—	—	—	—	—	—	—	—	—	—	—	
1	8	2 1/2	—	—	—	—	—	—	—	—	—	—	—	
—	++	—	—	—	—	—	—	—	—	—	—	—	—	
—	c. 78	5	1	—	2	5	—	—	—	1	—	—	1 1/2	*Malvaceae* 2, *Compositae* 1
—	+	+	—	—	—	+	—	—	—	+	—	—	—	*Centaurea* 1
—	—	—	—	—	—	—	—	—	—	—	—	—	—	*Vaccaria* 1
—	—	—	—	—	—	—	—	—	—	—	—	—	—	
—	2 1/2	—	—	—	—	3	—	—	—	—	—	—	—	
—	—	1	—	—	—	1	—	—	—	—	—	—	1	
—	c. 400	—	—	—	—	—	—	—	—	1	1/2	—	—	*Trigonella astroites* 1
1	61	1	—	—	—	—	—	—	—	—	—	—	—	
8	8	c. 13	—	—	—	9	2	—	—	7	1	—	10	{ *Triticum* spec. 10, *Cyperus* 2, *Rumex* 3, *Medicago* 1, *Avena* 2

Table 8
(1) Tepecik 1970: 10 I, VIII/h, layer 2a (Early Bronze).
(2) Tepecik 1969: 14 H, I−II/a, layer 6 (Early-Middle Bronze)

	1	2
Hordeum (*distichum*), grains	29	c. 43
Hordeum distichum, internodes	c. 130	—
Triticum monococcum, grains	2	—
Triticum monoc./dicoccum, spikelet bases	3	—
Triticum aestivum/durum, grains	1	$22^1/_2$
Triticum aestivum/durum, internodes	3	—
Lens culinaris	$^1/_2$	1
Vitis vinifera	—	$4^1/_2$
Astragalus	c. 325	4
Medicago	6	$2^1/_2$
Trigonella astroites	45	—
Trifolium and other small *Leguminosae*	c. 880	—
Other unidentified *Leguminosae*	41	2
Ajuga (2 types)	7	1
cf. *Micromeria*	2	—
Silene	9	—
Adonis dentata	—	13
Galium	$^1/_3$	$7^1/_2$
Valerianella vesicaria-type	70	—
Lithospermum	—	4
Rumex	4	—
Androsace maxima	1	—
Papaver	7	—
Linum (length 1.6 mm)	1	—
Lepidium	45	—
Malva	—	3
Solanum nigrum	—	1
Chenopodium	2	$1^1/_2$
Verbena	1	—
Umbelliferae	3	—
Chephalaria syriaca	—	1
Centaurea	2	1
Carex	18	23
Cyperus	3	2
Eleocharis	—	1
Bromus	4	$2^1/_2$
cf. *Eragrostis*	c. 400	—
Lolium	—	c. 7
Gramineae indet.	c. 25	4

Table 9

Dimensions in mm and indices for various crop plants from Korucutepe (KRC) and Tepecik (TPC)
L = length; W = width; T = thickness; N = number of measured specimens

		L	W	T	L:W	L:W
Hordeum distichum	min.	4.0	1.8	1.2	163	50
KRC 69-629	aver.	5.87	2.79	2.02	214	72
N = 100	max.	7.2	4.0	2.9	308	93
Hordeum distichum	min.	5.5	2.2	1.8	173	66.
TPC 70-11 K, VIII/i	aver.	6.56	3.09	2.36	214	77
N = 100	max.	8.2	3.7	2.9	264	96
Triticum aestivum/durum	min.	3.6	2.2	1.8	122	65
KRC 69-451/2	aver.	4.87	3.14	2.55	156	81
N = 100	max.	6.2	3.7	3.2	196	98
Triticum aestivum/durum	min.	3.3	2.0	1.5	134	69
TPC 70-12 K, I−X/a−i	aver.	4.18	2.62	2.17	160	83
N = 100	max.	5.5	3.3	2.9	197	97
Triticum dicoccum	min.	4.9	2.3	2.0	174	69
KRC 70-1074	aver.	6.20	2.87	2.54	217	89
N = 100	max.	7.4	3.9	3.2	263	107
Cicer arietinum *	min.	3.4	3.3	3.2	—	—
KRC 70-1025	aver.	4.18	3.92	3.75	—	—
N = 100	max.	5.3	4.9	4.8	—	—
Vicia ervilia *	min.	2.6	2.5	2.4	—	—
TPC 70-8 L, IV/d	aver	3.20	3.16	3.12	—	—
N = 100	max.	4.2	4.2	4.0	—	—
Linum usitatissimum	min.	3.0	1.5	—	164	—
KRC 70- no number	aver.	3.42	1.72	—	199	—
N = 100	max.	3.9	2.0	—	235	—

* Length and width have been determined in the plane of the radicle. The length was taken along the radicle which had mostly fallen off, the width perpendicular to it. The thickness is the distance between the plane with the radicle and the opposite end.

Table 10

Crop plant species in Chalcolithic and Bronze Age sites in the Near East. r = rare; + = present; ++ = fairly large quantity; +++ = large quantity; × = no quantitative data available; cf. = identification not certain. Jericho, Jordan: Hopf (1969); Horvat Beter, Israel: Zaitschek (1959); Tell Chragh, Iraq: Helbaek (1960); Lachish, Israel: Helbaek (1958); Troy, Turkey: Schiemann (1951); Selenkahiye, Syria: van Zeist (1968) and unpublished data; Tell Qurtass, Iraq: Helbaek (1960); Kāmid el-Lōz, Lebanon: Behre (1970); Beycesultan, Turkey: Helbaek (1961); Tell Bazmosian, Iraq: Helbaek (1965); Nimrud, Iraq: Helbaek (1966).

	ca. 4500–3000 B.C.				3rd millennium B.C.						ca. 2000–1200 B.C.					
	Jericho, Chalcolithic	Horvat Beter, Chalcolithic	Tell Chragh, ca. 4000–3500 B.C.	Alinova, Chalcolithic	Jericho, Early Bronze	Lachish, Early Bronze	Troy, ca. 2300 B.C.	Selenkahiye, ca. 2500–2000 B.C.	Tell Qurtass, ca. 2500–2000 B.C.	Alinova, Early Bronze	Jericho, Middle Bronze	Kāmid el-Lōz, Late Bronze	Beycesultan, 13th century B.C.	Tell Bazmosian, ca. 2000–1500 B.C.	Nimrud, 13th century B.C.	Alinova, Middle and Late Bronze
Triticum monococcum	–	++	–	r	×	++	×	–	–	r	×	–	++	–	–	–
Triticum dicoccum	–	++	r	+++	×	++	×	+	r	+++	×	r	+++	+	–	r
Triticum aestivum/durum	–	cf.	–	+++	×	+	–	++	r	+++	×	+	+++	++	–	+++
Hordeum distichum/vulgare	×	++	+	+++	×	++	×	+	+	+++	×	+	–	+	+	+++
Hordeum vulgare nudum	–	–	–	++	–	+	–	+++	–	++	×	–	+	–	–	+
Lens culinaris	–	++	r	r	×	+	×	+++	–	r	×	r	++	–	–	+
Pisum sativum	–	–	–	+	–	–	×	–	–	+	cf.	–	r	–	–	+
Cicer arietinum	–	–	–	–	×	+	–	+	+	–	–	r	–	+	–	–
Vicia ervilia	–	–	–	–	–	–	×	–	–	–	–	–	++	+	–	+
Vicia faba	–	–	–	–	–	–	×	–	–	+	cf.	+	–	–	–	–
Linum usitatissimum	–	–	–	++	×	–	×	+	–	–	–	–	–	–	–	–

Table 11
Korucutepe. Wood identifications.
For each period the figure indicates in how many samples the species is represented

Date	Number of samples	*Fraxinus*	*Ulmus*	*Populus*	*Quercus*	*Tamarix*	*Crataegus*
1200–1400 A.D.	6	—	1	6	1	—	—
1500–1400/1300 B.C.	7	—	1	2	3	2	—
2300–2000 B.C.	12	—	1	5	7	—	—
2600–2300 B.C.	24	7	5	14	16	1	1
3500–3000 B.C.	6	—	4	2	1	—	—
4000–3500 B.C.	4	—	—	1	2	1	—
4500–4000 B.C.	8	6	3	3	3	—	—

Fig. 2. *Hordeum distichum* (two-row barley), Korucutepe 1969-629

Fig. 3. *Triticum aestivum/durum* (common wheat/hard wheat), Korucutepe 1969-307

Fig. 4. *Triticum dicoccum* (emmer wheat), Korucutepe 1970-1074

Fig. 5. *Cicer arietinum* (chick pea), Korucutepe 1970-1025

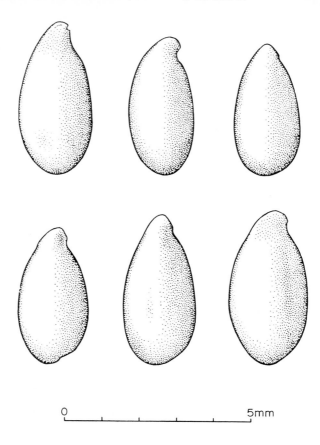

Fig. 6. *Linum usitastissimum* (KRC 70-no number)

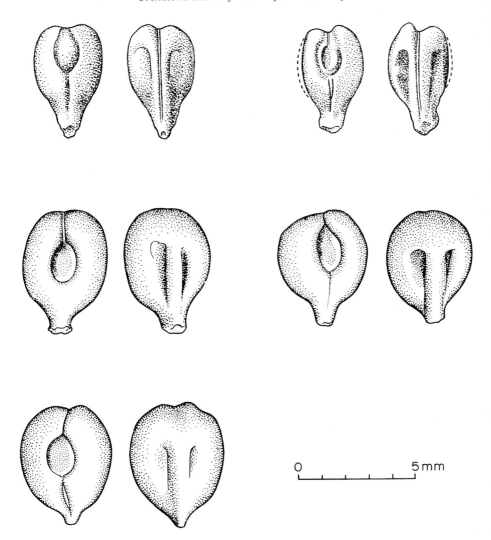

Fig. 7. Upper row: *Vitis vinifera ssp. vinifera* (TPC 69-6 O, X/e). Two lower rows: *Vitis vinifera ssp. silvestris* (KRC 70-834, etc.)

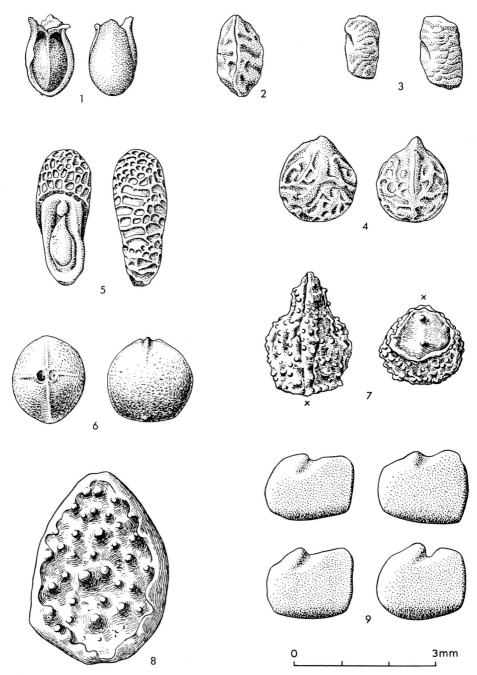

Fig. 8. 1: *Valerianella vesicaria*-type (TPC 70-10 I VIII/h); 2: *Androsace maxima* (TPC 70-10 I, VIII/h); 3: *Trigonella astroites* (TPC 70-10 I, VIII/h); 4: *Adonis dentata* (TPC 69-14H, I-II/a.; 5: *Ajuga spec.* (TPC 69-14 H, I-II/a); 6: *Fumaria spec.* (KRC 70-834, etc.); 7: *Lithospermum spec.* (KRC 70-590); 8: *Ranunculus arvensis* (KRC 70-834, etc.); 9: *Astragalus spec.* (TPC 70-10 I, VIII/h)

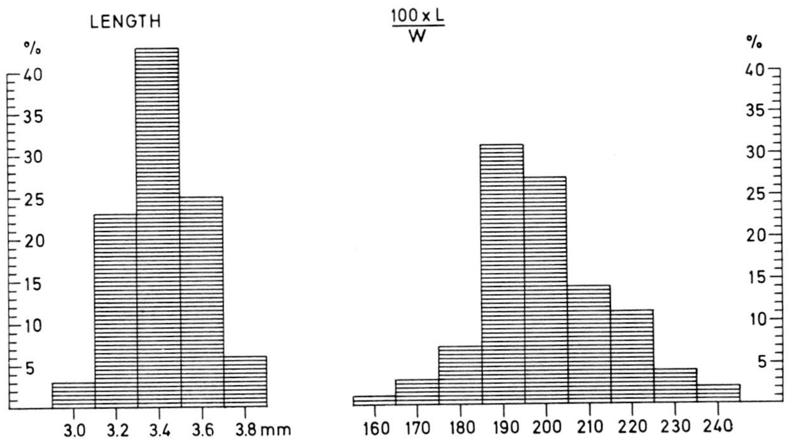

Fig. 9. Frequency distribution graphs for *Linum usitatissimum*, Korucutepe 1970-no number. Number of measured specimens is 100. L = length; W = width

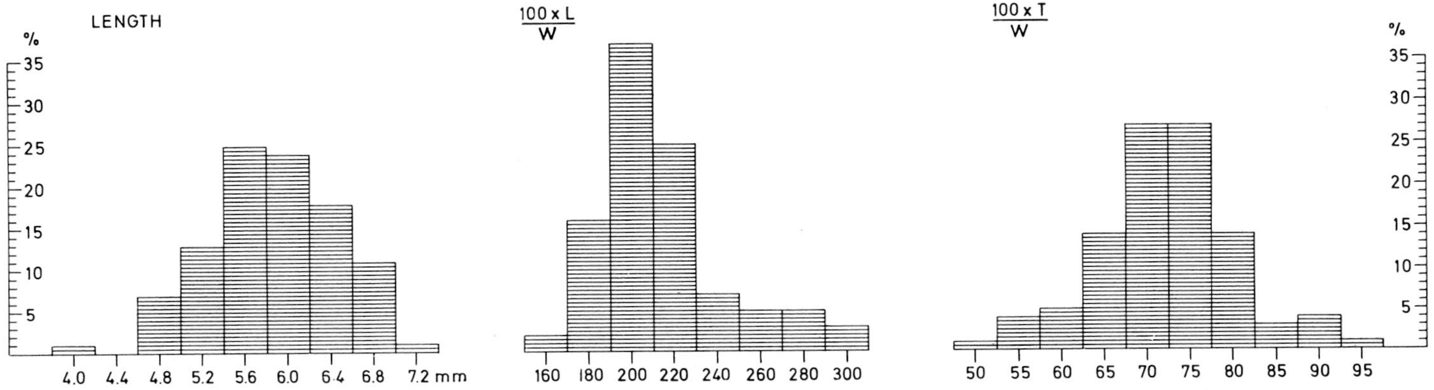

Fig. 10. Frequency distribution graphs for *Hordeum distichum*, Korucutepe 1969-629 (N = 100). L = length; W = width; T = thickness

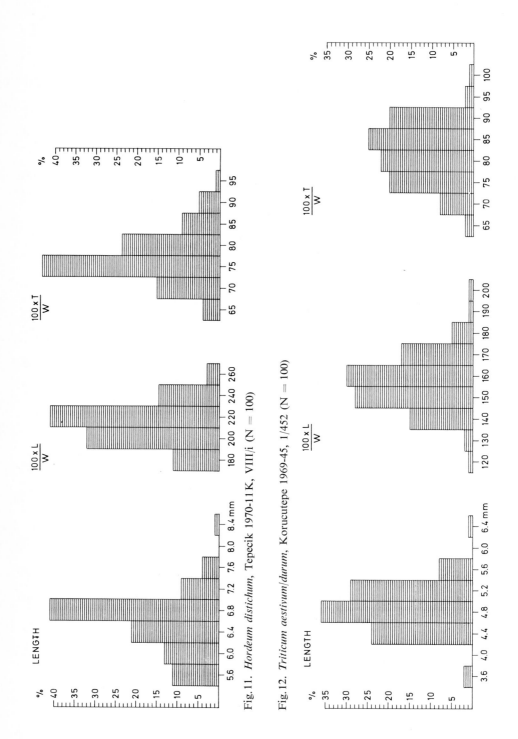

Fig. 11. *Hordeum distichum*, Tepecik 1970-11 K, VIII/i (N = 100)

Fig. 12. *Triticum aestivum/durum*, Korucutepe 1969-45, 1/452 (N = 100)

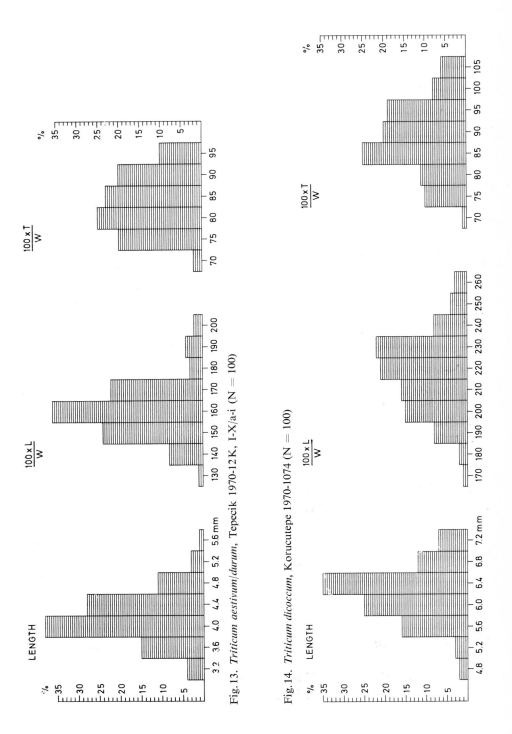

Fig.13. *Triticum aestivum/durum*, Tepecik 1970-12 K, I-X/a-i (N = 100)

Fig.14. *Triticum dicoccum*, Korucutepe 1970-1074 (N = 100)

References

Behre K.-E., 1970. Kulturpflanzenreste aus Kāmid el-Lōz. In: R. Hachmann: Bericht über die Ergebnisse der Ausgrabungen in Kāmid el-Lōz (Libanon) in den Jahren 1966 und 1967, 59—69. Bonn.

Feinbrun, N., 1938. New data on some cultivated plants and weeds of the Early Bronze Age in Palestine. *Palest. Journ. Bot.*, Jerusalem Series 1, 238—240.

Helbaek, H., 1958. Plant economy in ancient Lachish. In: O. Tufnell: Lachish IV (Tell Ed-Duweir). The Bronze Age, 309—317. London.

Helbaek, H., 1959. Notes on the evolution of Linum. *Kuml* 1959, 103—129.

Helbaek, H., 1960. Ancient crops in the Shahrzoor valley in Iraqi Kurdistan. *Sumer* 16, 79—81.

Helbaek, H., 1961. Late Bronze Age and Byzantine crops at Beycesultan in Anatolia. *Anatolian Studies* 11, 77—97.

Helbaek, H., 1964. First impressions of the Çatal Hüyük plant husbandry. *Anatolian Studies* 14, 121—123.

Helbaek, H., 1965. Isin Larsan and Horian food remains at Tell Bazmosian in the Dokan valley. *Sumer* 19, 27—35.

Helbaek, H., 1966. The plant remains from Nimrud. In: M. E. Mallowan: Nimrud and its remains, vol. 2, 613—620. London.

Helbaek, H., 1969. Plant collecting, dry-farming and irrigation agriculture in prehistoric Deh Luran. In: F. Hole, K. V. Flannery and J. A. Neely: Prehistory and human ecology of the Deh Luran plain, 383—426. Ann Arbor.

Hopf, M., 1969. Plant remains and early farming in Jericho. In: P. J. Ucko and G. W. Dimbleby (eds.): The domestication and exploitation of plants and animals, 355—359. London.

Leonard, W. H., and J. H. Martin, 1963. Cereal crops. New York/London.

Negbi, M., 1955. The botanical finds at Tell Abu Matar. *Israel Exploration Journ.* 5, 257—258.

Schiemann, E., 1951. Emmer in Troja. Neubestimmungen aus den trojanischen Körnerfunden. *Ber. deutsch. bot. Ges.* 64, 155—170.

Van Zeist, W., 1968. A first impression of the plant remains from Selenkahiye. *Annales Archéologiques Arabes Syriennes* 18, 35—36.

Van Zeist, W., and J. A. H. Heeres, 1973. Paleobotanical studies of Deir ʻAllā, Jordan. *Paléorient* 1, 21—37.

Zaitschek, D. V., 1959. Remains of cultivated plants from Horvat Beter. *Journ. Israel Dept. Antiquities* 2, 48—52.